中等职业教育城市轨

U0676937

城市轨道交通概论

（第4版）

主　编／黄兰华　孙　毅　邱　凌
副主编／石　磊　康　琼　李　洁
参　编／陈　瑾　王震东　田广东　赵文臣
　　　　崔榕娜　杨从伦　魏子杰　陆　炜
　　　　陈艳玲　郭　娟　柳　荧　印晓燕
　　　　余　杨
主　审／刘宗丽

重庆大学出版社

内容提要

本书系统性地阐述了城市轨道交通系统的组成部分,主要包括城市轨道交通认知、城市轨道交通线路和站场认知、城市轨道交通车辆认知、城市轨道交通供电系统认知、城市轨道交通信号系统认知、城市轨道交通通信系统认知、城市轨道交通机电设备认知和城市轨道交通运营管理认知共八个模块。

本书由校企"双元"精心打造,展现行业新业态、新水准和新技术,同时将思政元素融入教材中,体现了对学生综合素质的培养。本书是城市轨道交通类专业的核心教材,可作为中等职业院校的教材,也可作为城市轨道交通行业岗位培训或自学用书,同时可供城市轨道交通行业工程技术人员学习参考。

图书在版编目(CIP)数据

城市轨道交通概论／黄兰华,孙毅,邱凌主编.
4 版. -- 重庆:重庆大学出版社,2025.8. -- (中等职
业教育城市轨道交通系列教材). -- ISBN 978-7-5689
-5187-6

Ⅰ. U239.5

中国国家版本馆 CIP 数据核字第 20256YW902 号

城市轨道交通概论

(第4版)

CHENGSHI GUIDAO JIAOTONG GAILUN

主 编 黄兰华 孙 毅 邱 凌
副主编 石 磊 康 琼 李 洁
责任编辑:苟荟羽　　版式设计:苟荟羽
责任校对:关德强　　责任印制:张 策

*

重庆大学出版社出版发行
社址:重庆市沙坪坝区大学城西路 21 号
邮编:401331
电话:(023) 88617190　88617185(中小学)
传真:(023) 88617186　88617166
网址:http://www.cqup.com.cn
邮箱:fxk@cqup.com.cn(营销中心)
全国新华书店经销
重庆天旭印务有限责任公司印刷

*

开本:787mm×1092mm　1/16　印张:14.25　字数:367 千
2012 年 9 月第 1 版　2025 年 8 月第 4 版　2025 年 8 月第 1 次印刷(总第 15 次印刷)
印数:41 001—43 000
ISBN 978-7-5689-5187-6　定价:42.00 元

随着城市化进程的深入推进,城市轨道交通作为城市公共交通的重要组成部分,其地位和作用越发重要。近年来,城市轨道交通发展日新月异,在技术创新、运营管理及服务品质等方面,都取得了显著的进步。为了更好地适应这一发展趋势,为轨道交通高技能人才的培养奠定坚实基础,我们对《城市轨道交通概论》进行了全面修订和再版。

本次修订在保留原版精华的基础上,根据最新的行业发展动态和技术成果,进行了全面更新和补充。本书为读者呈现较为全面和新颖的知识与技能,同时注重帮助读者建立城市轨道交通的系统意识,了解不同轨道交通专业知识及其联动关系,提升从业人员的职业素养和协同意识。

本书特色亮点如下:

1. 深度校企联动,专业赋能教材

携手重庆市轨道交通(集团)有限公司,强强联合,共同打造。企业一线专家深度参与编写,将丰富的实战经验、行业前沿洞察与专业理论知识紧密融合,确保教材内容源于实践、高于实践,精准对接岗位需求。

2. 前沿资讯领航,知识与时俱进

紧密追踪行业动态,将最新的研究成果、前沿技术进展等第一时间引入教材。无论是新兴的智能运维系统,还是创新的行车调度模式,都能让学习者站在时代前沿,触摸行业发展脉搏。

3. 图文并茂呈现,学习轻松有趣

巧妙运用大量高清图表、实景照片和精细示意图,将复杂抽象的城市轨道交通系统全方位、立体化地展现出来,极大地增强了教材的可读性与趣味性,让学习不再枯燥。

4. 思政之光闪耀,塑造价值楷模

创新性融入思政元素,以轨道交通企业中的先进模范人物故事为蓝本,讲述他们在平凡岗位上的坚守与担当,以及如何用匠心铸就非凡、用奋斗诠释责任。让学习者在汲取专业知识养分的同时,厚植家国情怀,树立正确的人生观、价值观,成长为德才兼备的新时代人才。

　　本书由重庆铁路运输技师学院黄兰华、孙毅和重庆市轨道交通(集团)有限公司运营四分公司经理邱凌担任主编,重庆铁路运输技师学院石磊、康琼和重庆市轨道交通(集团)有限公司运营四分公司安全质量部经理李洁担任副主编,参与本书编写的还有陈瑾、王震东、田广东、赵文臣、崔榕娜、杨从伦、魏子杰、陆炜、陈艳玲、郭娟、柳荧、印晓燕和余杨。在本书编写过程中,重庆市轨道交通(集团)有限公司提供了大力支持和帮助,并提供了大量文献资料及图片。在此,对相关人员表示衷心的感谢。

　　限于编者水平,书中难免有不妥之处,敬请广大读者批评指正。

编　者

2025 年 1 月

模块一 城市轨道交通的认知

📖 **情境导入**

　　说到在重庆的出行方式,除了轨道交通的"神奇穿楼"让人惊叹,跨江索道体验感满满,还有世界首条"云巴"! 重庆"云巴"(图1-1),属于重庆城市轨道交通系统"大家庭",首条线路于2021年4月16日在璧山区开通运营。

图1-1 重庆"云巴"

　　重庆"云巴"开启了交通有轨电车专业化应用时代,是中国小运量轨道交通产业发展的重要里程碑。

　　你知道轨道交通还有哪些类型吗? 下面让我们走进城市轨道交通!

📖 **学习目标**

　　1.能描述城市轨道交通的定义。

　　2.能陈述城市轨道交通的发展历程。

　　3.能概括常见的7种城市轨道交通方式及特点。

　　4.能叙述所学专业的人才需求。

　　5.通过认识我国城市轨道交通的发展概况与取得的成就,增强民族自豪感,坚定道路自信与制度自信,树立社会责任意识,强化爱岗敬业、精益求精的职业精神。

📖 **学时建议**

　　6学时

任务一　城市轨道交通特点与分类认知

一、城市轨道交通定义

根据《城市公共交通分类标准》(CJJ/T 114—2007)的定义,城市轨道交通是指采用轨道结构进行承重和导向的车辆运输系统,依据城市交通总体规划的要求,设置全封闭或部分封闭的专用轨道线路,以列车或单车形式,运送相当规模客流量的公共交通方式。

二、城市轨道交通分类

根据《城市公共交通分类标准》(CJJ/T 114—2007)的分类,城市轨道交通包括:地铁系统、轻轨系统、市域快轨系统、单轨系统、有轨电车系统、自动导向轨道系统、磁浮系统等。此外,随着交通系统的发展也已出现了一些新的交通系统。

(一)地铁系统

地铁系统是一种大运量的轨道运输系统,通常在城市地下空间运行,也可以在条件允许时穿出地面,在高架上运行。

地铁系统通常连接城市的主要节点和繁忙地区,提供快速、便捷和可靠的交通服务。它主要有以下特点:

①高载客量。地铁列车可以同时运载大量乘客,地铁系统的单向客运量一般在每小时3万人次以上,以满足城市中密集的人口流动需求。

②快速运输。地铁系统的车辆最高速度可达80～100 km/h,最小运行时间间隔约2分钟。每节车厢载客人数约280人,每列车编组车厢节数4～10节不等,地铁列车相对于其他交通工具,具有更高的速度和较短的乘客等候时间。

③路权专用。地铁系统通常要与其他轨道交通完全隔离,路权专用。

④地铁系统也包括安全准点、节约土地资源、能源消耗低、对环境污染小,以及造价高、建设周期长等特点。

地铁系统的发展历程可以追溯到19世纪。1863年,世界上首条地下铁路系统——伦敦大都会铁路开通,如图1-2所示,其建设初衷是为解决当时伦敦的交通拥堵难题。由于当时电力尚未普及,地下铁路只能使用蒸汽机车。

图1-2　伦敦大都会铁路

中国首条地铁诞生于北京。北京地铁始建于 1965 年 7 月 1 日,1969 年 10 月 1 日,第一条地铁线路建成通车,北京也因此成为中国第一个拥有地铁的城市(图 1-3)。

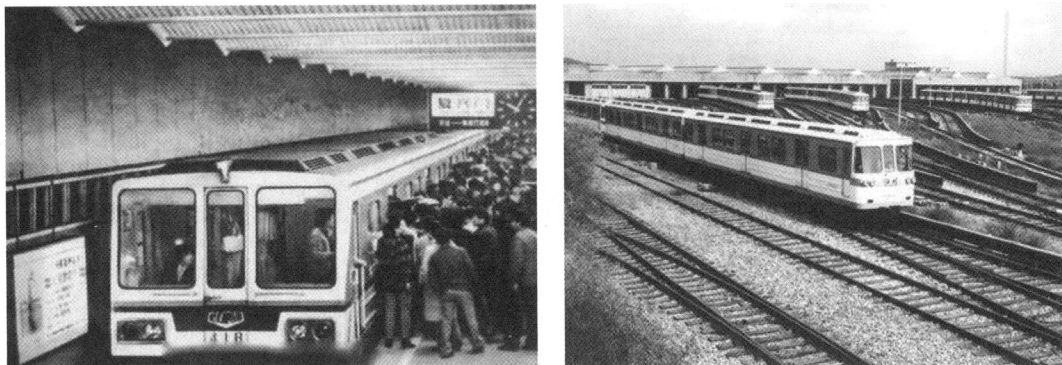

图 1-3　北京第一条地铁线路

(二)轻轨系统

轻轨系统是一种轨道交通系统,通常采用标准轨,其运量较低、列车规模较小。轻轨的机车质量和载客量比一般列车小,因此称为轻轨。轻轨系统通常沿道路或街道敷设,部分路段可采用高架或地下形式,其动力来源是电力。这种交通系统适用于城市客流运输,是城市轨道交通的重要组成部分。

轻轨系统可以有效缓解城市交通压力,提高公共交通的便利性和效率。它主要有以下特点:

①建设投资相对较小。轻轨系统的建设投资比地铁少得多,每千米造价通常为地铁的 $1/5 \sim 1/2$。

②灵活性强。轻轨线路可以分为地面、地下或高架,可与地面道路部分混行或完全隔离。敷设在地面上的轨道根据道路条件可分为混合车道、半封闭专用车道和全封闭专用车道。

③容量适中。轻轨系统的单向客运量一般在 1 万 ~ 3 万人次/h,介于地铁与公共汽车之间。

④电气化程度高。轻轨系统基本上已实现电气化,多数采用架空电缆作为电力来源。车辆的牵引动力为电力,可以采用直流、交流或线性电机驱动。

⑤车辆设计紧凑。轻轨车辆通常较短、窄和轻,例如,轻轨车厢通常按照大客车参数设计。

⑥线路设计灵活。轻轨的最大坡度可以达到 8%,最小曲线半径为 20 m,因此线路敷设灵活且成本低。

在 20 世纪 70 年代和 80 年代,我国轻轨系统得到了快速发展。许多城市开始建设轻轨系统,以缓解城市交通拥堵和提高公共交通服务水平。在此期间,轻轨系统的技术也得到了不断改进和创新,如采用新型轨道和车辆技术,提高系统的运行速度和可靠性。

进入 21 世纪,轻轨系统已经成为许多城市公共交通的重要组成部分。随着城市化的加速和人们对环保和可持续发展的日益关注,轻轨系统的未来发展前景仍然广阔。

具有代表性的轻轨有上海 5 号线、武汉 1 号线(图 1-4)、长春 8 号线等,它们的建成不仅为城市的发展注入了新的动力,也为市民提供了快捷、舒适的出行方式。

图 1-4　武汉 1 号线

(三)市域快轨系统

市域快轨系统主要服务于大城市市域范围内的客运交通,连接城市中心与郊区、中心城市与都市圈内的其他城市及重点城镇。市域快轨系统的运输能力通常不小于 1 万人次/h,其服务范围一般在 100 km 以内。

市域快轨系统是城市交通的重要组成部分,对缓解城市交通压力、促进区域经济发展和方便市民出行具有重要意义。它主要有以下特点:

①覆盖范围广。市域快轨系统连接城市中心和周边地区,覆盖范围广泛,能够满足大量通勤客流的需求。

②运输能力强。市域快轨系统采用大运量车辆,运输能力不小于 1 万人次/h,能够快速输送大量乘客。

③速度快。市域快轨系统的旅行速度较高,平均旅行速度达到 80 km/h 以上,能够快速到达目的地。

④舒适度高。市域快轨系统采用现代化车辆和设备,提供舒适的乘车环境,并采取减震、降噪等措施减少对周边环境的影响。

⑤灵活性好。市域快轨系统线路多采用地面、高架、地下等多种形式建设,能够灵活适应地形和城市发展需求。

⑥可持续发展。市域快轨系统以电力为动力,减少对环境的污染,并且能够与城市其他交通系统进行衔接和整合,促进城市可持续发展。

市域快轨系统的发展历程可以追溯到 2009 年,当时南京市提出了"区区县县通轨道"的规划,引领了市域快轨系统的发展先河(图 1-5)。这一规划的目标是通过建设从主城边缘向外放射的线路,改善郊区居民出行的时空可达性。

图 1-5　南京市域快轨

市域快轨系统作为连接城市中心与郊区、中心城市与都市圈内的其他城市及重点城镇的轨道交通系统,有代表性的线路包括:2008年北京奥运会前夕开通的北京S2线,2021年开通的广州地铁18号线(我国境内首条速度达160 km/h的全地下市域快线)等。

(四)单轨系统

单轨系统可分为跨座式和悬挂式两种。车辆由若干节车厢组成,在轨道梁上部行驶的称为跨座式单轨系统,在轨道梁下部行驶的称为悬挂式单轨系统。

1. 跨座式单轨系统

跨座式单轨系统通过单根轨道支持、稳定和导向,车体采用橡胶轮胎骑在轨道梁上运行。车辆依靠走行轮行驶,在转向架的两侧装有导向轮和稳定轮,通过夹行于轨道梁两侧的方式来保证列车安全平稳地前行,可避免脱轨事故的发生。列车通常由电力驱动,与传统的金属轮相比,噪声污染要小得多。

跨座式单轨系统是一种中等运量的轨道交通系统,其显著特点是适应性强、噪声低、转弯半径小、爬坡能力强,能够更好地适应复杂的地形地貌环境。在建设过程中,该系统具有投资少、周期短、智能环保、适用性强等优势。其高架桥桥墩宽度平均不到2 m,桥墩占地宽度比其他高架轨道交通节省近一半,可以在城市道路中央或道路两旁的绿化带立柱,占地面积小、遮挡少、选线灵活,对现有城市道路的交通干扰较小。此外,跨座式单轨系统的建设周期仅为地铁的一半,造价成本仅为地铁的1/3,其速度可达到80 km/h。

跨座式单轨系统是一种轨道交通系统,其雏形最早可追溯到19世纪末。1888年,世界上第一条跨座式单轨铁路线在爱尔兰敷设,由法国人设计并使用蒸汽机车牵引(图1-6)。这条铁路线的设计速度达到43 km/h,观光速度为29 km/h。

图1-6 蒸汽机车

以下是一些具有代表性的跨座式单轨线路:

①中国重庆跨座式单轨(图1-7)。重庆的跨座式单轨交通系统是中国自行研制的,具有自主知识产权。其中,重庆轨道交通2号线、3号线和空港线采用了跨座式单轨技术,成为重庆轨道交通的代表性线路。

图1-7 重庆跨座式单轨

②日本跨座式单轨(图1-8)。日本是世界上最早建设跨座式单轨的国家之一,其代表性线路有多摩都市单轨、北九州单轨、大阪单轨等,这些线路在日本国内有着广泛的应用和影响。

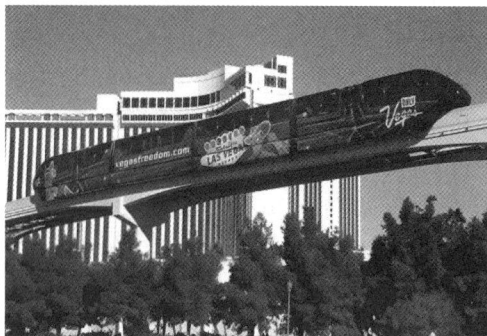

图1-8　日本跨座式单轨

2.悬挂式单轨系统

悬挂式单轨系统,也称"空轨列车"或"空中轨道交通",是一种城市单轨交通系统。其特点是使用的轨道只有一条,列车悬挂在轨道之下,通过车体上方的走行装置实现车辆在轨道下方安全、平稳行驶。这种交通系统主要应用在城市人口密集的地方,用来运载乘客。它主要有以下特点:

①运行速度。悬挂式单轨交通系统的列车速度可达到 50 km/h,实际行驶的平均速度为30 ~ 40 km/h。

②运力。每辆车的定员约为 100 人,不足地铁的 1/3。

③空间利用。车辆悬挂于空中运行,充分利用城市空间,与其他交通系统不形成干涉,路权独立。

④线路适应性。传统轨道车辆的最大爬坡坡度一般为40%,相比之下,采用橡胶轮胎的悬挂式单轨车辆具有更大的黏着系数,爬坡能力更强,最大坡度可达 60% ~80%。此外,由于重心在转向架下方,车辆的曲线通过能力更强,最小曲线半径可达 30 m。

⑤建设成本。悬挂式单轨系统的轨道结构由立柱和轨道梁组成,结构简单且制造方便。轨道梁和立柱均在工厂预先制造完毕,现场架设安装,因此建造工期短,其工程成本仅为地铁系统的1/5,轻轨系统的1/3。

⑥检修与救援。悬挂式单轨交通距离地面较高,轨道梁较窄,其结构特点决定了无法利用车辆上方的轨道梁进行紧急疏散,也无条件在区间内设置疏散平台,多依赖于救援车、消防车等被动救援方式。

最早的悬挂式单轨系统是由德国人在 1893 年发明的,他们在乌帕河谷破土动工,于 1903年 6 月 27 日全线通车,线路长 13.3 km,共设 18 个车站。这个悬挂式公交系统营运至今,已跨越 3 个世纪,成为当地最安全可靠的都市捷运系统之一。

以下是一些具有代表性的悬挂式单轨系统:

①伍珀塔尔悬挂式单轨(图1-9)。这是世界上第一辆采用这种独特设计的单轨铁路,铁路系统总长 13.3 km,途中经过 20 个站点。其中,有 10 km 的路程以距地面 12 m 的高度驶过伍珀河,剩余 3.3 km 的路程则是以距地面 8 m 的高度穿越伍珀塔尔市区狭窄的街道。最高

速度为 60 km/h,大约 30 min 跑完全程。每天运送乘客 7.5 万人次,最多输送 8.2 万人次,年载客量达到 2500 万人次。

图 1-9　伍珀塔尔悬挂式单轨

②成都悬挂式单轨(图 1-10)。成都市双流区的悬挂式单轨由两节车厢组成,长 18 m,宽 2.3 m,外观为大熊猫样式,全负荷大约可载 220 名乘客。

图 1-10　成都悬挂式单轨

(五)有轨电车系统

有轨电车是采用电力驱动并在轨道上行驶的轻型城市轨道交通,列车一般不超过 5 节。有轨电车以电力驱动,车辆不会排放废气,是一种环保交通工具,但由于在街道上行驶,会占用一定的道路空间。

有轨电车系统的主要特点包括:

①交通运行方式灵活。有轨电车通常在地面道路上运行,其路线设计相对灵活,可以根据城市发展需要调整,建设周期短,投资成本相对较低。

②环保节能。有轨电车系统采用电力驱动,零排放、低能耗,是一种环保的公共交通工具。

③舒适美观。有轨电车的外观设计美观,车辆内部宽敞舒适,乘坐体验良好,如图 1-11 所示为布达佩斯多瑙河东岸有轨电车 2 号线。

④建设成本较高。虽然有轨电车的路线设计灵活,但需要在道路上建设轨道和供电设施,建设成本相对较高。

⑤需要与其他交通方式协调。由于有轨电车在道路上运行,需要与其他交通方式进行协调,以确保交通安全和运行效率。

图1-11　布达佩斯多瑙河东岸有轨电车2号线

1807年,英国开通了世界上首条有轨电车线路,该线路以马匹拉动,称为公共马车。

在中国,有轨电车的发展始于清朝时期。1899年,北京首次出现了有轨电车(图1-12),由德国西门子公司制造,连接马家堡与永定门。

图1-12　北京有轨电车的首次出现

具有代表性的有轨电车系统:

①汉堡有轨电车(图1-13)。德国汉堡是欧洲有轨电车网络最密集的城市之一,其有轨电车连接了城市的许多重要地点。

图1-13　汉堡有轨电车

②广州有轨电车海珠线(图1-14)。有轨电车海珠线是广州的城市新名片,被誉为"最美7.7公里",可带领乘客饱览广州的特色风景。

图 1-14　广州有轨电车海珠线

（六）自动导向轨道系统

自动导向轨道系统是一种使用自动导引技术实现自主运行的交通系统。它是一种创新的交通方案,可以实现交通体系的高效、安全和可持续发展。

自动导向轨道系统由一条或多条轨道组成,并安装有导向设备和传感器。导向设备用于引导交通工具沿着预定的路径运行,传感器则用于检测周围环境的情况,保障交通工具安全行驶。通过实时通信、数据分析和智能算法等技术手段,系统可以实现交通流量优化与拥堵缓解。

自动导向轨道系统概念源于对现有交通系统诸多问题与挑战的思考。传统交通系统常常面临交通堵塞、路面事故、尾气排放等问题,自动导向轨道系统则能在一定程度上解决这些问题。它通过预先设定的路线运行,规避交通堵塞和意外事故风险;同时,采用电力驱动方式,减少对环境的污染。

自动导向轨道系统具有以下特点和优势:

①高效和安全。交通工具通过自动导向轨道系统进行控制,可以避免人为因素导致的交通事故和交通堵塞。此外,系统可以进行实时监测和分析,及时调整交通流量,提高交通效率。

②可持续发展。自动导向轨道系统通常使用电动驱动方式,减少对环境的污染。同时,它还可以与可再生能源技术结合,进一步减少对能源的消耗,实现可持续发展。

③智能化和自主化。自动导向轨道系统利用先进的通信和控制技术,可以实现智能化的控制和管理。通过车辆间的实时通信和数据交换,可以使交通系统更加智能化,提高运行效率和安全性。

④灵活性和多功能性。自动导向轨道系统可以适应各种不同的交通需求,包括城市内部交通、机场乘客运输、物流运输等。通过灵活配置和组合,可以根据需求进行调整和扩展。

虽然自动导向轨道系统具有许多优势,但是其实施和运营也面临一些挑战和难题。首先,需要进行大规模的基础设施建设,包括轨道、导向设备和控制中心等。此外,还需要建立适当的法律法规和政府支持政策,以确保系统的安全运行。

以下是一些具有代表性的自动导向轨道系统:

①广州 APM 线。广州 APM 线全称广州市珠江新城核心区市政交通项目旅客自动输送系统,于 2010 年 11 月 8 日开通运营,是广州地铁首条建成运营的自动导向轨道系统线路。

②上海地铁浦江线。上海地铁浦江线是上海建成运营的首条 APM 轨道交通线,于 2018 年 3 月 31 日开通试运营,起于上海市闵行区沈杜公路站,途经浦江镇,止于上海市闵行区汇

臻路站,大致呈南北走向(图1-15)。

图 1-15　上海 APM 轨道交通线

(七)中低速磁浮交通系统

中低速磁浮交通系统是一种利用电磁力将车辆悬浮于导轨上的新型交通系统。该系统采用直线电机牵引驱动,最高速度可达 160 km/h,运输能力为 1 万～2.5 万人次/h。中低速磁浮交通系统是一种新兴的公共交通方式,线路多采用高架敷设,适用于城市群区域快线,以及城市机场、旅游景点、产业园区等专用线路。其主要特点包括:

①高效快捷。中低速磁浮交通系统具有较高的速度和灵活性,可以在城市内部和城际间提供快速、便捷的交通服务。由于采用悬浮技术,不受道路拥堵和交通信号灯的影响,能够有效缩短出行时间。

②绿色环保。中低速磁浮交通系统采用电力驱动,无尾气排放和噪声污染。

③舒适安全。中低速磁浮交通系统运行平稳,车厢晃动小,乘坐舒适。由于采用非轮轨接触方式,可以避免对轨道和车辆的磨损,提高运行安全性和可靠性。

④建设灵活。中低速磁浮交通系统的轨道建设可以在城市中灵活规划,适应不同地形和环境条件。

⑤经济可行。虽然中低速磁浮交通系统的建设和运营成本相对较高,但它可以提供高品质的运输服务,吸引大量乘客,提高运输效率。

中低速磁浮交通系统的发展历程可以追溯到 20 世纪 70 年代,当时工业化国家开始寻求提高交通运输能力的方法,以适应经济发展和民生需求。在这个背景下,德国、日本、美国等国家相继开展了磁悬浮运输系统的研发。中国也在这一领域进行了积极探索。

2015 年 10 月,中国首条国产磁浮线路——长沙磁浮线成功试跑(图1-16),并于 2016 年 5 月 6 日开通试运营。该线路是目前世界上最长的中低速磁浮运营线,为中国在磁浮交通系统方面的技术领先地位提供了有力证明。

图 1-16　长沙磁浮线

上海磁浮示范运营线（图1-17）是磁浮系统的代表性线路，是世界上第一条投入商业运行的高速磁浮铁路。线路西起上海地铁2号线龙阳路站，东到浦东国际机场，全长30 km，设车站2座，列车采用4节或5节编组。设计最高运行速度为431 km/h，单线运行时间为7分20秒。

图1-17　上海浦东高速磁浮列车

任务二　城市轨道交通的发展认知

一、城市轨道交通发展历程

我国城市轨道交通发展历程可分为以下几个阶段：

（一）试点建设阶段（20世纪60—90年代）

这个阶段主要是从20世纪60—90年代，中国开始试点城市轨道交通建设，旨在解决城市交通拥堵问题。在这个阶段，北京、上海、天津、广州等几个大城市率先建设了地铁系统。其中，北京地铁于1965年动工建设，1971年试运营，成为我国地铁建设的开端。

（二）快速发展阶段（2000—2010年）

进入21世纪，我国城市轨道交通迎来了高速发展时期。2000—2010年，大量城市新增了地铁线路，包括广州、深圳、成都、重庆、武汉、南京、杭州等城市。其中，广州地铁和深圳地铁成为我国首批实现运营盈利的地铁系统，为我国城市轨道交通发展树立了榜样。

（三）多元发展阶段（2010—2020年）

随着城市化进程的加速和人口的增长，我国对城市轨道交通的需求不断攀升。在这个阶段，不仅一线城市继续扩大地铁网络，二线、三线城市也开始建设地铁系统。同时，随着技术的进步，我国城市轨道交通也逐渐向多元化方向发展，如轻轨、有轨电车、磁浮系统等交通工具也逐渐得到应用与推广。

在这一时期，我国城市轨道交通建设逐渐走向智能化、绿色化、安全化，不断提高服务质量，满足人民日益增长的出行需求。未来，随着我国城市化进程的深入推进，城市轨道交通将在解决城市交通问题、促进经济发展及提高人民生活水平方面发挥更加重要的作用。

(四)技术创新阶段(2020年至今)

近年来,随着人工智能、大数据等技术的快速发展,我国城市轨道交通建设也开始向智能化、数字化方向迈进。例如,引入人工智能技术,可以实现地铁列车的智能调度、自动控制等功能,提高运营效率;通过大数据技术,可以对地铁客流进行实时监测和分析,为运营管理提供科学依据。

同时,我国城市轨道交通也在积极探索新的技术应用,如无人驾驶地铁、虚拟现实技术等。这些技术的应用将进一步提升我国城市轨道交通的智能化、安全化水平,为人们提供更加便捷、舒适的出行体验。总之,我国城市轨道交通发展历程是一个不断创新、不断进步的过程。在未来,我国城市轨道交通将继续秉承创新、协调、绿色、开放、共享的新发展理念,为建设现代化城市、促进经济发展和社会进步作出更大的贡献。

二、我国主要城市轨道交通

随着经济的快速发展,我国开始进入城市化和机动化的加速发展阶段。城市轨道交通以其大运量、高效率、低污染等优势,成为我国许多大城市解决交通问题的首要选择,并形成以地铁、城市快速铁路、高架轻轨等为主的多元化发展趋势。截至2023年底,我国内地累计有58座城市投运城市轨道交通线路,运营线路总长度为12 160.77 km,运营线路制式结构以地铁为主。

(一)北京地铁

截至2024年底,北京地铁(图1-18)线路数量达到27条,居全国首位,城市轨道交通运营总里程达到952.29 km。北京地铁的发展对推动城市规划和区域发展起到了重要作用,尤其在提升城市运行效率、促进城市功能的提升和经济繁荣、促进区域间联系和交流等方面成效显著。

图1-18　北京地铁

随着地铁线路的持续建设和优化,北京地铁的可达性和便捷性将进一步提高,乘客出行将更加高效便捷。

(二)上海地铁

上海地铁(图1-19)是服务于上海市和上海大都市圈的城市轨道交通系统,其第一条线路上海地铁1号线于1993年5月28日正式运营,使上海成为中国境内第三座、南方地区首座开通地铁的城市。

图 1-19　上海地铁

截至 2024 年底,上海地铁在建线路共有 15 条,在建里程共 416.6 km。其中,全自动驾驶线路有 5 条(10、14、15、18 号线及浦江线),运营里程增至 167 km。根据规划,上海市城市轨道交通 2030 年线网总长度约 1642 km,其中地铁线 1055 km,市域线 587 km。

(三)广州地铁

广州地铁(图 1-20)是服务于广东省广州市和珠江三角洲的城市轨道交通系统,其首条线路广州地铁 1 号线于 1997 年 6 月 28 日开通运营,使广州成为中国境内第四座、华南地区首座开通地铁的城市。

图 1-20　广州地铁

截至 2024 年底,广州地铁运营线路共 17 条,共设车站 332 座,换乘站 61 座,运营里程 705.1 km,位列中国第三名。

自 1997 年首条线路开通以来,广州地铁的发展取得了巨大的进步。其线路连接了广州市区的各个区域,有效满足了广大市民的交通需求。近年来,随着城市的发展和人口的增长,广州地铁的客流量逐年攀升。

未来,广州地铁将加强与周边城市的轨道交通连接,促进区域交通一体化发展。

(四)成都轨道交通

成都轨道交通是服务于四川省成都市及周边地区的城市轨道交通系统,其首条线路成都地铁(图 1-21)1 号线于 2010 年 9 月 27 日正式开通,使成都成为中国境内第十二座开通城市轨道交通的城市。

截至 2024 年底,成都轨道交通建设获批 947 km,已开通运营 672.18 km(含有轨电车),在建 230.46 km(含 5 条地铁、2 条市域线)。

图 1-21　成都地铁

(五)重庆轨道交通

重庆轨道交通(图 1-22)是服务于重庆主城都市区境内的城市轨道交通系统。其第一条线路于 2005 年 6 月 18 日开通试运营,成为中国境内第九座、西部地区第一座开通城市轨道交通的城市。

图 1-22　重庆轨道交通

截至 2024 年底,重庆轨道交通已开通 13 条线路,运营里程 575 km(运营里程含重庆云巴示范线)。其中,环线,1、4、5、6、9、10、18 号线,国博线为地铁系统,2、3 号线为单轨系统(跨座式单轨),江跳线、璧铜线为市域(郊)铁路。

三、城市轨道交通发展趋势

随着城市化进程的加速,城市轨道交通系统面临着越来越大的压力。传统的人工管理和运营模式已难以满足快速、安全、高效的要求。与此同时,信息技术、物联网、大数据、云计算等技术的快速发展,为城市轨道交通的未来发展提供了有力的技术支撑。在这样的背景下,未来城市轨道交通的发展趋势主要体现在以下方面:

(一)类型多元化

随着经济的持续发展和城镇化进程的加速,城市轨道交通需求不断增长,其规划范围和延伸里程覆盖了城市和乡镇的大部分区域,为城市轨道交通发展注入了新的活力。

城市轨道交通不再局限于发展地铁,城市轻轨的加入进一步加快了其建设速度。科学技术的进步推动了不同类型的轨道交通并行发展,呈现多元化发展态势。除了地铁和轻轨,跨座式单轨线路、线性电机线路、无人驾驶自动导向系统、市域快速轨道系统等多种形式的城市轨道交通将得到更广泛的发展和应用。

(二)建设智慧化

物联网、云计算、移动互联网、大数据等新一代信息技术发展突飞猛进,这些新技术的应用将推动城市轨道交通的快速发展,对城市轨道交通行业实现智能化、信息化、数字化发展起到至关重要的作用。

城市轨道交通的智能化系统包括综合监控系统、乘客信息系统、综合安防系统、通信系统、自动售检票系统和信号系统等。这不仅是智慧城市建设的重要组成部分,也是未来城市轨道交通发展的必然趋势。

综上所述,未来城市轨道交通的发展趋势将是多方面的,城市轨道交通将更加高效、安全、便捷、绿色,成为城市发展的重要支撑。

任务三 城市轨道交通涉及专业及对人才需求认知

一、城市轨道交通涉及专业

城市轨道交通是城市公共交通系统的骨干,是城市综合交通体系的重要组成部分,是一个由多个专业组成、不同工种间相互配合,围绕安全行车这一中心而组成的系统。它为广大人民群众提供安全、可靠、便捷、舒适、经济的出行服务,其安全运行对保障人民群众生命财产安全,维护社会安全稳定具有重要意义。

根据行业的特点和需求,城市轨道交通主要涉及城市轨道交通车辆、城市轨道交通供电、城市轨道交通信号、城市轨道交通通信、城市轨道交通机电和城市轨道交通运营等专业。

二、城市轨道交通人才需求

(一)城市轨道交通车辆专业人才

城市轨道交通车辆专业人才是面向轨道交通运用及装备制造企业,负责城市轨道交通车辆运用与管理、车辆故障与诊断、车辆检修与维护以及轨道车辆装备制造等方面工作的技能人才,主要从业岗位是车辆检修(图1-23)和电客车驾驶(图1-24)。

图 1-23 车辆检修工

图 1-24　电客车驾驶员

　　城市轨道交通车辆专业人才需掌握计算机文化基础、电子技术基础、机械制图、机械基础、城市轨道交通车辆构造与检修、城市轨道车辆制动、城市轨道车辆电气系统检修与维护、城市轨道车辆空调通风系统检修与维护、城市轨道车辆网络控制技术、城市轨道车辆运用与管理城市轨道交通列车故障及应急处理等专业知识与技能,还需要具备团队协作和沟通能力、良好的情绪调控能力与抗挫折能力,艰苦奋斗、勇于进取的奉献精神等职业素养。

　　(二)城市轨道交通供电专业人才

　　城市轨道交通供电专业人才是面向各城市轨道交通企业,主要负责牵引供电变配电设备、接触网设备和铁路电力线路的巡视、维护、应急故障处理及重大故障抢修等方面工作的高技能人才,主要从业岗位是牵引电力线路安装维护工、变配电检修工(图 1-25)、接触网检修工(图 1-26)、变配电值班员、电力调度员。

图 1-25　变配电检修工

图 1-26　接触网检修工

　　城市轨道交通供电专业人才需掌握电工电子技术、城市轨道交通概论、城市轨道交通供电系统、供电安全与规程、接触网运行与维护、变电所运行与维护、继电保护及其综合自动化等专业知识与技能,还需要具备爱岗敬业、诚实守信、规范意识、效率意识、安全意识、环保意识、质量意识等职业素养。

　　(三)城市轨道交通信号专业人才

　　城市轨道交通信号专业人才是面向轨道交通通信信号设备制造、轨道交通信号工职业群(或技术技能领域),能够从事铁路/城市轨道交通信号工、信号设备组调工、信号设备制造钳工等的高技能人才,主要从业岗位是城市轨道交通行业的轨道交通信号工(图 1-27)。

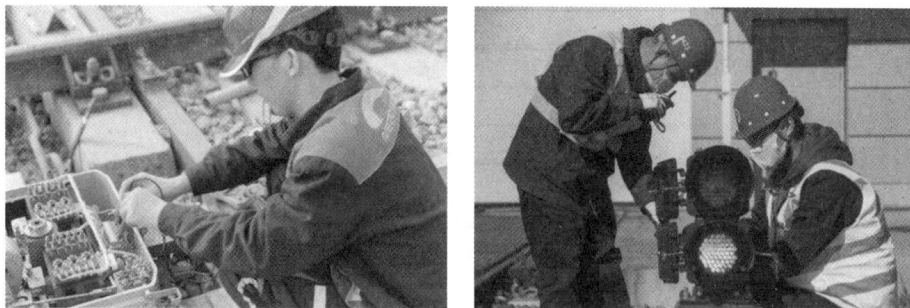

图 1-27　交通信号工

城市轨道交通信号专业人才需掌握电路分析、电子技术、自动控制理论、信号与系统分析、信号基础设备原理、车站信号自动控制、区间信号自动控制、铁路信号远程控制、列车运行控制系统、计算机联锁系统、城市轨道交通控制系统等专业知识与技能，还需要具备安全第一、预防为主的安全责任意识以及精益求精的工匠精神等职业素养。

（四）城市轨道交通通信专业人才需求

城市轨道交通通信专业人才主要是面向轨道交通通信终端设备制造与维护、轨道交通通信工职业群（或技术技能领域），从事铁路/城市轨道交通通信设备安装、调试施工、维护的高级技能人才，主要从业岗位是城市轨道交通行业的轨道交通通信检修工（图 1-28）和信息通信网络终端维修员等。

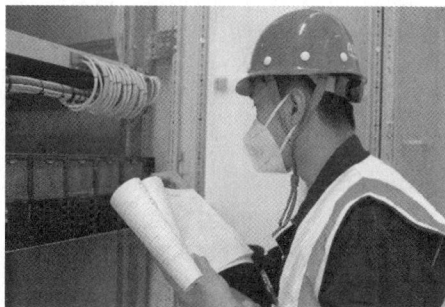

图 1-28　通信检修工

城市轨道交通通信专业人才需掌握电工基础、电子电路、通信线路、通信检修工、无线通信、通信仪表、计算机网络、通信基础、数字通信、微机原理等专业知识与技能，还需要具备安全生产意识、独立解决非常规问题及精益求精的工匠精神等职业素养。

（五）城市轨道交通机电专业人才需求

城市轨道交通机电专业人才主要是面向轨道交通运用及装备制造等企业，负责城市轨道车站各类型设备检修及维护、城市轨道车站设备生产制造的高素质技能人才，主要从业岗位是机电设备检修工（图 1-29）、机电设备安装调试工、机电设备安装管理员、售后服务人员等。

城市轨道交通通信专业人才需掌握计算机基础、电工基础、电子技术基础、机械制图、机械基础、电气设备安装与维护、机电控制技术、城市轨道车站环控系统、城市轨道车站消防系统、城市轨道车站站台门检修、城市轨道车站 AFC 系统检修、城市轨道车站电扶梯检修等专业知识与技能，还需要具备良好的团队协作和沟通能力，独立处理事务的能力，良好的法治意识、责任意识、竞争意识、客户服务意识与创新意识等方面的职业素养。

图 1-29　机电设备检修工

(六)城市轨道交通运营管理专业人才需求

城市轨道交通运营管理专业人才是主要面向城市轨道交通企业,能胜任乘客服务、票务服务、车站行车作业与组织、车站应急处置,班组管理等方面工作的技术人才,主要从业岗位是城市轨道交通站务员(图1-30)、城市轨道交通行车值班员(图1-31)、城市轨道交通值班站长等。

图 1-30　站务员

图 1-31　行车值班员

城市轨道交通运营管理专业人才需掌握城市轨道交通服务礼仪、城市轨道交通电工电子、城市轨道交通概论、城市轨道交通安全管理、城市轨道交通车站设备运用、城市轨道交通客流组织、城市轨道交通乘客服务、城市轨道交通票务服务、城市轨道交通车站行车作业、城市轨道交通车站行车组织、轨道交通应急处置、轨道交通班组管理等专业知识与技能,还需要具备安全风险防控意识、岗位责任意识、团队协作意识和沟通协调能力、服务意识、快速反应等职业素养。

📖 **拓展视野**

我国地铁之最

1. 最深——重庆红岩村站

重庆轨道交通 9 号线红岩村站(图 1-32)的深度达到 116 m,比此前最深的地铁站——红土地站还深 22 m,位居全球第二。相当于 40 层楼高,从底部到站台层,需要连坐 8 部电梯,耗时约 10 min 才能到达。

图 1-32 重庆红岩村地铁站

2. 最浅——天津地铁 9 号线

天津地铁 9 号线(图 1-33)是世界上埋深最浅的地铁,最浅处仅 2~3 m。线路连接天津市区与滨海新区,全长 45.409 km,共设车站 19 座。2012 年 10 月全线贯通运营。

图 1-33 天津地铁 9 号线

3. 最长——上海地铁 11 号线。

上海地铁 11 号线(图 1-34)总长 82.3 km,是世界上最长的地铁线路,也是我国首条跨省地铁线,从浦东新区到江苏省昆山,现有车站 39 座。

图 1-34 上海地铁 11 号线

4. 最短——广州地铁 APM 线

广州地铁 APM 线(图 1-35)全称为"广州市珠江新城核心区市政交通项目旅客自动输送系统"。全长 3.94 km,设有 9 座车站,每两站之间的距离约 400 m,可谓是中国最短的地铁线。

图 1-35　广州地铁 APM 线

5. 最大——南京地铁新街口站

南京地铁新街口站(图 1-36)位于南京市鼓楼区、玄武区和秦淮区交会处,总面积 7.6 万 m^2,共 24 个出入口。新街口站处于南京市最繁华的商业圈,日均人流量超过 100 万人次,也是亚洲最大的地铁站之一。

图 1-36　南京地铁新街口站

6. 最快——北京地铁新机场线

北京地铁新机场线(图 1-37)是中国目前速度最快的地铁之一,也是我国首个区域全自动化无人驾驶列车。列车速度高达 160 km/h,线路全长 41.36 km,从草场站到新机场约 40 km,仅需 19 min。

图 1-37　北京地铁新机场线

📖 复习与思考

一、选择题

1. ( )第一条地铁线路建成通车,使北京成为我国第一个拥有地铁的城市。
   A. 1967 年 10 月 1 日　　　　　　　　　B. 1968 年 10 月 1 日
   C. 1969 年 10 月 1 日　　　　　　　　　D. 1970 年 10 月 1 日

2. 世界上第一条城市轨道交通是 ( )于 1863 年 1 月 10 日建成投运的。
   A. 美国纽约　　　B. 英国伦敦　　　　C. 法国巴黎　　　　D. 德国柏林

3. 不属于城市轨道交通系统的是( )。
   A. 地下铁路　　　B. 出租车　　　　　C. 独轨　　　　　　D. 有轨电车

4. 城市轨道交通是城市公共交通系统的骨干,是城市综合交通体系的重要组成部分,是一个由多个专业组成、不同工种间相互配合,围绕( )这一中心而组成的系统。
   A. 增创排名　　　B. 出行便利　　　　C. 经济创收　　　　D. 安全行车

5. 我国自行设计、施工的第一条跨座式单轨交通线位于( ),分左右线双向行驶。
   A. 北京　　　　　B. 上海　　　　　　C. 重庆　　　　　　D. 天津

6. 1888 年,世界上第一条跨座式单轨铁路线在爱尔兰铺设,由法国人设计并使用( )牵引。
   A. 蒸汽机车　　　B. 马车　　　　　　C. 电力机车　　　　D. 内燃机车

7. 有轨电车是采用电力驱动并在轨道上行驶的轻型城市轨道交通,列车一般不超过( )节。
   A. 二　　　　　　B. 三　　　　　　　C. 四　　　　　　　D. 五

8. 上海磁悬浮示范运营线是磁浮系统的代表性线路,是世界上第一条投入商业运行的高速磁悬浮铁路,设计最高运行速度为( )km/h。
   A. 100　　　　　B. 200　　　　　　C. 300　　　　　　D. 431

二、填空题

1. 单轨通常区分为_____和_____两种。

2. 在多元发展阶段我国城市轨道交通建设逐渐走向_____、_____、_____,不断提高服务质量,满足人民日益增长的出行需求。

3. 我国城市轨道交通将继续秉承_____、_____、_____、_____、_____的发展理念,为建设现代化城市、促进经济发展和社会进步作出更大的贡献。

4. 我国第一个拥有地铁的城市是_____。

5. 城市轨道交通以其_____、_____、_____等优势,迅速成为许多大城市解决交通问题的首要选择,并在我国形成以地铁、城市快速铁路、高架轻轨等为主的多元化发展趋势。

6. 世界上拥有地铁运营里程最长的城市是_____。

7. 轻轨系统的单向客运量一般在_____万人次/h,介于地铁与公共汽车之间。

8. 1888 年,世界上第一条跨座式单轨铁路线在_____铺设,使用蒸汽机车牵引。

9. 悬挂式单轨交通系统的列车速度可以达到_____km/h。

10. 1807 年,英国开通了世界上首条有轨电车线路,该线路以马匹拉动,称为_____。

三、判断题

1. 当前世界地铁发展的趋势是从早期单一的地下隧道发展为高架线路。　　　（　　）

2. 上海磁悬浮示范运营线是磁浮系统的代表性线路,是世界上第一条投入商业运行的高速磁悬浮铁路。　　　（　　）

3. 世界上第一条地下铁道于 1836 年诞生在英国伦敦。　　　（　　）

4. 有轨电车是介于轻轨交通与地铁交通之间的轨道交通系统。　　　（　　）

5. 轻轨交通与地铁交通的主要区别在于地铁运行于地下专用隧道内,轻轨运行在高架上。　　　（　　）

6. 城市轨道交通的定义为采用轨道结构进行承重和导向的车辆运输系统。　　　（　　）

7. 虽然有轨电车的线路设计灵活,但需要在道路上建设轨道和供电设施,建设成本相对较高。　　　（　　）

8. 悬挂式单轨系统,也称"空轨列车"。其特点是使用的轨道只有一条,列车悬挂在轨道之下,通过车体上方的走行装置实现车辆在轨道下方安全、平稳行驶。　　　（　　）

9. 类型多元化,建设智慧化是未来城市轨道交通的发展趋势。　　　（　　）

10. 轻轨系统的单向客运量一般为 1 万 ~ 3 万人次/h,介于地铁与公共汽车之间。

（　　）

模块二　城市轨道交通线路和站场认知

📖 **情境导入**

　　线路与车站是城市轨道交通系统的重要组成部分。其中,车站是供列车停靠、旅客乘降、客流集散的重要场所,随着自媒体时代的到来,有一些车站以其独特的建筑结构、装修风格迅速在互联网上走红,成为游客热衷打卡的景点。例如,重庆李子坝车站的"轻轨穿楼"景观(图2-1)吸引了大量游客前来参观,这对带动当地旅游业、促进经济发展具有积极的推动作用。本模块将系统介绍城市轨道交通线路和车站的基本内容。

图 2-1　李子坝车站

📖 **学习目标**

　　1. 能说出城市轨道交通线路的分类。

　　2. 能描述轨道的结构组成。

　　3. 能根据不同标准对车站进行分类。

　　4. 能区分车辆段与停车场的功能差异。

　　5. 通过本部分的学习,能够在日常生活中有意识地留意城市轨道交通各类车站独特的美,感受现代化城市日新月异的魅力,为我国强大的基建能力感到自豪。

📖 **学时建议**

　　8 学时

任务一　城市轨道交通线路认知

一、城市轨道交通线路分类

线路是城市轨道交通系统的基本组成部分。按其在运营中的作用,城市轨道交通线路一般可分为正线、辅助线与车场线。其中,辅助线包括折返线、联络线、渡线、存车线和出入段线等。

(一)正线

正线是指城市轨道交通列车运行的主线路,连接各车站并贯穿或直接伸入车站。城市轨道交通正线均采用上下行分行设置,一般实施右侧行车惯例,以便与城市地面交通行车规则相吻合。正线行车速度高、密度大,对线路标准要求较高,通常采用 60 kg/m 以上类型钢轨敷设。

(二)辅助线

1. 折返线

折返线是城市轨道交通列车正常运行中折返换端时使用的线路,即帮助列车从一条股道转至另一条股道,或提供临时存车功能,并能够满足列车折返运行能力的需要。

折返线根据不同的折返方式可分为环形折返线、尽端折返线、渡线折返。

(1)环形折返线

环形折返线俗称灯泡线,如图 2-2 所示。环形折返线将端点折返作业转化为沿一个环形单线区段运行的作业,实质上取消了列车折返过程,有利于列车发挥运行速度,消除了因折返作业而形成的线路通过能力限制条件,是一种对提高运营效率有利的折返方式。环形折返线的缺点如下:占地面积较大,尤其是在地下修建时难度更大,投资较高;缺少了一段停车维护检查的机动线路,对车辆技术要求、运行组织要求更高;不利于线路延伸。

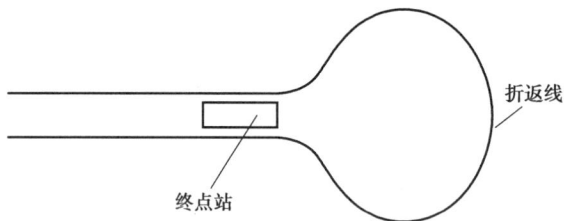

图 2-2　环形折返线

(2)尽端折返线

尽端折返线能够弥补环形折返线的不足之处,使尽端站既能够有效组织列车折返,又能够提供临时停车线供故障车停车、检修等作业使用。同时,尽端折返线也有利于线路的延伸。

尽端折返线有单线折返、双线折返与多线折返等不同布设方式,如图 2-3 所示。

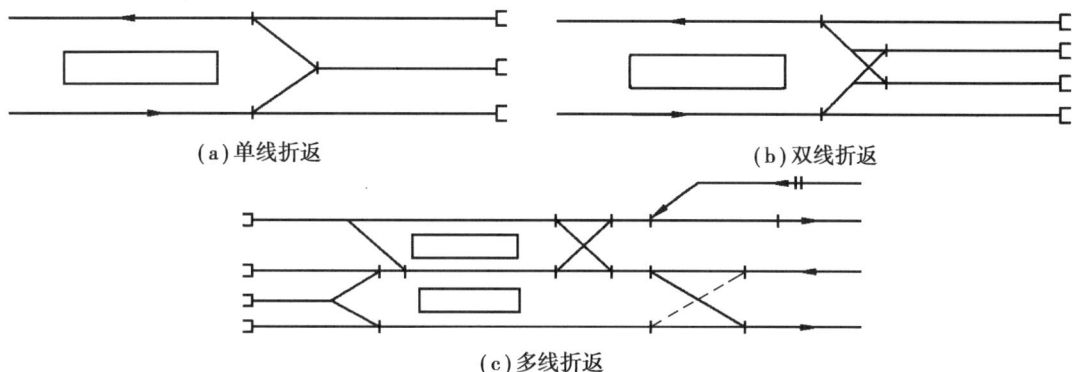

（a）单线折返　　　　　　　　　　　　（b）双线折返

（c）多线折返

图 2-3　尽端折返线

（3）渡线折返

采用渡线折返时,在车站前或车站后设置渡线(上下行正线之间的连接线),用于完成列车的折返作业,如图 2-4 所示。利用渡线折返的优点是所需建设线路较短,投资成本较低。但是列车进出站与折返作业之间会产生严重的干扰,尤其是在中间站利用渡线进行区间列车折返时,需占用正线,从而产生敌对进路,存在安全隐患。因此,渡线折返对运营管理要求十分严格。此外,行车间隔受折返作业制约将有所延长,导致线路通行能力下降。

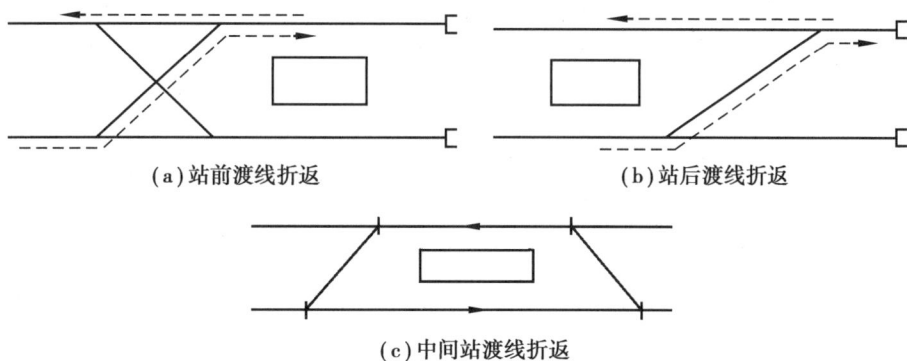

（a）站前渡线折返　　　　　　　　　　（b）站后渡线折返

（c）中间站渡线折返

图 2-4　渡线折返

2.联络线

联络线是指不同城市轨道交通线路之间为调动列车等作业方便而设置的连接线路,如图 2-5 所示。联络线因连接的城市轨道交通线路往往不在一个平面上,因此具有较大坡度与较小曲线半径,列车运行速度缓慢。若是在地下建设,施工难度较大,资金投入也较高。

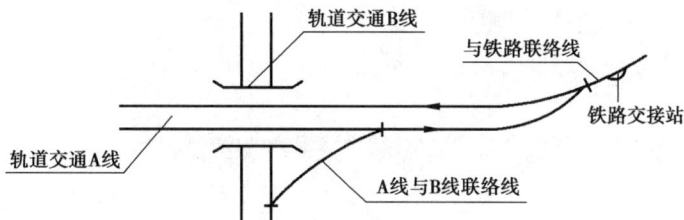

图 2-5　联络线示意图

3. 渡线

渡线是城市轨道交通线路上下行正线之间设置的连接线,通过一组联动道岔达到使列车转线的目的。

4. 存车线

存车线是城市轨道交通线路中用于停放列车,并可进行少量检修作业的线路,一般设置在终点站或区间车站,如图 2-6 所示。

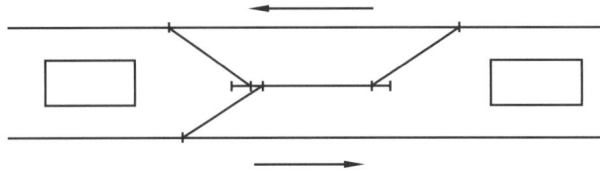

图 2-6 存车线示意图

运营中的城市轨道交通列车行车间隔较小,若出现非正常情况,为使故障列车能够及时退出正线而不影响后续列车正常运营,一般情况下每隔 3~5 座车站应加设存车线及渡线。

5. 出入段线

出入段线是城市轨道交通车辆基地与正线车站的联系线路,专用于列车进出车辆基地,一般可分为入段线和出段线。典型的城市轨道交通出入段线如图 2-7 所示。

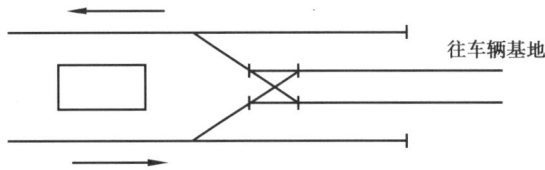

图 2-7 出入段线示意图

(三)车场线

车场线是指车辆基地内进行场区作业与停放列车的线路,如停车列检线、检修线等。

二、城市轨道交通线路基本组成

城市轨道交通线路轨道是承载列车运行的基础设施,主要包括钢轨、轨枕、道床等部分,如图 2-8 所示。轨道的各项性能指标直接影响到轨道交通的安全性、稳定性和运行效率。

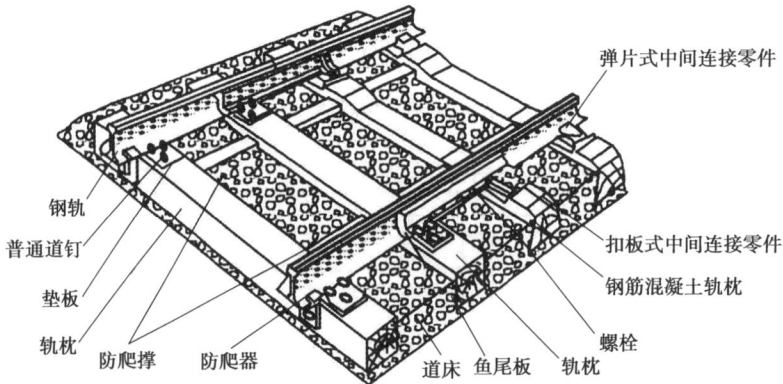

图 2-8 轨道的基本组成

（一）钢轨

钢轨是轨道的主要组成部分,直接承受列车荷载并将其传递至扣件、轨枕、道床,再传递至结构底板。同时,依靠钢轨头部内侧与车辆轮缘的相互作用,引导列车前进。钢轨在列车动荷载作用下会产生弹性挠曲与横向弹性变形,因此应具备足够的承载能力、抗弯强度、断裂韧性、稳定性、耐磨性和耐腐蚀性。

钢轨的类型是按每延米质量进行区分的,如43 kg/m、50 kg/m、60 kg/m、70 kg/m 等。在经济条件允许时,地下线路、地面线路或高架线路的运营正线一般应采用 60 kg/m 以上的重型钢轨。从经济性角度出发,车场线可选取 43 kg/m 或 50 kg/m 的钢轨。

一般情况下,轨道通常采用定长钢轨连接成轨道线路。两根定长钢轨之间采用夹板连接,该夹板即为钢轨接头,其连接零件包括夹板、螺栓、螺母、弹簧垫圈等。目前,城市轨道交通已大量采用无缝钢轨,钢轨接头数量大大减少。

（二）轨枕

轨枕是钢轨下方基础的重要部件,其功能是支撑钢轨,保持轨距与方向,并将钢轨对其的各向压力传递至道床上。利用扣件可将轨枕与钢轨连接在一起形成"轨道框架",增加轨道结构的横向刚度。因此,轨枕必须具有坚固性、弹性与耐久性。

按照材料不同,轨枕可分为木枕和钢筋混凝土枕。

1. 木枕

木枕是铁路系统中最早采用并且一直沿用至今的一种轨枕,如图 2-9 所示。木枕具有弹性好、易加工、维修养护方便、绝缘性能好等特点,但其易腐朽、易产生机械磨损、使用寿命短,且价格较为昂贵。

2. 钢筋混凝土枕

钢筋混凝土枕与木枕相比,能够提供更大的阻力,具有稳定性好、使用寿命长等优点,减少了线路维修与养护的工作量。但其质量较大,不利于敷设,且弹性相对较差,如图 2-10 所示。

图 2-9　木枕

图 2-10　钢筋混凝土枕

（三）道岔

道岔是将城市轨道交通列车由一条线路转向或越过另一条线路的轨道设备。道岔主要由转辙器、连接部分、辙叉及护轨三个单元组成,如图 2-11 所示。

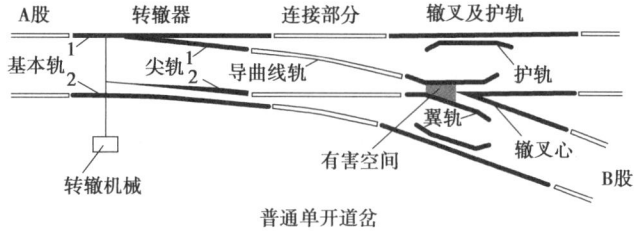

普通单开道岔

图 2-11 道岔的组成

转辙器由两根尖轨、两根基本轨和转辙机械组成。尖轨是转辙器的主要部件,通过连接杆件与转辙器相连,操纵转辙器就能够转换尖轨的位置,从而确定道岔的开通方向。

连接部分用于连接转辙器与辙叉,由两根直轨与两根导曲线轨组成。由于导曲线轨的半径较小,无法在导曲线上设置缓和曲线与外轨超高,列车侧向通过道岔时,其速度受到严格限制。

辙叉包括辙叉心、翼轨与护轨,其作用是保证车轮安全通过两根钢轨的相互交叉区域。

道岔常见的类型有普通的单开道岔、双开道岔、三开道岔和复式交分道岔。

①单开道岔用于将一条线路分岔成两条线路,一条直线(主线),一条曲线(侧线),如图2-12(a)所示。

②双开道岔用于将一条线路分岔成两条不同方向的曲线线路,如图2-12(b)所示。

(a)单开道岔

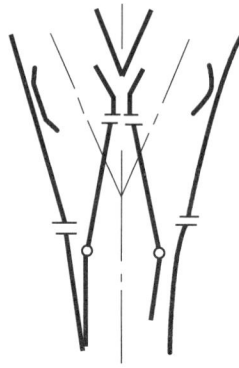

(b)双开道岔

(c)三开道岔

(d)复式交分道岔

图 2-12 道岔类型

③三开道岔用于沿一股直线线路（主线）对称分支，同时衔接的有三条线路，包括一股直线线路和两股曲线线路，如图2-12（c）所示。

④复式交分道岔由两条平面交叉线路及两侧各一条连接曲线组成，既可以引渡列车由一条线路跨越至另一条线路，也可以使列车通过交叉设备并沿原线路继续运行，如图2-12（d）所示。

（四）道床

道床位于路基之上，轨枕之下，一般分为有砟道床与无砟道床两类。

1. 有砟道床

有砟道床所用材料必须质地坚韧，吸水度低，排水性能好，耐冻性强，不易风化，不易压碎、捣碎或磨碎，不易被风吹动或被水冲走。因此，有砟道床材料通常选用碎石、熔炉矿渣、筛选卵石（有50%以上卵石含量的天然砂卵石），以及粗砂与中砂等。

有砟道床的主要功能包括：将城市轨道交通车辆的荷载通过钢轨、轨枕传递至道床，并经过道床的扩散作用散布于路基上，起到保护路基的作用；提供抵抗轨排纵横向移位的阻力，保持轨道的正确几何形位；提供良好的排水性能，减轻轨道冻害并提高路基承载能力；具有弹性和阻尼，起到缓冲与减振的作用；便于进行轨道养护维修作业。

2. 无砟道床

目前，城市轨道交通大多采用无砟道床。无砟道床与基床的连接形式主要有整体灌筑式、轨枕式与支撑块式三类。

整体灌筑式指就地连续灌筑混凝土基床或纵向承轨台；轨枕式指将预制好的混凝土轨枕与混凝土道床浇筑成一个整体；支撑块式指将预制的钢筋混凝土支撑块与混凝土道床浇筑成一个整体，是许多国家铁路整体道床采用的形式，北京地铁、天津地铁均采用此类形式。

（五）扣件

扣件又称中间连接零件，如图2-13所示，其主要功能是将钢轨与轨枕牢牢固定在一起，防止钢轨相对于轨枕发生纵向或横向移动。按轨枕类型不同，扣件可分为木枕用扣件与钢筋混凝土枕用扣件。

图2-13 扣件

（六）轨道结构

为了减少列车在线路上运行时的蛇形运动，轨道上两股钢轨均应向内倾斜；同时，为了确保列车运行安全，两股钢轨之间的距离和高度均有严格的要求。轨道结构的几何形位是指轨道各部分的几何形状、相对位置与基本尺寸,速度不同时,轨道的几何形位允许误差也各有不同。

1. 轨距

轨距分为直线段轨距与曲线段轨距。通常情况下所提及的轨距均为直线段轨距,我国采用的标准轨距在直线段的尺寸为 1435 mm。

2. 水平

在城市轨道交通线路的同一横截面内,两股钢轨轨顶面的高度差称为水平。为使两股钢轨均匀受力,直线段两股钢轨的轨顶面应保持在同一水平面,而曲线段的外轨应按照规定设置超高。

三、限界

限界是指城市轨道交通列车沿固定轨道安全运行时所需的空间尺寸。城市轨道交通车辆在隧道内行驶时,隧道结构内部要有足够的空间,以供车辆通过,并布设线路结构、通信信号、供电、给排水等设备。同时,为保证列车安全运行,凡接近城市轨道交通线路的各类建筑物及设备,必须与城市轨道交通线路保持一定的安全距离。限界越大,安全度越高,但工程量与建设成本也会相应增加。因此,合理限界的确定既要保证列车运行安全,又要兼顾降低工程建设成本。

根据城市轨道交通系统的构成和设备运营要求,限界分为车辆限界、设备限界与建筑限界,如图 2-14 所示。

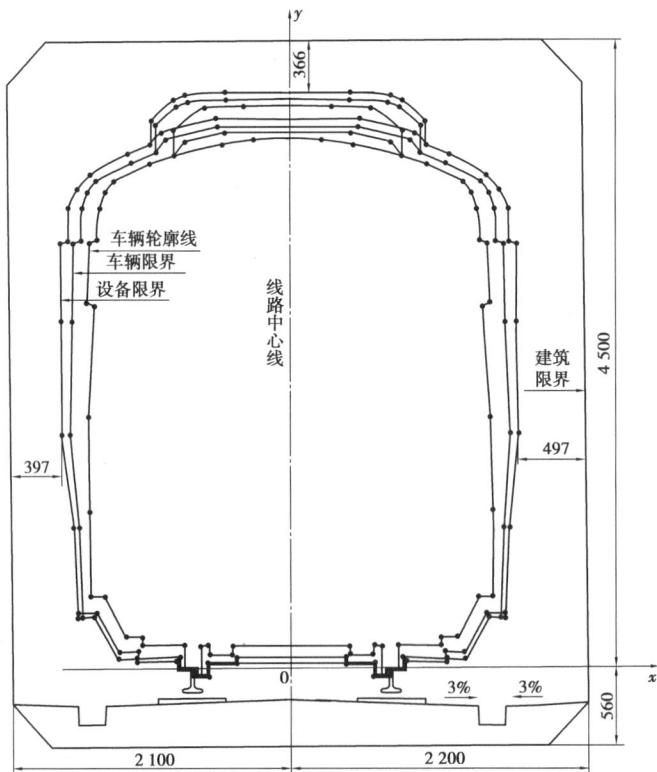

图 2-14 限界(单位:mm)

(一)车辆限界

车辆限界是指城市轨道交通车辆在正常运行状态下形成的最大动态包络线。直线地段的车辆限界分为隧道内车辆限界与高架或地面线车辆限界,高架或地面线车辆限界应在隧道内车辆限界的基础上,考虑当地最大风荷载引起的横向与竖向偏移量后确定。

(二)设备限界

设备限界是为保证城市轨道交通系统中的列车等移动设备在运营过程中的安全而设定的限界。一般来说,设备限界要在车辆限界的基础上,考虑因轨道出现不良状态而引起的车辆偏移与倾斜,并预留适当的安全余量。设备限界是一条轮廓线,所有固定设备和土木工程的任何部分都不得侵入此轮廓线。

(三)建筑限界

建筑限界是在城市轨道交通行车隧道、高架桥等结构的最小横断面有效内轮廓线基础上,考虑施工误差、测量误差、结构变形等因素,为满足固定设备与管线安装所需空间而设定的限界。换言之,建筑限界与设备限界之间的空间主要用于容纳各类误差、设备变形及其他管线的安装需求。

四、城市轨道交通工程建设

城市轨道交通工程在市区中修建,施工方法受地面建筑物、道路、城市交通、环境保护、施工机具和资金条件等因素的影响特别大。因此,选择施工方法时不仅需要考虑技术、经济、修建地区的具体条件,还要考虑对城市居民生活的影响。

(一)地下隧道工程

在城市轨道交通系统中,地下铁道是占有较大比例的线路敷设方式,具有明显优势但造价高昂。因此,应充分进行技术经济对比优化后,分区确定线路施工方案。城市轨道交通地下隧道施工方法主要包括明挖法、盾构法、矿山法和沉管法。

1. 明挖法

在进行城市轨道交通浅埋隧道、管道或其他地下建筑工程时,采用从地表开挖基坑或堑壕,修筑衬砌后,先将隧道部位的岩(土)体全部挖除,然后修建洞身、洞门,最后用土石进行回填的施工方法,称为明挖施工法,简称明挖法,如图2-15所示。

明挖法是修建城市轨道交通车站常用的施工方法,具有施工作业面多、施工速度快、工期短、工程质量易于保证、工程造价低等优点,因此,在地面交通与环境条件允许的区域,应优先选用明挖法施工。

2. 盾构法

盾构法是利用盾构机进行隧道挖掘的一种暗挖施工方法,如图2-16所示。盾构机一般由盾构壳体、推进系统、拼装系统、出土系统四大部分组成。隧道断面形状取决于设计要求,一般可分为圆形、半圆形、矩形和马蹄形。

盾构法施工具有自动化程度高、节省人力、施工速度快、一次成洞、不受气候影响、开挖时可控制地面沉降、对地面建筑物的影响小、在水下开挖时不影响水面交通等优点,尤其是在隧道洞线较长、埋深较大的情况下,利用盾构法施工更为经济合理。

图 2-15　明挖法施工

图 2-16　盾构法施工

3. 矿山法

矿山法是一种以钻眼爆破方法开挖断面修筑隧道及地下工程的施工方法,因借鉴矿山开拓巷道的方法而得名。矿山法施工是将整个断面按分部顺序采取分割式逐块开挖,并要求边挖边修筑衬砌,防止土石坍塌。为了减少对围岩的扰动,分部的大小和多少视地质条件、隧道断面尺寸、支护类型而定。

矿山法施工投入小、造价低,但因工作面小,不能使用大型凿岩钻孔机械与装卸运输设备,易导致施工进度慢、建设周期长、机械化程度低、耗用劳动多。

4. 沉管法

沉管法又称预制管段法或沉放法,其施工流程是:先在施工点以外的船台上或临时干坞内制作隧道管段,并将两端临时封闭起来,预制完成后用拖轮拖运到施工点指定位置,然后在隧道定位处预先挖好水底基槽,待管段定位就绪后,向管段内灌水压载,使之下沉,并将沉下并已放置在正确位置的多片管段内的水排空后形成水下连接,再经土(石)回填后,即形成了沉管内部的通道,如图 2-17 所示。

图 2-17　沉管法施工

(二)高架结构工程

桥梁的作用在于跨越障碍物,使道路得以继续延伸。桥梁的基本组成包括桥面、桥跨结构、墩台与基础三大部分。按照基本结构形式不同,桥梁可分为梁式桥、拱式桥与悬索桥等。

为了实现交通立体化,高架常常成为城市轨道交通建设所采用的主要修筑方式。城市轨道交通线路在跨越河流、其他交通设施以及相关障碍物等关键节点时,应采用跨度较大并且造型与城市景观相协调的桥梁结构,这种场景下多选用拱式结构。

当城市轨道交通工程对跨度要求不高时,多数地段常常采用结构简单、安全可靠、维修方便、经济实用的预应力钢筋混凝土结构。

(三)地面路基工程

在城市轨道交通线路中心线的设计标高与自然地面标高相差不多的地段,常常通过填土或者挖土的方式修筑路基。

在列车运行以及雨水、风沙等侵蚀的长期作用下,路基土壤的力学性质不可避免地会发生变化,从而导致翻浆冒泥、冻胀、滑坡和边坡塌方等路基病害。为了避免路基病害,确保路基的状态良好,应保持路基干燥。在解决路基的排水问题时,特别是路堑地段,不但要排地表水,还应注意排地下水。若因路堤的修建影响了自然地表水的排出,则需在路堤下修建涵洞,引导地表水顺利通过线路,防止线路一侧积水浸泡侵蚀路基。另外,加固边坡可以避免因雨水冲刷造成坡面变形,从而保持路基的坚固与稳定。

任务二 城市轨道交通车站认知

车站是城市轨道交通线网中一种重要的建筑物,也是城市轨道交通系统重要的组成部分,乘客上下车及相关的作业都是在车站进行的。

一、城市轨道交通车站的定义与功能

城市轨道交通车站是城市轨道交通客运组织工作的场所,可供乘客乘降、换乘和候车,供列车到发、停靠、通过、折返、临时停靠,以及供运营、管理人员工作。

一个完整的城市轨道交通车站应容纳主要的技术设备和运营管理系统,从而保证城市轨道交通系统的安全运行。

从使用功能来讲,城市轨道交通车站能为乘客提供舒适、清洁的环境,有良好的通风、照明、卫生和防火设备,保障乘客安全、迅速地进出车站及换乘;同时集中轨道交通线路的电气设备、信号设备、控制设备等。

从建筑功能来讲,城市轨道交通车站还可供行人通行、集聚和购物,以通道形式联络重要的建筑物或地下商业设施。与此同时,车站往往具有浓厚的地方特色或历史文化特色,能代表一个城市的风格,甚至成为城市的旅游景点之一。

二、城市轨道交通车站建筑结构

城市轨道交通车站建筑结构主要包含车站主体、出入口及通道、其他附属设施。其中车站主体是车站的重要组成部分及核心,可分为设备用房、工作人员工作及休息区、乘客使用区,乘客使用区又可分为付费区、非付费区。城市轨道交通车站建筑结构构成如图2-18所示。

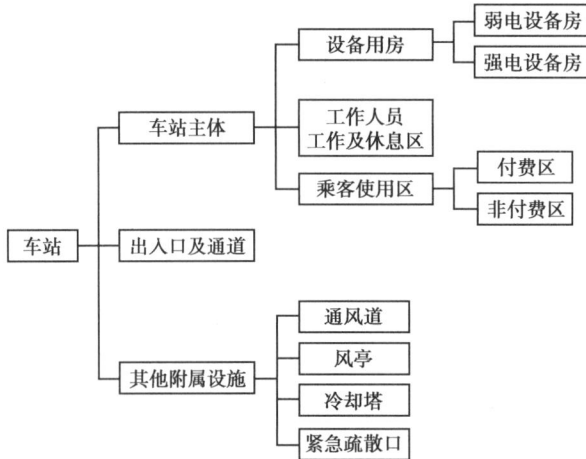

图 2-18 车站建筑结构构成

（一）车站主体

1. 设备用房

设备用房用于放置为保障列车正常运行、车站内良好环境条件和在灾害情况下乘客安全所需要的设备，它是直接或间接为列车运行和乘客服务的，可分为弱电设备房和强电设备房。弱电系统通常包括综合监控系统、通信系统、信号系统和 AFC 系统。强电系统主要是指高压牵引供电系统。

2. 工作人员工作及休息区

工作区是车站工作人员的办公用房，包括车站控制室、票务室、站长室、业务室、广播室、会议室、行车值班室及警务办公室等。

休息区是为保证车站工作人员正常工作、生活所设置的用房，包括更衣室、休息室、茶水间、厕所等。休息区在设计时一般只考虑供工作人员使用，不对外开放。

3. 乘客使用区

乘客使用区可分为非付费区和付费区。非付费区是乘客购票并正式进入车站前的活动区域，并明确标识售检票位置，还可根据需要配备 ATM 机、小卖部、安检口等设施。付费区包括站台、楼梯、自动扶梯、导向标志等，主要用于为乘客提供候车服务。对于一般的城市轨道交通车站来说，非付费区的面积应略大于付费区。

（二）出入口及通道

出入口及通道是供人员和物资进出城市轨道交通车站用的通道式建筑物，部分也兼具供行人过街的功能，主要作用是吸引和疏散客流，一般由阶梯式通道、水平通道门和口部地面建筑等构成。城市轨道交通车站出入口及通道如图 2-19 所示。

出入口是车站的门户，一般布置在靠近地面交通集散点、著名建筑物、商业区、住宅区等客流繁忙但相对隐蔽之处。为吸引和方便疏散客流，车站出入口以分散的形式布置为宜，通常一座车站设置 2~4 个出入口。

（三）其他附属设施

车站其他附属设施建于车站主体之外，主要有通风道、风亭、冷却塔、紧急疏散口等，城市轨道交通车站风亭如图 2-20 所示。

通风道及风亭是为了满足地下车站通风要求而设置的。地下车站四周封闭、空气不流通，且客流量大、机电设备多，导致站内湿度较大、空气较为污浊。因此，为了及时排出车站内的污浊空气，为乘客创造舒适的乘车环境，需在城市轨道交通车站内设置通风与空调系统。风亭的作用是将地面的新鲜空气送入车站内。

冷却塔的作用则是将挟带废热的冷却水在塔内与空气进行热交换，使废热传输给空气并散入大气。

紧急疏散口供紧急情况下乘客疏散所用。

图 2-19　车站出入口　　　　　　图 2-20　车站风亭

三、城市轨道交通车站类型

（一）按照车站建筑所在空间分类

按照与地面的相对关系不同，车站可分为高架车站、地面车站和地下车站，如图 2-21 所示。

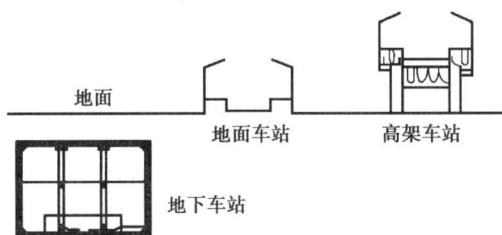

图 2-21　车站与地面的相对位置

1. 高架车站

高架车站是将站台、轨道等车站设施架设于高架构造物上，离地面有一定高空落差距离的车站。高架车站的建筑要和城市风格、周围环境相协调，一般建于城市道路的中心线，也可设置在绿化隔离带上方。高架车站建设费用介于地面车站与地下车站之间，多建设在较易取得土地的区域，或是为了消除山岳地带的标高差而架设于地形高处。设置高架车站可有效消除平交道路的影响，并使轨道交通运输高速化，也常用于单轨系统等城市轨道交通系统。高架车站如图 2-22 所示。

2. 地面车站

站台及轨道建于地面上的车站，称为地面车站。地面车站最大的优势是能在地面上直接建造，因此施工时间短，投入资金少，缺点是占地面积大，一般多应用于人口密度低、用地较为充裕的区域。

图 2-22　高架车站

3.地下车站

地下车站是指建筑主体位于地面之下的车站,主要是配合地下轨道交通而建设。地下轨道交通大规模发展后,地下车站的数量就随之增加。地下车站的建设是庞大复杂的建筑工程,存在施工难度大、建设成本高、安全隐患多、作业时间长、进出站不便、空气不流通、改扩空间小和容易积水等缺点,但也具有节约地上空间,可像高架车站一样消除平交道路的影响,提升轨道交通车辆运输效率的优点,还具有对城市景观影响小、遮风挡雨、战备防空等优点,一般修建于人口密度大、用地紧张、经济发达的区域。

地下车站根据其埋深可分为浅埋车站和深埋车站两种。浅埋车站采用明挖法或盖挖法施工,线路轨道面至地表距离在 20 m 以内;深埋车站采用暗挖法施工,线路轨道面至地表距离在 20 m 以上。

(二)按照车站运营功能分类

按照运营功能不同,车站可分为中间站、区域站、换乘站及终点站。

1.中间站

中间站是轨道交通线路中最常见、数量最多的一种车站,仅供乘客上下车使用,功能单一。

2.区域站

区域站即折返站,是设在两种不同行车密度交界处的车站,设有折返线和相应设备。当轨道交通线路在不同地域的客流不均衡时,为了满足乘客需求并提高运营效率,可按客流量安排行车密度,中间设置区域站,使列车在站内折返或停车。有了区域站就可以在与之邻接的两个区域组织不同密度的行车,如一般在城市商业区的行车密度较高,郊区的行车密度较低。设置区域站时,除了满足客流的需求和行车组织需求,还应考虑乘坐折返列车乘客的换乘便利性。

3.换乘站

换乘站是位于两条及以上线路交叉点的车站,供乘客从一条线路转乘到另一条线路。它除配备供乘客上下车的站台、楼梯或电梯以外,还要配备连接不同线路站台的换乘设施。

4.终点站

终点站是设在线路两端的车站,就列车上下行而言,终点站也是起点站(或称始发站)。

终点站设有可供列车全部折返的折返线和设备,也可供列车临时停留检修。

(三)按照站台形式分类

城市轨道交通车站按照站台形式不同,可分为岛式站台车站、侧式站台车站及岛侧混合式站台车站。

1.岛式站台车站

站台位于上下行车线路之间的布置形式称为岛式站台。这种站台形式具有面积利用率高、便于调剂客流、方便乘客中途改变乘车方向、车站管理集中、站台空间宽阔等优点,常用于客流量较大的车站。岛式站台如图 2-23 所示。

2.侧式站台车站

侧式站台是位于一条轨道线路侧边的站台,即站台没有被两条轨道包围、只能服务于一条轨道线路上的列车。侧式站台如图 2-24 所示。

图 2-23　岛式站台　　　　图 2-24　侧式站台

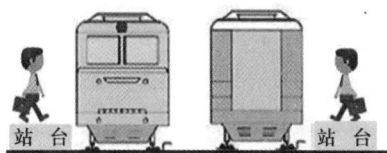

3.岛侧混合式站台车站

岛侧混合式站台是岛式站台和侧式站台的组合,有一岛一侧式和一岛两侧式两种,如图 2-25 所示。

图 2-25　岛侧混合式站台

(四)按照车站规模大小分类

在进行车站总体布局以前,要确定车站的规模。车站规模直接决定车站的外形尺寸及整个车站的建筑面积等。轨道交通车站的规模主要是根据车站设计的客流量确定的,一般可以参照日均乘降量和高峰小时乘降量综合确定。

1.轻轨车站规模等级

按日均乘降量及高峰小时乘降量不同,轻轨车站可分为四种类型,见表 2-1。

表 2-1　轻轨车站规模等级

车站规模	日均乘降量	高峰小时乘降量
小型站	5 万人次以下	0.5 万人次以下
中型站	5 万～20 万人次	0.5 万～2.0 万人次
大型站	20 万～100 万人次	2.0 万～10 万人次
特大型站	100 万人次以上	10 万人次以上

2.地铁车站规模等级

地铁车站规模主要根据车站远期预测客流及所处位置确定,一般可分为三级:

A级站:客流量大、地处大型客流集散点或地理位置十分重要的车站。

B级站:客流量较大、地处市中心或较大居住区的车站。

C级站:客流量较小、地处郊区的车站。

我国地铁系统通过能力应按该站远期超高峰客流量确定,超高峰客流量一般取高峰小时流量的1.2~1.4倍。

(五)按照是否具有站控功能分

城市轨道交通车站按照是否具有站控功能可分为集中站和非集中站。

集中站通常为有道岔的车站,具有站控功能,集中站车站值班员根据调度命令可监控集中站管辖线路上的列车运行、执行扣车与催发车等列车运行调整措施;非集中站通常为无道岔的车站,没有列车监控功能。

任务三 城市轨道交通车辆基地认知

车辆基地是城市轨道交通车辆停放与维修基地的简称,是城市轨道交通车辆停放、保养、维修的专业场所。同时,为方便组织城市轨道交通各专业的维修工作,可将工务、通信、信号、机电设备等专业的维修与车辆检修基地一同考虑,有利于对各专业维修工作进行协调管理、节约土地与投资等。

一、车辆基地

(一)车辆基地的分类

根据功能与规模大小不同,车辆基地可分为停车场与车辆段,如图2-26所示。

图2-26 车辆基地

1.停车场

停车场是车辆集中停放的场所,承担车辆编组、清扫、整备,以及车辆列检与乘务工作。因此,停车场不仅要有足够的轨道停车位,而且要设置管理人员和乘务员工作、活动和休息的场所。

2.车辆段

车辆段是城市轨道交通系统中对车辆进行运用管理、停放及维修保养的场所,承担着所属城市轨道交通线路的车辆停放、清洁、列检工作,车辆的定修(年检)及以下检修与临修工作,所属线路与其他多条联络线互通线路的车辆架修与大修工作,车辆部件的检测、修理工作,以及满足车辆各修程对互换部件的需求。

一般情况下,一条线路设置一个车辆段。当线路长度超过20km时,可以考虑增设一个停车场。

(二)车辆基地的组成

车辆基地主要由停车库、检修库和办公生活设施三个基本部分组成,可划分为检修区与运营区。所有的检修工作均集中在检修区进行,运营区主要负责段属车辆的停放、列检与乘务工作。某车辆基地平面示意图如图2-27所示。

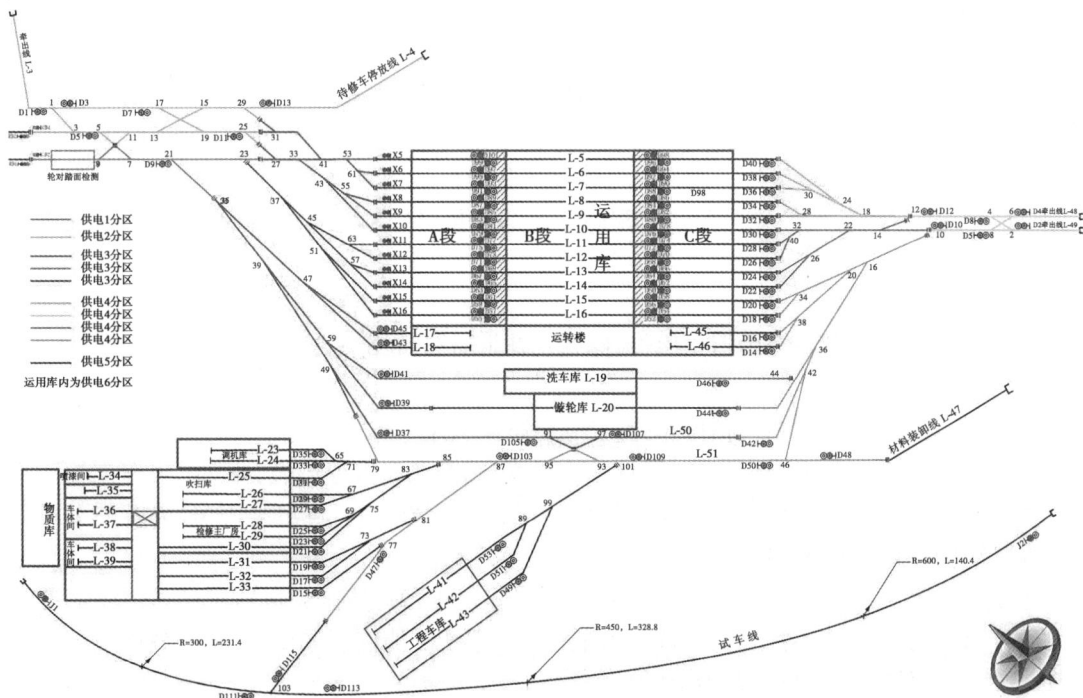

图2-27　某车辆基地平面示意图

1.车辆基地段场线

车辆基地段场线主要包括停车线、检修线、静调线、牵出线、试车线、洗车线、临修线,以及其他城市轨道交通段场专用线路。

①停车线。停车线应为平直线路,通常设置在车库内,停放车辆的同时兼做检修线,分为尽端式与贯通式。尽端式停车线每线一般可停放两列列车,贯通式停车线每线可停放2～3

列车。贯通式停车线便于列车灵活调度,因此应优先采用。

②检修线。检修线应为平直线路,设置于检修、定修、架修与大修库内。用于架修与大修的检修线间距应考虑架修作业要求,并综合考虑架车机等检修设备与检修平台的布置、备件运输车辆移动以及检修人员作业所需空间等因素进行确定。

③静调线。静调线设在静调库内,列车检修完毕后,在进入试车线之前,要在静调库对列车进行静态调试,检查列车各部分的技术状态,对各种电气设备和控制回路的逻辑动作及整定值进行测试与调整。

④牵出线。牵出线是为适应车辆段或停车场内调车的需要而设置的,长度和数量根据列车的编组长度、调车作业方式和工作量确定。

⑤试车线。试车线用于定修、架修与大修后的城市轨道交通车辆在验收前进行动态调试。试车线的长度应满足远期城市轨道交通列车最高运行速度,以及性能试验、列车编组、行车安全距离的要求。另外,试车线还应设信号试验装置与隔离措施。

⑥洗车线。洗车线供城市轨道交通列车停运时洗刷车辆使用,中部设置有洗车库。洗车线一般为贯通式,应尽量靠近停车线,以缩短列车行驶时间,并减少对车辆基地咽喉地区通过能力的影响。

⑦临修线。临修线的长度应满足停放一列列车及列车解编作业的需求。当城市轨道交通列车发生临时故障或损坏时,可在临修线上完成车辆临修工作。

除此以外,城市轨道交通检修基地内还应根据生产需要设置临时存车线、吹扫线、材料装卸专用线、内燃调车机与特种车辆(如轨道车、接触网架线作业车、钢轨打磨车、隧道冲洗车等)停车线、联络线,以及与铁路连通的地铁专用线等。上述各类段场线采用道岔相互连接,道岔与信号设备联锁,由设置在场站的调度室对电气集中控制设备进行操作、排列与开放列车进路,组织调车与取送车作业。

2. 车辆维修基地

车辆维修基地一般可分为运用库、检修库及其附属车间等。

(1)运用库及附属车间

运用库及附属车间主要包括停车列检库、静态调试库等。

停车列检库兼有停车、整备、清扫、日常检查、司机出乘等多种功能。因此,停车列检库除设有停车线外,还应设有运用车间、运转值班室、司机待班室等司机出乘用房,以及列车车载信号检修用房,如图 2-28 所示。

静态调试库是对列车进行静态调试作业的场所。静态调试作业包括对列车重要部件及线路进行低压通电检查,对车门、空调及列车控制等系统功能进行调试,并检查各电气部件动作是否符合技术要求,如图 2-29 所示。

(2)检修库及附属车间

检修库及附属车间的平面布置主要取决于城市轨道交通车辆的配属量、车辆的修程、检修方式及其工艺流程,同时需综合考虑自然地形条件、工件运输线路,以及安全、防火和环保要求等因素。根据车辆检修作业要求,检修库及附属车间一般包括双周及双月检库、定修库、架修及大修库、辅助检修车间及其设备等,如图 2-30 所示。

图 2-28 停车列检库

图 2-29 静态调试库

双周及双月检库主要用于对车辆的走行部、车体及车顶设备进行检查,库内设有三层立体检修平台,并配备悬臂吊、液压升降车、电气箱搬运车等设备,同时还设置受电弓、空调装置、车载信号、试验设备等辅助工具与备品工具间。

定修库与双周及双月检修库一致,线路中间设置检修地沟,库内线路两侧设有三层立体检修平台,其附属车间应与其他检修库统一考虑。另外,库内设有起重机,可吊装车辆大型部件。

架修及大修库的布置应根据车辆检修工艺流程确定,库内的主要设备包括架车机、移车台、假转向架、桥式起重机、公铁两用牵引车、运输工具和工作平台等。

附属车间主要负责对车辆架修、大修时分解下的部件进行检修,一般设置有转向架及轮对间、电动机间、电气及电子间、其他附属车间、各种设备试验台,以及必要的检修设备,如图2-31所示。附属车间通常布置在架修及大修库附近,确保检修工序与流程合理、紧凑、简洁,减少运输路程,提高工作效率。

图 2-30 检修库

图 2-31 附属车间

3.综合维修基地

综合维修基地负责所属线路各种设备和设施的定期维修、维护及故障维修,通常与车辆维修基地设置在一起。按照专业不同,综合维修基地一般可分为通信与信号段(工区)、机电段(工区)、修建段(工区)、物资总库,以及相应的生产设施、特种车辆存放线(车库)、办公生活设施等。

专业检修段(工区)承担所属线路土建、供电、机电、通信与信号、自动售检票、防灾报警、设备监控等系统的检查、保养及维修工作,基地各系统与设备的大修、中修等工作宜委托外部专业单位完成。

物资总库承担着全线范围内运营和检修所需的各种材料、机电设备、机具、备品备件、配件、钢轨、劳保用品,以及其他非生产性固定资产的采购、存放、保管和供应工作。

4.其他库房及车间

车辆维修场地内,部分库房及车间因环境保护、劳动保护和检修特殊要求,或因设施需与维修基地共同使用,需单独设置。其他库房及车间一般包括不落轮镟床库、列车洗刷库、蓄电池间、中心仓库、工程车库、消防间、污水处理站、配电站、变电站、汽车库等,如图2-32所示。

图2-32　列车洗刷库

二、车辆检修

城市轨道交通车辆经过一段时间的运行后,各类部件会产生磨耗、变形或损坏,为了保证车辆良好地运行,延长使用寿命,车辆乘务人员除加强日常检查、保养与维护外,还需定期进行各种修程的检修。综合国内主要城市轨道交通车辆的修程设置,车辆检修修程一般可分为列检、月检、定修、架修和厂修。

1.列检

列检主要针对城市轨道交通车辆上容易危及行车安全的各种主要部件(如轮对、弹簧、转向架、受流器、控制装置、制动装置、车钩及缓冲装置、蓄电池、车门风动开关装置、车体、车灯等)进行外观检查,对危及行车安全的故障及时进行修理。

2.月检

月检主要针对城市轨道交通车辆外观和一般功能进行检查,即对车辆主要部件的技术状态进行外观检查和必要试验,对危及行车安全的故障进行全面修理。

3.定修

定修是针对城市轨道交通车辆的预防性修理,需要架车后对各大部件的技术状态和作用做较仔细的检查,对检查发现的故障开展有针对性的维修,对车辆上的仪器与仪表进行校验,并在车辆组装后进行静调与试车工作。

4.架修

架修的主要目标为检测与维修大型部件(走行部、牵引电动机、传动装置等),同时通过架车对各类部件进行解体与全面检查、修理、试验,对计量仪器与仪表进行校验,对车体重新进行油漆、标记,并在车辆组装后进行静调与试车工作。

5.厂修

厂修又称大修,是针对城市轨道交通车辆进行全面恢复性的修理。厂修要求对车辆进行全面解体、检查、整形、修理与试验,要求完全恢复车辆的功能,基本上达到新车出厂水平。在组装后,车辆需要重新进行油漆、标记、静调与试车。

📖 拓展视野

单轨列车如何折返

一直以来,单轨列车变换轨道是重庆的特色。近日,单轨 3 号线道岔自动变轨的视频在网络上受到大量网友关注,特斯拉 CEO 埃隆·马斯克也在评论区回复称:"中国的列车和基础设施令人感到不可思议!"那么,单轨列车是如何进行折返的呢?

单轨列车折返需要特殊的设备,即单轨道岔,如图 2-33 所示。单轨道岔是引导列车由一条线路转向另一条线路的设备,有了道岔就可以充分发挥线路的通过能力,单轨列车就靠它来变换轨道。

图 2-33　单轨道岔

目前,重庆轨道交通在鱼洞、四公里、碧津等站点布设了单轨道岔设备。其中,3 号线碧津站的单轨道岔自动变轨的视频在国外广受关注,2016 年平移式渡线道岔在该站投入使用,日均转辙 200 次左右,如图 2-34 所示。

平移式渡线道岔由四节直线梁和两节曲线梁组成,梁体由台车支撑,4 台 7.5kW 电机驱动。这位超重量级"选手",单组质量高达 120 t,能够快速平移并准确对接,对接误差在 3 mm 以内,实现列车行驶转换,道岔的平移距离 4.25 m,列车通过速度 30 km/h,转辙时间在 30 s 以内。

图 2-34　单轨列车折返作业

📖 复习与思考

一、选择题

1. 下列线路中( )不属于辅助线。
   A. 折返线 　　　B. 联络线 　　　C. 渡线 　　　D. 牵出线

2. 城市轨道交通运营正线一般采用( )kg/m 以上的重型钢轨。
   A. 70 　　　　B. 60 　　　　C. 50 　　　　D. 43

3. 我国城市轨道交通线路直线地段的标准轨距为( )mm。
   A. 1000 　　　B. 1067 　　　C. 1435 　　　D. 1520

4. ( )的作用是支撑钢轨,并将钢轨传来的压力集中地传递给道床。
   A. 轨枕 　　　B. 道岔 　　　C. 连接零件 　　　D. 路基

5. 最常见的道岔类型是( )道岔。
   A. 单开 　　　B. 双开 　　　C. 三开 　　　D. 复式交分

6. 城市轨道交通列车折返方式不包括( )折返。
   A. 环线 　　　B. 尽端线 　　　C. 渡线 　　　D. 联络线

7. 在隧道洞线较长、埋深较大的情况下,利用( )施工更为经济合理。
   A. 明挖法 　　　B. 盾构法 　　　C. 矿山法 　　　D. 沉管法

8. ( )是位于两条及两条以上线路交叉点上,能够使乘客从一线到另一线转乘的车站。
   A. 中间站 　　　B. 区域站 　　　C. 换乘站 　　　D. 终点站

9. ( )用于定修、架修与大修后的车辆在验收前进行动态调试。
   A. 检修线 　　　B. 静调线 　　　C. 试车线 　　　D. 临修线

10. 车辆检修修程中,( )主要是对车辆上容易危及行车安全的各种主要部件进行外观检查,对危及行车安全的故障及时进行修理。
    A. 列检 　　　B. 月检 　　　C. 定修 　　　D. 架修

二、判断题

1. 城市轨道交通线路的敷设方式主要有地下线路、地面线路和高架线路三大类型。
   ( )

2. 联络线是城市轨道交通线路上下行正线之间设置的连接线,通过一组联动道岔达到使列车转线的目的。 ( )

3. 停车线是用于车辆进行检修的线路。 ( )

4. 钢轨的类型是按每延米大致重量进行区分的。 ( )

5. 钢轨的断面形状为人字形,由轨头、轨腰、轨底三部分组成。 ( )

6. 道岔的号数越大,道岔的全长就越长,机车车辆通过道岔的速度就越高。 ( )

7. 正线一般铺设不小于 9 号道岔,车场线一般铺设不小于 7 号道岔。 ( )

8. 目前,城市轨道交通大多采用有砟道床。 ( )

9. 付费区是乘客购票并正式进入车站前的活动区域。 ( )

10. 为吸引和方便疏散客流,车站出入口以分散的形式布置为宜。 ( )

三、填空题

1. 城市轨道交通线路按其在运营中的作用不同分为正线、辅助线与_____。

2. 城市轨道交通设计建造需考虑的限界要求,包括_____限界、设备限界、建筑限界。

3. 轨道一般由钢轨、_____、连接零件、道床、道岔等组成。

4. 普通线路为适应钢轨热胀冷缩的需要,钢轨接头处必须留有一定的缝隙,称为_____
_____。

5. 道岔由_____、连接部分、辙叉及护轨组成。

6. _____是引导机车车辆从一股道转入另一股道的线路设备。

7. 道岔号数 N 用辙叉角 α 的_____值来表示。

8. 从两翼轨最窄处到辙叉心实际尖端之间,有一段钢轨中断的空隙,叫作辙叉的_____
_____。

9. 城市轨道交通车站的站台形式可采用_____站台、_____站台以及岛侧混合式
站台。

10. 城市轨道交通车站建筑结构主要包含_____、出入口及通道、其他附属设施。

模块三　城市轨道交通车辆认知

2020年,轨道车辆技术赛项成为第46届世界技能大赛新增项目(图3-1),这是轨道交通领域首个纳入世赛的赛项,也是轨道交通制造走向世界的名片。

图3-1　世界技能大赛轨道车辆技术项目

该项目包含受电弓的检修与控制、客室车门的安装与调试、车辆转向架检修及车辆整车故障排查与处理四个模块,不仅考察选手的沟通和人际交往能力、解决问题能力、创新力及计划能力,还涵盖车辆机械部件检修、保养与调试,车辆电气系统维护、保养与测试,以及车辆故障诊断与处理。本模块的内容将带大家走进城市轨道交通车辆的世界。

📖 **学习目标**

1. 能描述城市轨道车辆的组成。
2. 能熟知车辆检修的流程和检修模式。
3. 能解释列车编组的定义、限界的定义。
4. 能描述司机室的结构。

5. 能区分不同类型车辆的优缺点。

6. 能区分正确执行各种乘务作业的标准。

7. 能区分各类电气负载用电电压。

8. 能描述不同辅助供电电源供电等级。

9. 能辨别主回路电器类型并描述其功能。

10. 培养不畏新知、爱岗敬业的精神。

11. 培养责任意识、标准意识。

12. 培养思考、归纳总结能力。

📖 学时建议

6 学时

任务一　城市轨道交通车辆认知

城市轨道车辆是城市轨道交通系统中运输旅客的工具,根据各城市的运输环境不同其形式多样。不同类型的城市轨道车辆在组成上基本相同,其编组运行形式根据运行环境有所不同。

一、城市轨道交通车辆类型

城市轨道交通车辆根据各城市的运输环境及要求分为多种类型。根据其运行形式来分,常见的有钢轮钢轨式车辆、独轨车辆、直线电机车辆、磁悬浮车辆。常规钢轮钢轨式车辆技术成熟可靠,应用最为广泛;直线电机车辆和磁悬浮车辆属于新型城市轨道交通工具,具有较好发展前景。此外,城市轨道车辆还有独轨车辆,独轨车辆又分为悬挂式独轨和跨座式独轨,其运行特点为载客量少、运行速度慢及线路短。

为了便于对城市轨道车辆制造、运营、维修的管理,我国对车辆的类型及主要技术规格进行了统一。根据各城市对城轨车辆选型的不同要求和城轨车辆的发展现状,根据车体的宽度不同,车体分为 A、B、C 三类。

二、城市轨道列车编组

按有无动力装置分类,城市轨道交通车辆可分为动车和拖车两类。动车是指转向架上装有牵引电动机等牵引动力装置的车辆,拖车是指不带动力装置的车辆。城市轨道交通车辆(图3-2)在运营时一般采用动拖结合,固定编组,形成电动列车组。城市轨道列车中,动车和拖车通过车钩连接而成的一个相对固定的编组称为一个(动力)单元,一辆列车可以由一个或几个单元编组而成。

我国城市轨道交通车辆编组形式为:六辆编组的主要有"三动三拖"和"四动二拖",四辆编组主要有"二动二拖"。例如,广州地铁 1 号线每辆列车由 6 节车辆组成,采用"四动二拖"形式,六节车有 A、B、C 三类车各两辆(此处 A、B、C 不是按车体尺寸分类),编组为:-A ＊ B ＊

图 3-2　城市轨道交通车辆

C＝C＊B＊A－。A 车为拖车,一端设有驾驶室,车顶上装有受电弓,车下装有一套空气压缩机组。B 车和 C 车均为动车,结构基本相同。其中,"－"表示全自动车钩,"＝"表示半自动车钩,"＊"表示半永久车钩。

三、城市轨道车辆组成

城市轨道车辆根据其用途及特点,一般由以下几个部分组成:车体、转向架、车辆连接装置、制动装置、风源系统、通风空调系统、内装及车辆设备、受流装置、车辆电气牵引系统和辅助电源系统、列车监视控制系统和列车控制系统等。

(一)车体

车体(图 3-3)分为有司机室车体和无司机室车体两种,坐落在转向架上。除载客外,还是其他设备的安装基础,几乎所有的机械、电气、电子等设备都安装在车体的上部、下部及内部,驾驶室也设置在车体内。近代城轨车辆车体均采用整体承载的钢结构或轻金属结构,以达到满足强度、刚度要求的同时最大限度地减轻自重。车体一般由底架、侧墙、车顶、前端、后端、车门等组成。

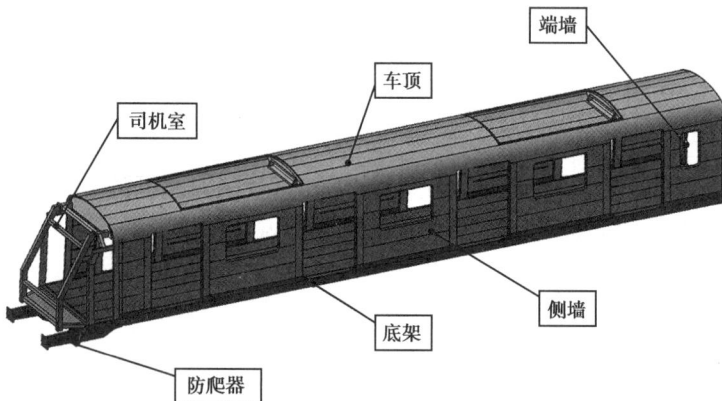

图 3-3　车体

(二)转向架

转向架是车辆的走行装置,安装于车体与轨道之间,用来牵引(对动车转向架而言)和引导车辆沿轨道行驶,承受并传递车体与轨道之间的各种载荷并缓和其动力作用,它是保证车辆运行品质的关键部件。一般由构架、轮对轴箱装置、悬挂系统、牵引装置、齿轮传动装置和制动装置等组成。城轨车辆转向架有动车转向架(图 3-4)和拖车转向架(图 3-5)之分,动力转向架还装有牵引电机及传动装置。

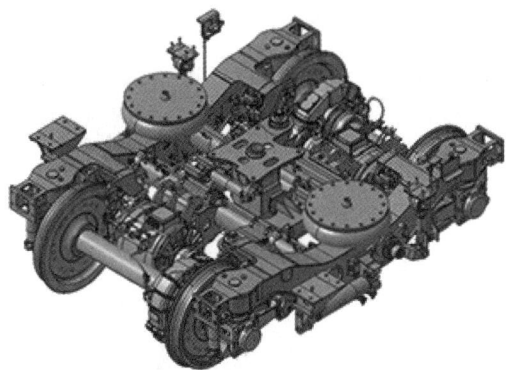

图 3-4 动车转向架

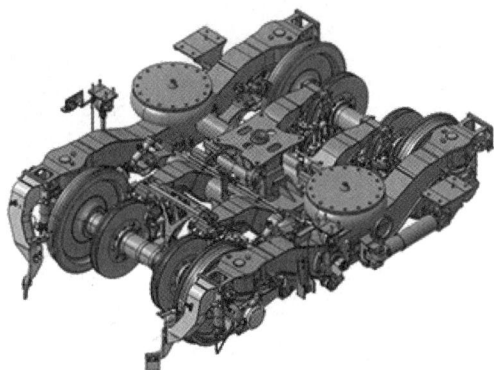

图 3-5 拖车转向架

（三）车辆连接装置

城市轨道车辆以固定编组方式运行，车辆之间设有连接装置。车辆连接装置由车钩、缓冲器（图 3-6）、电气联接、气路联接及贯通道（图 3-7）等部分组成。车钩和缓冲器的作用是连接车辆并减少车辆间的纵向冲撞。为了便于相邻车辆间乘客流动，并调节客室的疏密，现代车辆之间采用贯通道式连接，故设有风挡及渡板。

图 3-6 车钩缓冲装置

图 3-7 贯通道

（四）制动装置

制动装置是保证列车运行安全的关键设备。无论是动车还是拖车，都设有制动装置，它可以保证运行中的列车按需减速或在规定距离内停车。城轨车辆制动装置除常规的空气制动外，还有再生制动、电阻制动和磁轨制动等先进制动方式。

（五）受流装置

从接触导线（接触网）或导电轨（第 3 轨）将电流引入动车的装置称为受流装置或受流器。目前常用的受流器为受电弓（图 3-8）或集电靴（图 3-9）。在受电制式上，通常采用直流 750 V 或直流 1 500 V。

图 3-8　受电弓

图 3-9　集电靴

（六）内装及车辆设备

内部装饰及设备是城市轨道交通车辆必不可少的组成部分。其设计要求包括美观、舒适、实用、隔音、减震、坚固、防火。内部装饰包括客室内部的墙板、顶板、地板及司机室布置等；设备包括照明、车窗、车门及机构、座椅、扶手、吊环及乘客信息显示等。

（七）空调通风系统

城市轨道交通车辆因乘客拥挤、空气易污浊，必须配备通风装置，一般采用机械通风。为改善乘客的舒适度，现代城市轨道交通车辆一般还设有空调装置等。

（八）车辆电气牵引系统和辅助电源系统

车辆电气系统包括车辆上的各种电气设备及其控制电路，按其作用和功能可分为主电路系统、辅助电路系统、监视与控制电路系统等。

（九）列车监测与控制系统

列车监测与控制系统（TCMS）是一种"列车管理系统"，目的是整合与"控制和监测系统"相关功能，完成列车的自动化、智能化管理。主要功能包括：通过列车各个系统的交互完成系统检测和控制；通过乘客信息系统输出终端向乘客发送相关服务信息；通过司机室人机界面反映列车状态和数据，便于操作人员操控和维护；各系统共同完成对车辆的控制、防护和监控，以及乘客服务信息提示和舒适化环境控制。

四、城市轨道交通车辆的主要技术参数

为了全面掌握城市轨道车辆技术特点，需要对车辆技术规格的某些指标进行介绍。从总体上表征车辆性能及结构的一些参数称为车辆技术参数，一般可分为性能参数与主要尺寸两大类。

（一）车辆性能参数

自重、载重：自重指车辆整备状态下的结构及设备总质量；载重指正常情况下车辆允许的最大装载质量。以吨（t）为单位。

构造速度：车辆设计时按照安全及结构强度等条件确定的最高行驶速度。车辆实际运行

速度不得超过构造速度。

轴重:车轴在某个运行速度范围内,允许负担(包括轮对自身的质量)的最大质量。轴重的选择与线路、桥梁及车辆走行部的设计有关。

通过最小曲线半径:配用某种型式转向架的车辆在正线运行或厂、段内调车时所能安全通过的最小曲线半径。在此曲线区段上行驶时,不得出现脱轨、倾覆等危及行车安全的事故,也不允许转向架与车体底架或其他悬挂物相碰撞。

最大爬坡能力:配用某种型式转向架的车辆在正线运行或厂、段内调车时能正常运行的最大坡度。

启动加速度:定员情况下,在平直干燥轨道上,车轮为半磨耗状态,额定供电电压时,列车启动时的平均加速度。若无特殊要求,一般为:列车从 0 km/h 加速到 40 km/h,不低于 0.83 m/s^2;列车从 0 km/h 加速到 100 km/h,不低于 0.6 m/s^2。

制动减速度:定员情况下,在平直干燥轨道上,车轮为半磨耗状态,列车从最高运行速度到停车的制动平均减速度。若无特殊要求,一般为:常用制动平均减速度不低于 1.0 m/s^2;紧急制动平均减速度不低于 1.2 m/s^2。

车辆安全性能指标:列车纵向冲击率不应大于 1.0 m/s^2;列车运行平稳性指标应小于 2.5;车辆的脱轨系数应小于 0.8;车辆的轮重减载率应小于 0.6。

(二)车辆的主要尺寸

车辆长度:车辆处于自由状态且车钩呈锁闭状态时,两端车钩连接面之间的距离。区别于车体长度的概念,车体长度指不包含牵引缓冲装置或折棚的车体结构的长度。

车辆最大宽度:车体横断面上最宽部分的尺寸。

最大高度:车辆顶部最高点与钢轨顶面之间的距离。通常须明确最高点相关结构,如有无空调、受电弓的状态等。

车辆定距:同一车辆的两转向架回转中心之间的距离。

固定轴距:同一转向架的两车轴中心线之间的距离。

车钩中心线距离钢轨面高度(车钩高,以 H_0^{+10} 表示):车钩连接面中点(铁路车钩是指钩舌外侧面的中心线)至轨面的高度,取新造或修竣后空车的数值。

地板面高度:车辆地板面与钢轨顶面之间的距离,与车钩高一样,取新造或修竣后空车的数值。

五、城市轨道交通限界

限界是限定车辆运行及轨道周围构筑物不得超越的轮廓线。限界分车辆限界、设备限界和建筑限界,是工程建设、管线和设备安装位置等必须遵守的依据。规定限界的目的,主要是防止车辆在直线或曲线上运行时与各种建筑物及设备发生接触,以确保车辆安全通行。

在设计城轨车辆时,其横断面的形状和尺寸要与隧道或线路所留出的空间相适应,为此对车辆横断面轮廓尺寸必须有一定限制。车辆限界就是限制车辆横断面最大允许尺寸的轮廓图形,无论空车还是重车,在直线地段运行时,所有突出和悬挂部分都应容纳在限界之内。因此,车辆限界是车辆在正常运行状态下形成的最大动态包络线。建筑限界和设备限界是建筑物或设备距轨道中心和轨面所允许的最小尺寸所形成的轮廓。车辆限界与建筑限界、设备限界之间,必须留出一定的、为确保行车安全所需的空间。

任务二　城市轨道交通车辆电气系统认知

一、城市轨道交通车辆电气系统功能

城市轨道交通车辆电气系统是城市轨道交通车辆的重要组成部分,它为列车提供牵引力及电制动力,控制和监控列车完成正常的启动、运行和停车,同时对其他用电设备进行供电及控制,是列车安全运行的保障。列车的运行速度、位置和状态等信息会被传输到车辆监控系统中,并且与信号控制系统交互,确保列车驾驶员能够及时了解列车的状态和动态,实现运行的安全控制。车辆电气系统还记录大量的运行数据,为列车保养提供重要依据。

二、城市轨道交通车辆电气系统组成

城市轨道交通车辆电气系统包括列车网络控制系统、牵引制动系统及辅助供电系统等。

(一)列车网络控制系统

列车网络控制系统是城市轨道交通车辆电气系统的核心部分,它主要负责对车辆的各项功能进行集中控制和监控。该系统通过高速数据传输和处理能力,实时收集和处理车辆各种传感器的信息,实现对车辆运行状态的精确控制,确保列车安全、稳定、高效地运行。

列车通信网络(Train Communication Network,TCN)的基本结构(图3-10)是基于两条总线的三层结构。两条总线是指列车总线(Wire Train Bus,WTB)和多功能车辆总线(Multi-function Vehicle Bus,MVB),列车总线WTB连接各个中央控制单元,传递列车级数据,实现数据交换;多功能车辆总线MVB通过总线连接器或I/O接口与各子系统相连,传递控制数据、信息数据等,实现对各子系统的控制功能。列车和车辆控制分为列车控制级、车辆控制级与子系统控制级三级,包括牵引/电制动控制、空气制动、辅助电源、辅助交流系统控制、乘客信息系统、空调系统等。各控制级均具有冗余结构。列车总线和车辆总线是两个独立的通信子网,可采用不同的网络协议。两者之间通过一个列车总线节点(网关)互联,在应用层的不同总线之间通信时,该节点充当网关。

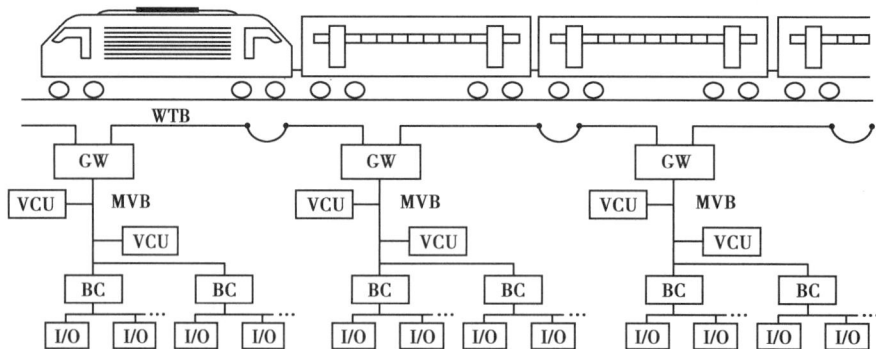

图3-10　列车网络控制系统结构图

列车网络控制系统能够实现以下功能:通过列车总线进行列车控制(紧急制动除外),实现总线管理与过程数据通信,列车运行过程监视,列车故障诊断,通过多功能车辆总线与子系统之间进行通信,为外部 PC 机提供服务接口等。

(二)牵引制动系统

城市轨道交通车辆牵引制动系统是城轨车辆的重要组成部分,是列车动力与制动力的来源,根据工作过程,主要包括受流装置、高速断路器、隔离开关、充电单元、逆变模块、牵引电机、制动电阻以及接地回流装置等。以重庆轨道交通 1 号线牵引系统为例,分为高压(DC 1500 V)系统和低压(DC 110 V 或 DC 24 V)系统,详细设备组成见表 3-1。

表 3-1　牵引系统组成列表

	设备名称	数量/个	Tc1	Mp1	M1	M2	Mp2	Tc2
高压系统	受电弓	2		1			1	
	熔断器及隔离开关箱	2		1			1	
	高压电器箱	4		1	1	1	1	
	牵引逆变器			1	1	1	1	
	滤波电抗器	4		1	1	1	1	
	牵引电机	16		4	4	4	4	
	过压吸收电阻	8		2	2	2	2	
低压系统	司机控制器	2	1					1
	传动控制单元(DCU)	4		1	1	1	1	
	列车控制与诊断系统(TCMS)							

根据工作过程,牵引系统分为牵引工况和电制动工况。牵引工况下,列车牵引系统为列车提供牵引动力,将城市轨道交通电网上的电能转换为列车在轨道上运动的动能。电流经过车辆牵引传动控制系统送入牵引电动机,牵引电动机驱动车辆运行;驾驶员通过操纵驾驶控制器改变牵引电动机的运行速度和运行方式。电制动工况下,列车牵引系统将列车运行动能转化为其他形式的能量,如电能或热能,并将其消耗掉。

1. 受流装置

我国城轨列车的供电标准有 DC 1500 V 和 DC 750 V 两种,分别对应采用接触网供电和第三轨形式供电,对应有两种不同的受流装置:受电弓和集电靴,如图 3-11、图 3-12 所示。通常受电弓用于接触网供电,集电靴用于第三轨供电,二者结构差别较大,安装位置也不同。受电弓使用较为广泛,一般安装在动车上,每列车安装 2 台。集电靴则安装在动车转向架侧面,直接搭在三轨上部,中间为扁六边形铜滑块或碳滑板。

供电轨

集电靴↑

图 3-11　受电弓　　　　　　　　　　　　　图 3-12　集电靴

受电弓根据其结构分为单臂式受电弓和双臂式受电弓,如图 3-13、图 3-14 所示。

图 3-13　单臂式受电弓　　　　　　　　　图 3-14　双臂式受电弓

根据其驱动方式,受电弓又可分为电驱动阻尼式、气驱动阻尼式和气囊式三种,如图 3-15 至图 3-17 所示。

图 3-15　电驱动阻尼式受电弓　　　图 3-16　气驱动阻尼式受电弓　　　图 3-17　气囊式受电弓

2.高速断路器

高速断路器(High Speed Circuit Breaker,HSCB)用于控制列车主回路通断,安装在含有受流装置车辆的底部高压箱内。在正常状态下,它用于通断车辆主电路;在发生故障时,执行保护指令,切断动力电源,保护车辆主回路不受损伤。高速断路器位置示意图如图 3-18 所示。

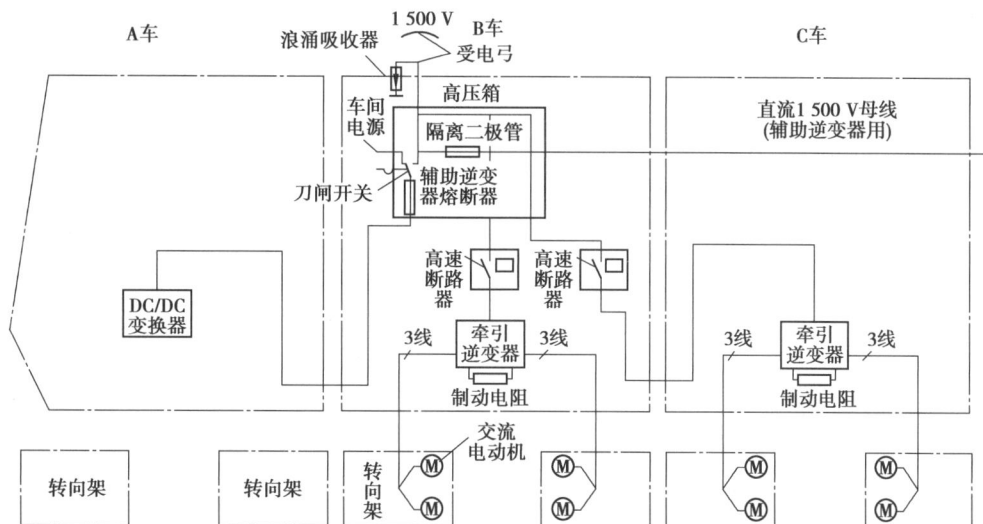

图 3-18 高速断路器位置示意图

HSCB(图 3-19)的特点包括:对地绝缘等级高,分断能力强,响应时间短,不受气候条件影响,使用寿命长,易于维护等。

3. 牵引逆变器

牵引逆变器(Variable Voltage and Variable Frequency,VVVF)是将从电网获得的直流电压变换为电压、频率可调的三相交流电,并为列车主回路供电的电源,如图 3-20 所示。牵引逆变器在铁路、地铁、有轨电车、电动车辆等领域有广泛应用,具有效率高、可靠性强、控制精度高等优点。在城轨列车电制动过程中,牵引逆变器还可以在列车再生制动时作为整流器,实现牵引与再生工况间的快速平滑转换。

图 3-19 whb1512 型高速断路器

图 3-20 牵引逆变器

牵引逆变器通常安装在 Mp(带受电弓的动车)车下牵引逆变器箱内,其控制装置为传动控制单元(DCU),主要完成对 IGBT 逆变器及交流异步牵引电机的实时控制、黏着控制和制动斩波控制,同时具备完整的牵引变流系统故障保护功能、模块级的故障自诊断功能和一定程度的故障自复位功能以及部分车辆级控制功能,DCU 是列车通信网络的一部分,与多功能机车车辆总线 MVB 接口并通信。

以青岛地铁 2 号线为例(图 3-21),牵引逆变器工作过程中,DC 1500 V 电源从受流器经前级高压电路送到高压电器箱,经过高速断路器(HB)将电源传输到牵引逆变器,经过充电接触器(KM2)、充放电电阻(R1)、短接接触器(KM1),然后传输给变流模块,最终输出三相电压供电机使用。

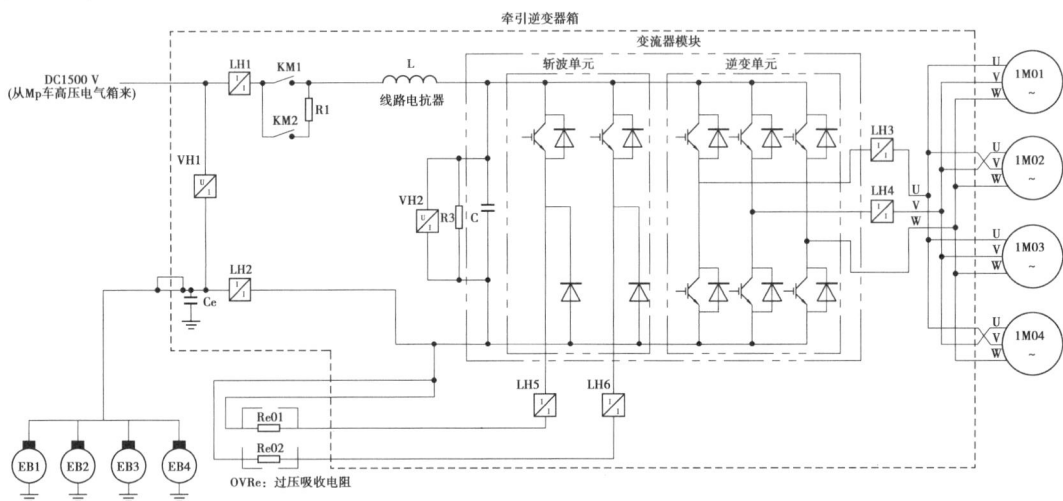

图 3-21　青岛地铁 2 号线主回路原理图

4.牵引电机

城轨列车采用的牵引电机主要有三种:三相异步牵引电机、永磁同步牵引电机、直线牵引电机,其中三相异步牵引电机使用最为广泛,其次是永磁同步牵引电机,再次是直线牵引电机(广州地铁 5、6 号线,采用三菱技术)。三相异步牵引电机主要由定子、转子和两端端盖组成。三相异步牵引电机分为鼠笼式、绕线式和换向器式,其中鼠笼式最为通用。三相异步牵引电机外观如图 3-22 所示。

图 3-22　三相异步牵引电机外观

三相异步牵引电机有两种运行状态:电动机状态和发电机状态。在列车牵引过程中,电机发挥电动机作用,产生动能驱动列车运行。在列车电制动过程中,牵引电机进入发电机状态,将列车运行产生的动能转化为电能通过制动电阻消耗掉或者将该部分电能储存到电网。这两种能量消耗方式分别称为电阻制动和再生制动。牵引电机通常悬挂于动车转向架上,每台转向架安装 2 台。

5. 制动电阻

制动电阻是在列车制动时发挥作用的装置,如图 3-23 所示为重庆轨道交通制动电阻箱。制动电阻的主要功能包括抑制过压、消耗能量、电-空制动平滑过渡等。城市轨道交通车辆在运行过程中,有时会遇到轮对空转、跳弓等瞬态过程,从而引起直流电压的上升,为了防止直流电压上升超过允许范围,需要通过制动电阻来降低过电压。此外,在接触网无吸收网压条件下,消耗制动能量。列车在电制动时以再生制动为主,将电机产生的动能转化为电能送回电网重复使用,该过程无法将动能百分之百转化为电能,多余的电能则由制动电阻以热能的形式消耗掉。当电制动使列车减速至 5 ~ 8 km/h 时启动空气制动,该速度称为电-空制动转换点。

图 3-23　重庆轨道交通制动电阻箱

(三)辅助供电系统

辅助供电系统主要用来为列车上除牵引系统外的其他用电设备供电,包括辅助供电电源和辅助用电负载两类。从用电等级上来分,分为中压负载和低压负载。

1. 辅助供电电源

辅助供电电源包括车间电源、辅助逆变器和蓄电池箱。其中车间电源在列车未接入电网时,可提供 DC 1500 V 直流电。

(1)辅助逆变器

辅助逆变器又称 SIV,是列车中压负载供电电源,能够将 DC 1500 V 直流电转换为 AC 380 V、AC 220 V 及 DC 110 V 电压,为车辆空调、空气压缩机、照明、开关车门、蓄电池充电、列车监视系统、乘客信息显示系统及各系统控制电路、车载信号和通信设备供电。辅助逆变器通常安装在拖车上,每辆拖车安装一台,如图 3-24 所示。

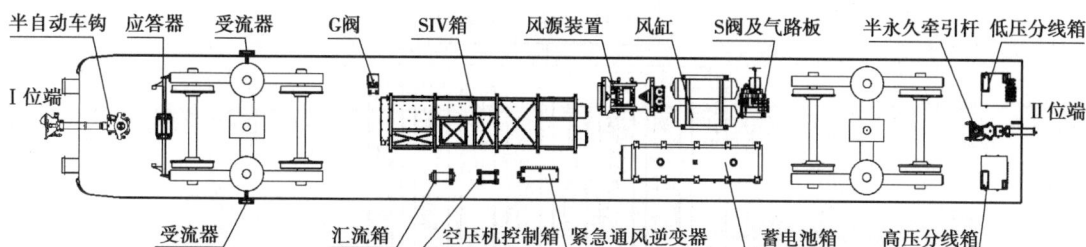

图 3-24　青岛地铁 3 号线 1/6 号车(Tc1/Tc2)车下设备布置示意图

辅助逆变器供电方式可分为交叉供电、扩展供电及并网供电三种。交叉供电是指两个大容量的辅助逆变器对整列车进行供电,每辆车的负载由两个辅助逆变器共同提供电源。例如,每辆车的两台空调分别由一个辅助逆变器供电,一旦一台空调出现故障,系统会自动将负载减半。扩展供电是指当各辅助逆变器正常工作时,各辅助逆变器仅对本单元车辆负载供电;当一台辅助逆变器故障时,可通过扩展供电方式为列车主要负载提供电源。并网供电是指一般采用多个中等容量的辅助逆变器,通过并网方式对整列车进行供电,单个辅助逆变器故障时,其余辅助逆变器的容量足以满足整列车负载的供电需求。

(2)蓄电池

蓄电池是将所获得的电能以化学能的形式储存并可将化学能转化为电能的一种电化学装置,其外观结构如图 3-25 所示。在车辆运行过程中,蓄电池用于在列车启动前激活各控制系统,同时为辅助逆变器提供控制电源。城轨列车用蓄电池分为碱性蓄电池和酸性蓄电池两种,地铁及轻轨车辆目前通常采用镍镉碱性蓄电池。

车上蓄电池箱主要由箱体及电池组组成,箱内包含若干单体蓄电池,能够提供 DC 110 V 电压。单体电池由正极板、负极板、隔板、电解槽、液口栓盖、电解液、极柱、垫圈、螺栓等构成,电能转化为化学能之后,在内部储存,使用时供给直流电流。

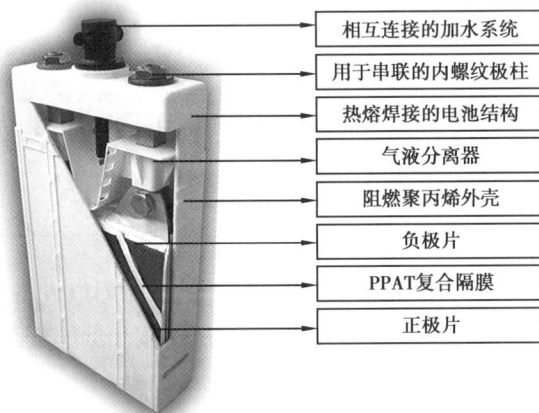

图 3-25　蓄电池外观结构

蓄电池的主要功能是激活列车并提供紧急供电。当辅助逆变器中的充电机出现故障时,由蓄电池供电,保障紧急负载供电,使列车能够运行到下一站完成清客。

2. 辅助用电负载

根据城轨列车用电负载电压等级将其分为中压负载和低压负载,如图 3-26、图 3-27 所示。其中中压负载包括 AC 380 V 负载和 DC 220 V 负载。

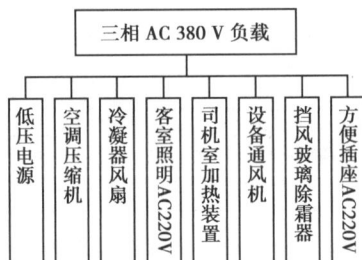

图 3-26　中压负载

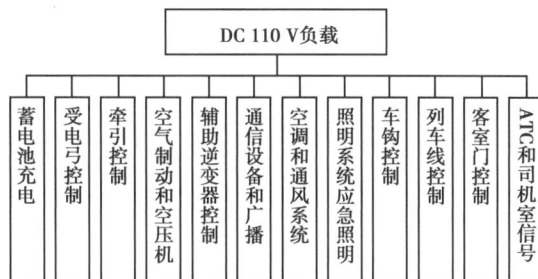

图 3-27　低压负载

任务三　城市轨道交通车辆驾驶认知

一、司机室结构认知

列车在每首尾车前端各设有一个司机室,虽然列车型号不同,但是司机室的结构和布置原则是基本一致的。司机室是司机工作的场所,因此司机室布置应既保证清晰的外部视野,又方便司机操作。当司机坐在座椅上时,应能方便而清楚地观察到前方信号、接触网、轨道设备、前方轨道和车站。同时,司机室的设备布置应科学合理,符合人体工程学,满足便于使用和维修的要求。

司机室主要包括司机室驾驶台、司机座椅、继电器柜、信号柜、外部车头灯、无线电天线、司机室空调、内部照明、外部信息显示器、光亮度探测器、司机室前窗玻璃、遮阳窗帘、刮雨器、驾驶室灭火器、司机室车门、司机室通道门、逃生门等结构,便于司机简单、方便、快速地操作各种功能,高效驾驶列车,司机室结构如图 3-28 所示。

图 3-28　司机室结构

二、乘务作业标准

（一）出乘前准备

①司机出乘前必须充分休息,上班前 8 h 内禁止饮酒,生理和心理状况必须符合工作要求。

②在公寓待班时,必须严格执行公寓待班管理制度,在公寓待班期间,禁止饮酒、大声喧哗及进行任何娱乐活动。

③出乘前应按规定穿着乘务人员识别服,佩戴工号牌、星级标志或其他规定的相应标志,严禁无证上岗。

④应携带计时工具、上岗证、驾驶证等必需品,以及《行车规章》《电动客车操作规程》《车务应急处理规则》《车场运作手册》《车站、列车广播标准用语》《列车运行图》等技术资料。

⑤严格执行叫班签认制度,保证准时出乘。

（二）出勤

1. 车场出勤

①司机出勤必须在规定时间内由本人到派班室办理,如图 3-29 所示。

②司机出勤应按规定着装,携带行车备品(荧光服、电筒、手表)及规章文本(行规、事规、车辆故障处理指南、信号设备故障处理指南等),将个人手机置于关闭状态,准时到派班室出勤。

③出勤时,按规定时间在终端机上出勤,终端机的出勤时间为酒精测试、答题环节通过后,在终端机上点击出勤的时间。

④出勤时,应认真抄/阅调度命令、认真阅读行车注意事项,做好安全预案,并在《司机日志》上做好记录。

⑤领取司机报单及行车备品,认真检查行车备品是否携带齐全、作用良好(旋钮音量调至最大,确认频道在车场组,并锁死旋钮),并在《司机出勤登记簿》登记。

⑥由派班员(含派班司机)确认司机符合出勤条件并在《司机报单》《司机日志》上签章后,司机方可出勤。

⑦到车场调度员处领取客车钥匙和《运用电客车状态卡》,并做好登记签名,与场调确认客车车号和停放股道位置。

⑧到相应股道按规定整备列车。

图 3-29　车场出勤

2. 正线出勤

①司机的出勤应当在规定时间内由司机本人到正线派班室办理,特殊情况下可以采用电话出勤。

②司机出勤时,必须保持精神状态良好,按规定着装,并带齐个人备品。

③司机出勤时,应认真阅读行车注意事项,做好安全预想,并在《司机日志》上做好记录。派班员确认司机的精神状态,审核《司机日志》中的行车注意事项,符合安全行车要求后,签章并交还司机,并口头传达有关安全注意事项,发放行车钥匙(车辆段/停车场由派班员发放)、《司机报单》等行车备品。

④司机在派班员处领取《司机报单》、客车钥匙和行车备品,确认备品携带齐全、作用良好,在《司机出勤登记簿》登记,并认真参加班前会。

⑤由派班员或司机长(车队长)确认司机符合出勤条件并在《司机报单》《司机日志》(图3-30)上签章后,司机方可出勤。

⑥到指定位置接车。

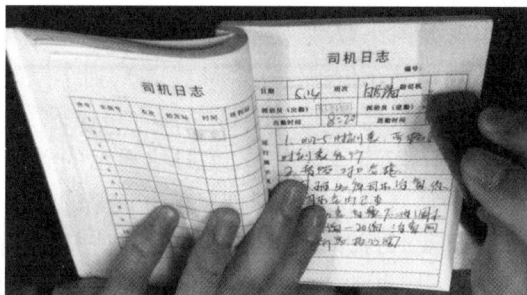

图 3-30　司机日志

(三)整备作业

①出勤完毕,到达既定股道上车前,确认股道、车组号、出厂方向与《运用电客车状态卡》一致,列车无禁动牌,确认具备上述条件后,申请送电,送电完成(接触轨带电指示灯红灯亮)后再进行整备作业。若送电人员未及时到达,应立即报告厂调。

②列车激活后,及时用车载台向车厂值班员报告:"××道××车开始整备作业。"

③按照列车检查原则和整备作业标准,采用目视、手动、耳听的方式,做好列车整备和试验,确保列车在投入服务前,技术状态良好。

④整备作业完成后,在《运用电客车状态卡》上记录列车走行公里数。确认列车符合上线技术条件后,立即向车厂值班员汇报整备作业完毕,并按其指令执行。

(四)出厂

①接到车厂值班员的发车指示后,确认地面信号开放(列车在 A 段时还必须确认库门开启到位)并复诵车厂值班员的指令,将前照灯打至"远光"位,确认具备动车条件后以 RM 模式鸣笛动车。

②运行至平交道口/库门前时,一度停车,确认安全后鸣笛动车。

③按库内规定速度驾驶,全列车出库后限速 25 km/h 运行。

④列车在转换轨一度停车,将手持台、对讲机调至正线通话组,用车载电台与行调联系,确认与行调通话正常,并核实运行有关事项,得到行调许可后,确认信号机及车载信号符合动

车条件后方可动车。

⑤到达车厂发车时间仍未收到车厂值班员的发车指令时,应主动联系车厂值班员,询问发车安排。

(五)正线运行

①司机按照规定驾驶模式驾驶列车,途中加强信号、线路、道岔的瞭望;准确平稳操作,按图运行,严守速度要求;认真执行《正线呼唤应答》制度。

②运营中报站正确无误,正确及时地使用列车广播系统报站,并认真监听,发生误报后及时进行人工报站更正:当自动报站发生错报时,停止自动报站,改为人工报站,使用人工报站时按《车站、列车广播标准用语》要求执行,并及时向驻站车辆维修人员报修。

③在 SM(受监督的人工驾驶模式)或 ATP(列车自动保护)手动驾驶时,司机应做到合理牵引和制动,确保平稳驾驶,严格按照指示速度和区间信号的显示驾驶列车。运行途中,司机应时刻注意列车仪表显示,不断核对运行时分,防止晚点。

④列车进站时,司机必须加强瞭望,密切注意站台乘客动态以及线路,防止乘客跌落站台和异物侵入行车限界,发现异常及时采取减速或停车措施,保证运营安全。

⑤列车进站停车时,应按规定停车位置停车(SM 模式),列车停站后司机应立即打开客室车门,确保乘客及时上下车;SM 模式驾驶时,列车停站后严格执行"先上站台后开门"的制度。

⑥列车发车时必须确认行车凭证(车载信号、信号机显示的允许运行信号、路票、电话记录号码或调度命令等)。运行中认真确认和监护列车前方进路的情况。

⑦列车到达终点站后,司机及时打开车门,接车司机及时上车,等待站务员清客完毕后,关闭列车车门,确认信号开放,目标点和速度码正确后发车进行折返作业。禁止列车在停站过程中离开工作岗位。

⑧遇大风、大雨、大雪、浓雾等恶劣天气,或在曲线半径较小、瞭望条件不理想的线路上运行时,司机应根据调度命令或规定的限速要求运行,在经过长大坡度区段时,应合理使用牵引和制动,避免列车冲动或超速。

正线运行如图 3-31 所示。

图 3-31　正线运行

（六）站台作业

①列车在车站内对标停稳后，确认空气制动施加灯亮，列车停车位置不超过±0.5 m。

②自动开门时，通过站台侧视频监控系统（CCTV）确认开门侧，确认车辆屏、信号屏显示客室门全部开启后，打开司机室侧门进行站台作业（图3-32）。

③手动开门时，必须严格执行"确认、呼唤、上站台、再开门"的作业程序，严禁盲目操作造成错开车门。

④关门时，准确把握关门时机。关门过程中，司机站在驾驶室与站台之间，目视并监控车门和安全门的关闭状态以及空隙安全情况，发现异常及时处理。

图3-32　站台作业

（七）回场

①正常情况下列车回场时，确认车次、目的地码正确，按《运营时刻表》发车时间点动车。采用ATO运行时，沿途注意确认跳停图标，进站发现异常时及时采取停车措施。

②特殊情况下列车回场时，司机在清客站广播清客，确认站台岗"好了"信号后，关安全门、客室门，按行调命令动车回场。

③确认信号开放、推荐速度正常，驾驶列车运行至转换轨，待信号屏右上角弹出要求降至RM模式对话框后及时按压"确认"按钮。在入段信号机前一度停车，将手持台、对讲机调至"车辆段"通话组，用车载台联系车厂值班员。

④接到车厂值班员回场指令后，确认信号开放，复诵车厂值班员指令，降至RM模式后动车回库。

（八）退勤

退勤是指司机按计划完成值乘任务后，将列车驶回停车库或者将列车交给其他接班司机后离开驾驶岗位，到规定的地点办理行车事宜，汇报运行情况以及行车资料交接、审核等手续的过程。

1. 车厂（车辆段）退勤

①列车进厂停稳后，归还《列车状态卡》，做好记录，并向车厂调度说明列车的状态、防护情况及停车位置。

②到派班室后，须核对行车备品齐全、状态良好后，在《备品借用/归还登记本》上登记。

③司机在本次值乘任务退勤时，在司机手账上填写本次值乘任务的退勤时间，以及下一

个值乘任务的日期、时间、地点、运行图表号、位置图号等内容。

④退勤时，司机须着装整齐，将司机手账和司机报单放于派班台面上，申请退勤，标准用语为："××交路司机申请退勤。"

⑤派班员核对无误后回复："××交路司机可以退勤。"

⑥当值期间发生事件/事故时，须填写行车事件单，填写时应字迹工整，语言简洁，叙述事件清楚、翔实、准确。

2. 正线退勤

①正线退勤时，同一机班人员到外勤派班室办理退勤手续。

②唱诵："××组值乘×××车××××次，列车运行正常，下次出勤时间××时××分。"值班员确认后答："注意接车时间。"

任务四 城市轨道交通车辆检修认知

城市轨道交通车辆的检修维护基地称为车辆段与综合基地（简称"车辆基地"），作为城市轨道交通配套系统，城市轨道交通车辆基地大致可划分为三大层次：停车场、车辆段、车辆大修厂。本任务主要介绍车辆基地的基本功能、车辆检修制度及主要检修设备。

一、车辆基地的基本功能

车辆基地作为城市轨道交通系统的运用、检修、材料/后勤保障和培训基地，其功能应体现为整个城市轨道交通系统服务。

（一）停车场及其功能

停车场是城市轨道交通车辆停放的场所，是规模较小的车辆段，承担城市轨道交通车辆的停放、清洁、维护和乘务工作。一般每条轨道交通线路按其配属车辆的多少，设置一处或多处停车场，规模较小的停车场仅设置停车列检设施，规模较大的停车场还设有定修、临修和月检设施。停车场（图 3-33）主要承担以下功能：

图 3-33　停车场

①承担城市轨道交通车辆的整备作业(包括运用、停放及检查、清洁、维修任务)。

②进行车辆定修(年检)及以下范围修程。

③通过静态调试和动态调试,对列车进行综合性能的测试。

④对车辆实施临修或采用部件互换修方式进行检修。

⑤承担乘务员的换班和休息任务。

(二)车辆段及其功能

车辆段是城市轨道交通车辆更换损坏部件的场所,它在停车场的基础上增加车辆检修设施,其中以大修、架修设施为主,主要检修手段为互换修。车辆段主要拥有以下功能:

①承担多条由联络线互相沟通的线路车辆的大修、架修工作,其检修方式采用互换修。互换下的损坏部件直接送车辆大修厂进行维修。

②承担所属线路车辆的定修、月检及临修工作,其检修方式采用互换修。互换下的损坏部件直接送车辆大修厂进行维修。另外还需通过静态调试和动态调试,对列车进行综合性能的测试。

③承担所属线路的车辆停放和列检工作。

④承担乘务员的换班和休息任务。

⑤承担列车运行中出现事故时的救援工作。

⑥负责全线的材料供应,以及段内设备、机具的维修,调车机车和轨道车辆的日常维护、保养工作。

⑦负责段内的行政管理、技术管理、材料供应和后勤管理等工作。

车辆段(图3-34)主要划分为检修区和运营区。所有的检修工作均在检修区进行,运营区主要负责段属车辆的停放、列检和乘务工作。

图3-34 车辆段

(三)车辆大修厂及其功能

车辆大修厂是城市轨道交通线网中车辆互换部件(模块)的维修中心,规模较大,设备齐全,具有较高的车辆检修技术水平,承担线网中车辆段、停车场车辆互换部件的检修工作;同时具备到车辆段、停车场维修现场进行部件检查、简易维修的能力,在一定年限后还将承担列车的翻新和改造工作。车辆大修厂也是轨道交通网络中的物流(部件)供应中心。各停车场、车辆段互换下的损坏部件通过公路运输送至大修厂检修,大修厂修复的部件再通过公路运输回送至各停车场、车辆段。车辆大修厂一般设在市郊土地较为充裕的地区,通常与某个车辆段合建。车辆大修厂主要承担以下功能:

①对车辆集中进行全面大修、翻新和技术改造工作。

②承担轨道交通网络车辆部件(模块)的维修,以满足停车场、车辆段的互换修需求。

③具备在停车场、车辆段进行部件检查和维修的能力。

④作为部件物流中心。

(四)综合维修中心及其功能

(1)综合维修中心的功能

综合维修中心是城市轨道交通系统的重要组成部分,是工务、建筑、供电、机电、通信、信号、自动售检票、屏蔽门、电扶梯、防灾报警监控、空调通风、给排水等系统的运用维修、后勤保障、事故抢修基地及管理机构。根据总体设计,综合维修中心一般设置于车辆段内。

(2)综合维修工区的任务范围

维修工区隶属于综合维修中心,轨道交通各系统的工区在综合维修中心相应车间的调度和管理下,进行以下工作:

①承担各自辖区范围内轨道、道岔、路基和线路等工务设施的巡检、维修和养护任务。

②承担各自辖区范围内地下隧道建筑、桥梁、各种房屋建筑及室内附属设施、道路、车站装修和各种旅客引导设施的修缮和维护任务。

③承担各自辖区范围内通信、信号设备的检测和维护任务。

④承担各自辖区范围内变电所设备、高中低压电缆线路、接触网及相关设备、电力监控设备的检测和维护任务,承担全线杂散电流防护设备的维护任务。

⑤承担各自辖区范围内空调设备、屏蔽门、自动门、水泵、电机、自动扶梯、电梯等机电设备,以及各低压电气设备及线路等的维护保养任务。

⑥承担各自辖区范围内火灾报警系统(FAS)、环境监控系统(BAS)、自动售检票系统(AFC)等自动化设备的检测和维护任务。

(五)物资总库及其功能

(1)物资总库的功能

物资总库负责全线范围内所需的各种物资的采购、储存、发放及管理等工作。在工程建设期间可作为建设物资及机电设备的临时仓储场地。同时应根据线网建设情况预留发展空间,为建立线网物流中心(物资流或物资信息流中心)创造条件。

(2)物资总库的任务范围

①承担车辆段车辆运用检修所需的各种材料、配件等的计划编制、采购、保管及发放工作。

②承担车辆段生产工具、仪器、仪表、生产家具等的计划编制、采购、保管及发放工作。

③承担全线各系统所需各种机电设备、备品备件、配件、电缆、钢材、钢轨、道岔、建筑材料、劳保用品等的计划编制、采购、保管及发放工作。

二、车辆检修制度和检修作业方式

城市轨道车辆检修的目的是确保城市轨道交通车辆运营的安全性,并尽可能地延长车辆的使用寿命,从而降低城市轨道车辆的运营成本、提高效益。

(一)检修制度

车辆检修制度的制定,一般应根据车辆的技术条件、线路条件、地区环境和运营条件,以及运用和检修人员的素质等多方面因素确定,并在实际运用中不断调整和完善。

车辆检修制度一般分为预防性计划检修制度和矫治性检修制度两种。由于城市轨道交通对车辆的安全性和可靠性要求非常高,考虑到目前我国车辆的总体运用检修水平,车辆检修宜采用按车辆运行周期进行计划检修的预防性计划检修制度。但在整体采用预防性计划检修制度的前提下,应对部分有条件的系统和部件(如电气和控制系统等)实行状态修,对低级修程(如双周检和三月检)推广采用在线修,以提高车辆的利用率,降低购车和修车成本。

(二)检修作业方式

车辆检修作业方式有现车修和换件修两种。

现车修是将待修车上的零部件经过修理消除其缺陷后,仍安装在原车上。这种作业方式,除报废零件需要更换外,其他零部件均需等待修理后,装回原车。其优点是可减少备用零部件的数量,缺点是常因等待零件而延长停修时间。

换件修又称互换修,是指将待修车上分解下来的零部件,用合格的备用零部件替换。现车拆卸下来的零部件经修理后可以装到其他车辆上。换件修的优点是最大限度地缩短停修时间,提高修车效率,其缺点是需要有足够的备用零部件。

从提高修车效率出发,车辆检修宜采用以换件修为主,部分零部件现车修为辅的检修作业方式。

三、检修修程

我国现行大部分城市轨道车辆在设计和规划中,通常采用日常检修和定期检修相结合的检修制度。根据车辆走行公里数和检修周期,可分为列检、周检、月检、定修、架修、厂修 6 个等级。其中列检、周检、月检为日常检修,定修、架修、厂修为定期检修。

车辆各检修修程的主要作业内容:

①列检:主要对与车辆行车安全相关的部分进行日常性技术检查。

②双周检:主要对易损件和磨耗件进行检查,对部分部件进行清洁、润滑。

③三月检:主要进行车辆的重点部件及系统状态检查,部件清洁、润滑,更换磨耗件。对车辆易损部件进行检查和更换;对牵引、制动、控制系统进行全面检查、调试;对蓄电池根据需要进行检查,添加蒸馏水或离子交换水。

④定修:主要进行车辆的各系统状态检查、检测,各部件全面检查、清洁、润滑,部分部件的修理及车辆的调试。主要检修内容是对受电弓、空调机、电气控制、牵引、制动、走行部等关键部件进行局部分解、检查、修理、测试,检修后进行静态调试和动态调试。

⑤架修:对车辆的重要部件,特别是走行部进行分解,全面检查、修理,并更换部分部件,对车辆各系统进行全面检测、调试及试验。架车后,对转向架、受电弓、空调机、空压机、牵引电机、制动系统、车钩缓冲装置、车门、座椅和各种电气控制装置等部件进行分解、检查、修理、更换、试验,对仪表仪器进行校验,对车体及其余部件的技术状态进行检查修理,检修后对车辆进行静态调试和动态调试。

⑥大修:对车辆包括车体在内进行全面的拆解、检查及整修,结合技术改造对部分系统进

行全面的更换,对车辆各系统进行全面检测、调试及试验。车辆各修程均以整列车为一个检修单元,采用定位检修作业,部分零部件根据检修工艺需要采用流水作业。

此外,为了综合提高车辆利用率、可靠性,节约维修物资与人力,部分城市轨道交通企业在原有的 6 个检修等级的基础上,将定期检修的维修项目合理分布在若干个子修程中,充分利用维修窗口进行维修,这种检修方式称为均衡修。

四、车辆段工作工艺流程

(一)车辆运用整备工艺流程

车辆运用整备工艺流程如图 3-35 所示。

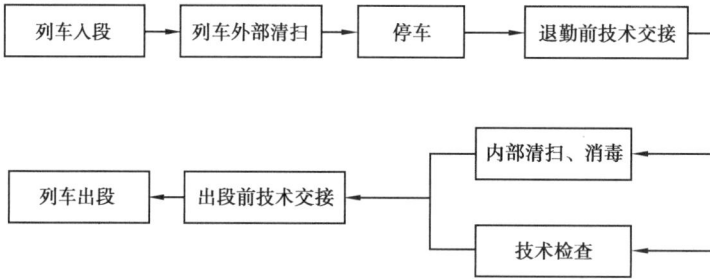

图 3-35　车辆运用整备工艺流程

(二)列车检查、检修工艺流程

列车检查、检修工艺流程图如图 3-36 所示。

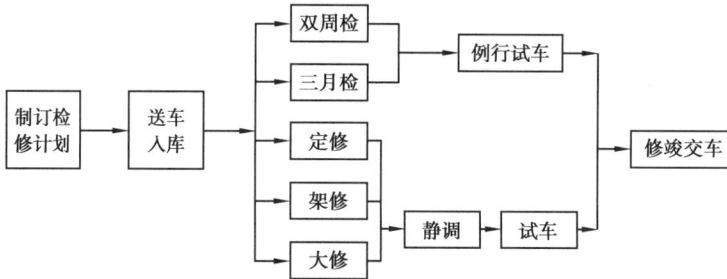

图 3-36　列车检查、检修工艺流程图

1. 架修/大修工艺流程

车辆吹扫、冲洗→车辆由内燃机车推送入库解列→车辆预检→车辆架车→局部分解→落转向架→列车全部或局部解体→各零部件送检修间分解、检查、修理、更换、组装、试验→车体全面检查、除锈、刷漆、整修→各零件组装→落车调整→喷漆→单元或联挂静调→试车线动调→交验→出库。

2. 定修工艺流程

列车吹扫、冲洗→列车由调机推送入库→列车预检交接→列车架车局部解体→全面检查、测试→蓄电池检修充电→组装测试→落车调整→送不落轮镟库镟轮→送调试库单元/联挂静调→试车线动调→交验→出库。

3. 双周检或三月检工艺流程

列车整列入库→测试→全面技术检查→更换易损件→补充电或更换蓄电池→交验→

出库。

4. 列车镟轮工艺流程

待镟轮列车自行牵引或由调机送入镟轮线→专用牵引装置与列车联挂→列车由牵引装置牵引停车轮对定位→轮对检测(进行定位测量和磨耗测量)→轮对镟修→轮对加工精度检测→其他轮对镟修→全部轮对镟修完成验交→列车出库。

5. 列车静调作业和动调作业

静调作业在专门的静调库或静调线内进行,主要对列车重要部件及连线进行低压通电检查,对车门、空调及列车控制等系统功能进行调试,各电器部件动作是否符合技术要求进行测试。动调作业是在试车线上对整列车的运行性能、状态及车载通信信号设备进行检测、试验,试车线长度需满足列车试验速度从 $0 \text{ km/h}—V_{\max}—0 \text{ km/h}$ 的需要。

调试作业工艺流程:单元静调→联挂静调→联挂动调→验交。

拓展视野

全国首列双流制轨道列车在重庆江跳线投入使用

2022 年 8 月,重庆市市郊铁路江跳线开通运营,标志着我国首列可实现铁路与城市轨道交通互通的列车已投入使用,市民乘坐该线路可实现与轨道交通 5 号线贯通运行。

江跳线全长 28.22 km,共设置 7 座车站,其中高架站 6 座、地面站 1 座,采用 6 节编组的 As 型双流制列车。

目前江跳线使用的双流制车辆由重庆中车长客轨道车辆有限公司研发制造,主要具备以下优点:一是搭载交直流双供电系统,能在交流 25 kV 和直流 1500 V 两种供电线路上运行,乘客不用换乘就可以从铁路进入轨道交通。在交流 25 kV 市郊铁路上,可实现最高 120 km/h 的速度下平稳加减速;在直流 1500 V 城市轨道交通线路上,可实现 80 km/h 的速度急起急停。二是可以有效控制轴重,As 型车辆的最大轴重要求小于 15 t,江跳线车辆由于增加一套交流供电系统的设备,整列车的质量相较于 As 型车辆增加 7 t 左右,通过各种减重方案设置,结合载客量变化,江跳线车辆的最大轴重小于 15.5 t,满足 5 号线土建预留荷载要求。三是为了解决贯通车辆同时满足 AC 25 kV 和 DC 1500 V 两种制式供电的受电弓工作高度问题,采用全新升降弓技术,实现贯通运营时车辆限界保持一致。

双流制列车的成功上线运行,不仅填补了国内轨道交通制式的空白,也将促进重庆轨道交通"四网融合"建设。

复习与思考

一、选择题

1. 城市轨道交通车辆根据其运行形式来分,常见的有( )。

    A. 钢轮钢轨式车辆   B. 独轨车辆

    C. 直线电机车辆   D. 磁悬浮车辆

2. 动车和拖车的区别是( )。

    A. 转向架上装有牵引动力装置

    B. 转向架上没有牵引动力装置

C.以上都不对

3.城市轨道交通列车编组中,通常用(　　　)符号表示全自动车钩。

A."="　　　　　B."-"　　　　　C."*"　　　　　D."+"

4.(　　　)是车辆的走行装置,安装于车体与轨道之间,用来牵引和引导车辆沿轨道行驶,承受并传递车体与轨道之间的各种载荷并缓和其动力作用。

A.车体　　　　　B.受电弓　　　　　C.转向架　　　　　D.车钩连接装置

5.出勤作业包括(　　　)和(　　　)。

A.车场出勤　　　　B.整备作业　　　　C.正线出勤　　　　D.出厂

6.电客车司机在上班前(　　　)小时内禁止饮酒。

A.4　　　　　　B.6　　　　　　C.8　　　　　　D.10

7.根据车辆(　　　)和检修周期,检修可分为列检、周检、月检、定修、架修、厂修6个等级。

A.走行公里数　　　B.车辆利用率　　　C.检修内容

8.城轨列车牵引系统有(　　　)和制动两种工况。

A.牵引工况　　　　B.驱动工况　　　　C.动力工况

9.受电弓适用于(　　　)供电电压。

A.DC 1500 V　　　B.DC 750 V　　　C.DC 220 V

10.辅助供电系统电源不能提供的电源等级是(　　　)。

A.DC 1500 V　　　B.AC 220 V　　　C.AC 380 V　　　D.AC 24 V

二、判断题

1.独轨车辆的运行特点是载客量少、运行速度慢及线路长。　　　　　　　　(　　)

2.城轨车辆车体采用整体承载的钢结构的目的是减轻载重。　　　　　　　　(　　)

3.司机室布置应既保证清晰的外部视野又方便司机工作。　　　　　　　　　(　　)

4.正线运行时司机可不按规定驾驶模式驾驶列车,但要准确平稳操作、按图运行,途中加强对信号、线路、道岔的瞭望。　　　　　　　　　　　　　　　　　　　　(　　)

5.整备作业前须确认车组号、股道号、车体两侧的异物侵限情况。　　　　　(　　)

6.列车车站内对标停稳后,确认空气制动施加灯亮,列车停车位置不超过±0.5m。

(　　)

7.为了综合提高车辆利用率、可靠性,节约维修物资与人力,部分城市轨道交通企业在原有的6个检修等级的基础上,将定期检修的维修项目合理分布在若干个子修程中,充分利用维修窗口进行维修,这种检修方式被称为均衡修。　　　　　　　　　　　(　　)

8.城轨列车上通常采用酸性蓄电池。　　　　　　　　　　　　　　　　　(　　)

9.轨道列车牵引电机多为鼠笼式异步牵引电机。　　　　　　　　　　　　(　　)

10.蓄电池的主要功能是激活列车。　　　　　　　　　　　　　　　　　(　　)

三、填空题

1.根据车体的宽度不同,车体分为_____、_____、_____三类。

2.按有无动力装置分类,城市轨道交通车辆可分为_____和_____两类。

3.司机室主要有_____、_____、_____、信号柜、外部车头灯、无线电天线、司机室空调、内部照明、外部信息显示器、光亮度探测器、司机室前窗玻璃、遮阳窗帘、刮雨器、驾驶室灭火器、司机室车门、司机室通道门、逃生门等结构。

4. 固定轴距指的是同一_____的两_____之间的距离。

5. 规定限界的目的是_____。

6. 退勤是指司机按计划完成_____任务后,将列车驶回_____或者将列车交给其他接班司机后离开驾驶岗位,到规定的地点办理_____行车事宜,汇报运行情况以及行车资料交接、审核等手续的过程。

7. 城市轨道交通车辆基地大致可划分为三大层次:_____、车辆段、车辆大修厂。

8. 辅助供电电压包括_____、_____和_____。

9. 列车通信网络 TCN 的基本结构是_____总线组成的_____结构。

10. 列车和车辆控制分为列车控制级、_____与_____三级。

模块四　城市轨道交通供电系统认知

📖 情境导入

　　2022 年 8 月 6 日,国内首条双流制供电系统的城市轨道交通线路——重庆市郊铁路跳磴至江津线(江跳线)正式开通运营。双流制列车采用两套牵引供电系统,即 DC 1500 V 和 AC 25 kV 双流制式,其交直流切换系统位于车辆顶部。当车辆运行到交直流转换区段时,可以通过切换系统将车辆的牵引传动模式切换为交流或直流传动,实现市郊铁路与城轨线路的贯通运营。双流制供电系统的开通运营,标志着我国轨道交通牵引供电技术又迈上了一个新的台阶。作为中国人,我们应该为此感到骄傲和自豪。本模块就让我们来认识一下城市轨道交通的牵引供电系统吧。

📖 学习目标

　　1. 能描述城市轨道交通牵引供电系统的组成,并解释其工作原理。

　　2. 能列举牵引变电所的设备组成,能解释其工作原理及注意事项。

　　3. 能列举接触网的设备组成,能解释其工作原理及注意事项。

　　4. 能说明远动监控系统的组成和功能,能说出地下迷流的危害及预防措施。

　　5. 树立牢固的安全意识,培养爱岗敬业的工作态度和精益求精的职业精神。

📖 学时建议

　　10 学时

任务一　城市轨道交通供电系统认知

一、城市轨道交通供电系统的功能

　　在城市轨道交通系统中,供电系统占有极其重要的地位,它为整个城市轨道交通系统的运作提供了能源保障。城市轨道交通的牵引动力是电动车组,由于电动车组本身无原动力装置,城市轨道交通沿线必须设置一套完善且不间断的向电动车组供电的设备,即必须设置牵引供电系统。此外,城市轨道交通中通信信号设备运行、机电设备运转(如风机、水泵、空调、自动扶梯、升降机、加工设备等)、车站照明及其他生产用电都需要一个庞大、安全且可靠的供电系统来支持。

城市轨道交通供电系统作为城市轨道交通运营的核心,其主要功能有:

①为电动列车提供牵引电能,确保列车能够以适当速度行驶,这是城市轨道交通系统安全、可靠运行的基础。

②为城市轨道交通运营服务的其他设施提供电能。包括照明、通风、空调、给排水、通信、信号、防灾报警、自动扶梯等,这些设施对于乘客的舒适度和安全至关重要。

③保证城市轨道交通系统运行的稳定性和安全性。供电系统的有效运作对于整个城市轨道交通系统的正常运行至关重要,能够防止因供电中断而造成的城市轨道交通运输系统瘫痪,危及乘客生命与财产安全。

④具备高度安全可靠和经济合理的特性,包括故障自救功能、自我保护功能、防误操作功能、灵活的调度功能、控制功能、显示功能和计量功能以及电磁兼容功能,这些功能有助于提高系统的运行效率和安全性。

⑤改善城市交通状况,降低环境污染。城市轨道交通能够有效缓解城市交通拥堵,由于其采用电力牵引方式,能有效减少尾气排放,从而显著降低城市空气污染。

城市轨道交通供电系统在城市轨道交通系统中极其重要,属于一级负荷。一级负荷的定义如下:

①中断供电将造成人员伤亡。

②中断供电将在政治、经济上造成重大损失。例如,重大设备损坏、重大产品报废、用重要原料生产的产品大量报废、国民经济中重点企业的连续生产过程被打乱且需要长时间才能恢复等。

③中断供电将影响具有重大政治、经济意义的用电单位的正常工作。例如,重要交通枢纽、重要通信枢纽、重要宾馆、大型体育场馆、经常用于国际活动的人员密集的公共场所等用电单位中的重要电力负荷。在一级负荷中,当中断供电将导致中毒、爆炸和火灾等情况的负荷,以及特别重要场所的不允许中断供电的负荷,应视为特别重要的负荷。

一级负荷必须由两路独立的电源供电,当任何一路电源发生故障中断供电时,另一路应能保证一级负荷的全部用电。

二、城市轨道交通供电系统的组成

城市轨道交通供电系统分为牵引供电系统(图4-1)和动力供电系统(图4-2)两大部分。

(一)牵引供电系统

①牵引变电所:将中压环网电压(35 kV)降压整流为1500 V直流电,对城市轨道交通某一供电区段提供牵引电能的变电所。

②接触网:分为架空式和接触轨式两种方式,用于为城市轨道交通列车提供牵引电能的导线。

③馈电线:从牵引变电所向接触网输送牵引电能的导线。

④回流轨:即钢轨,作为牵引电流从电动车组流向回流线的通路。

⑤回流线:供牵引电流从回流轨返回牵引变电所的导线。

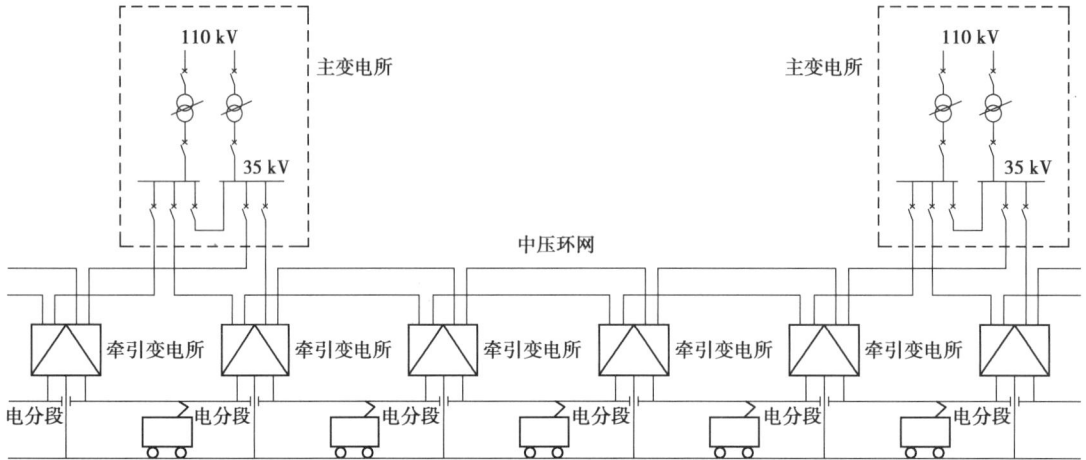

图 4-1　牵引供电系统

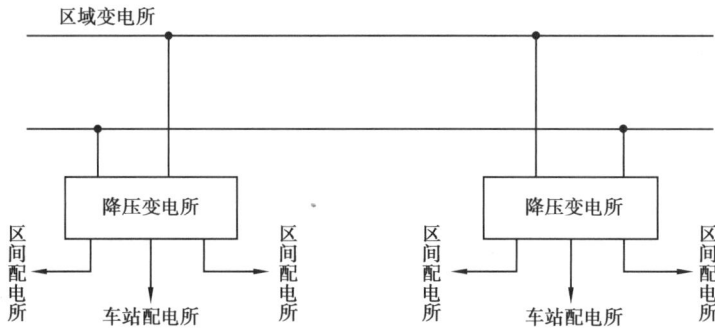

图 4-2　动力供电系统

（二）动力供电系统

①降压变电所:将中压环网电压(35 kV)降压为三相0.4 kV交流电,为机电设备(如风机、空调等)提供动力用电,也称动力变电所。

在动力供电系统设计中,降压变电所一般按每站一个的比例设置,在有牵引变电所的车站,一般将降压变电所附设在牵引变电所内,形成一个牵引与动力混合的变电所,称为牵引降压混合所。

②配电所:起电能分配作用,将降压变电所引入的三相380 V交流电和单相220 V交流电分别供给动力和照明设备。车站配电所负责车站电能配置,区间配电所负责车站两侧区间动力与照明用电配电。

③配电线路:配电所与用电设备之间的连接线路。

三、城市轨道交通供电系统的供电制式

城市轨道交通供电系统的供电制式是指供电系统向电动车辆或电力机车供电所采用的方式,主要包括电流制式、电压等级和馈电方式。

（一）电流制式

目前,世界各国城市轨道交通的牵引供电系统几乎毫无例外地都采用较低电压等级的直流电流供电制式。

采用直流制式的原因主要有以下几点：

①直流制供电无电抗压降，因而比交流制供电的电压损失小。

②电网的供电范围（距离）、电动车辆的功率都不大，均不需太高的供电电压。

③城市轨道交通的供电线路都位于城市建筑群之间，供电电压不宜过高，以确保安全。

④直流制供电的对象，即直流牵引电动机和变频调速异步牵引电动机，均具有良好的启动和调速特性，可充分满足电动车辆牵引特性的要求。

（二）电压等级

世界各国城市轨道交通的供电电压为 600~3000 V，国际电工委员会规定的电压标准有 600 V、750 V、1500 V、3000 V 四种，我国国标规定使用 750 V 和 1500 V 两种。

（三）馈电方式

城市轨道交通牵引网的馈电方式有架空接触网和接触轨两种。电压等级与馈电方式是牵引网供电制式的关键点，两者密切相关。对于一个具体的城市，电压等级与馈电方式的选择应结合起来，统一考虑。我国牵引网供电制式主要有三种：直流 1500 V 架空接触网、直流 1500 V 接触轨、直流 750 V 接触轨。我国城市轨道交通牵引用电压标准见表 4-1。

表 4-1　我国城市轨道交通牵引用电压标准

标准电压/V	最低电压/V	最高电压/V
750	500	900
1500	1000	1800

任务二　城市轨道交通变电所认知

变电所是供电系统中对电能的电压和电流进行变换、集中和分配的场所。

在城市轨道交通系统中，变电所按其功能的不同，可以分为三类：AC 110 kV/AC 35 kV 主变电所、AC 35 kV/DC 1500 V 牵引变电所、AC 35 kV/AC 0.4 kV 降压变电所。另外，在很多设有牵引变电所的车站，通常将牵引降压功能整合到一起，形成牵引降压混合变电所。变电所在城市轨道交通供电系统中的分布如图 4-3 所示。

一、城市轨道交通变电所分类

（一）主变电所

城市轨道交通主变电所是城市轨道交通供电线路的总变电所，承担整条轨道线路的电力负荷的用电，其内部主接线如图 4-4 所示。

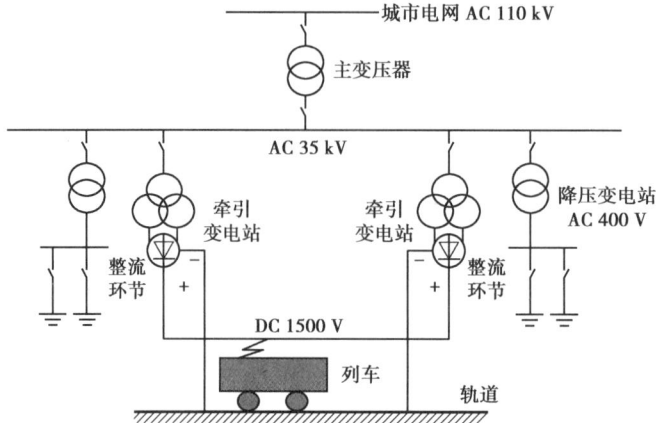

图 4-3 城市轨道交通变电所分布示意图

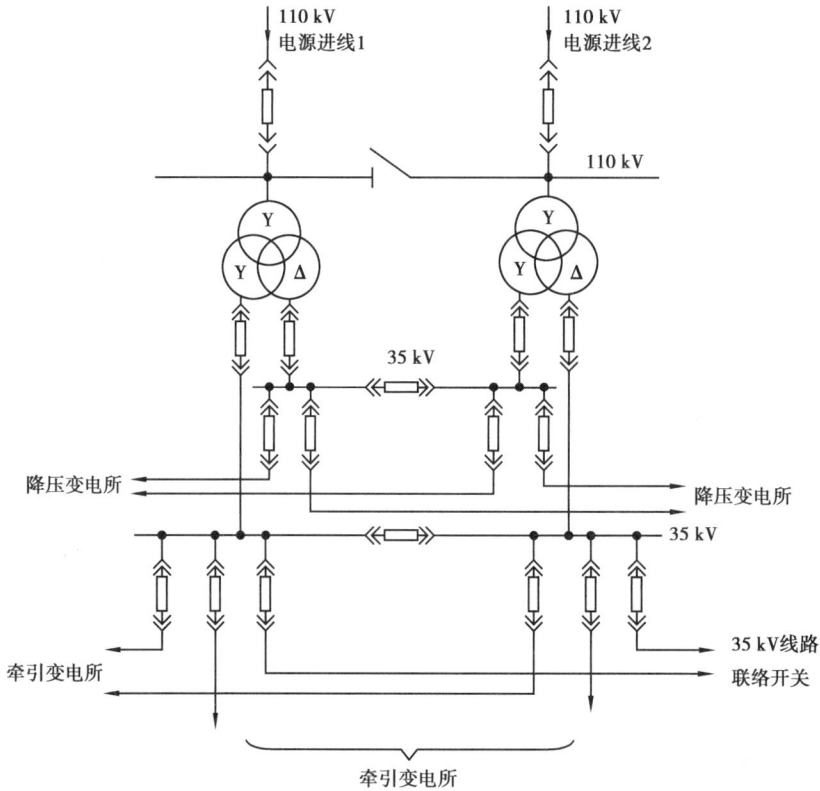

图 4-4 城市轨道交通主变电所示意图

主变电所将城市电网的高压 110 kV(或 220 kV)降压后,以 35 kV(或 10 kV)的电压等级分别供给牵引变电所和降压变电所。为保证供电的可靠性,城市轨道交通供电线路通常设置两座或两座以上主变电所,设计时可根据负荷计算确定在供电线路上设置的主变电所数量。每座主变电所由两路独立的电源进线供电,内部设置两台相同的主变压器,由城市电网地区变电站引入两路独立的 110 kV 专用线路供电。两回路同时运行,互为备用,以保证供电的可靠性和供电质量。进线电源容量应满足其供电区域内远期正常运行及故障运行情况下的供电要求。

　　根据牵引负荷和动力负荷的不同情况,主变电所可采用三相三绕组的有载调压变压器或双绕组的变压器。采用有载调压变压器可在电源进线电压波动时,使二次侧电压维持在正常值范围内。正常运行时,每座主变电所的两路 110 kV 电源和对应的主变压器分列运行,降压后通过 35 kV 馈出电缆分别向各自供电区域的牵引负荷和照明负荷供电。低压侧采用单母线分段接线,两段母线间设置母联断路器,正常运行时母联断路器断开。

(二)牵引变电所

　　牵引变电所是城市轨道交通供电系统的重要组成部分,它的功能是将主变电所(或城市电网区域变电所)的 35 kV 交流电源降压、整流后变成 750 V 或 1500 V 直流电源,再由牵引变电所内的直流配电装置通过馈电线将该直流电源送到接触网,给电动列车提供牵引电能,其内部主接线如图 4-5 所示。

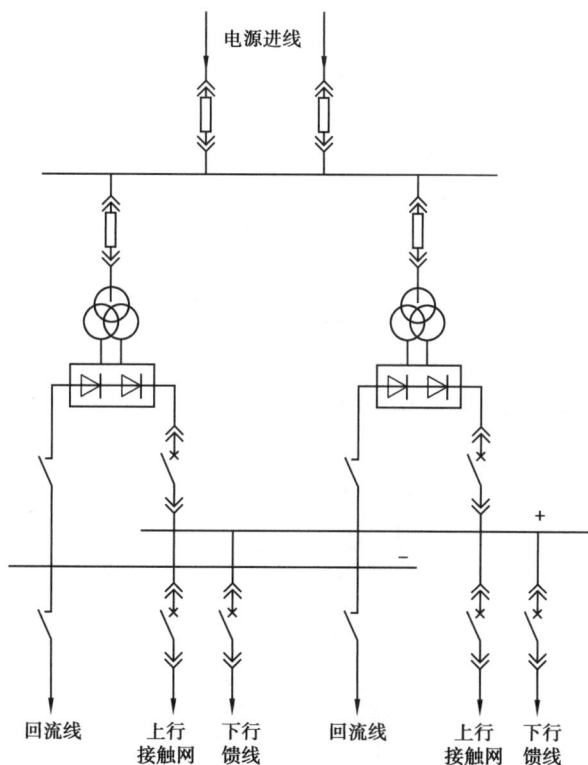

图 4-5　城市轨道交通牵引变电所示意图

　　牵引变电所的主接线包括高压交流(35 kV)受、馈电系统和直流(750 V 或 1500 V)受、馈电系统两部分,并设置整流机组(整流变压器和整流器)进行交、直流系统变换。牵引变电所容量和两相邻牵引变电所之间的距离的设置是根据牵引供电计算的结果,并经过经济技术分析比较后所确定的,相邻两变电所的间隔一般为 2~4 km。牵引变电所按其所需的总容量设置两组整流机组并列运行,沿线任一牵引变电所发生故障,则由两侧相邻的牵引变电所通过分段绝缘器实现越区供电,承担其供电任务,这在接触网相关内容中也有提及,在此不再赘述。

　　牵引变电所两路 35 kV 进线电源来自主变电所或城市电网区域变电所,两组整流机组均由相同的牵引降压变压器和整流器组成,它们的直流侧并联工作。为使并联时的直流电压相等且负荷分配均衡,35 kV侧采用不分段单母线接线方式。牵引变压器一般采用三绕组变压器,两个二次绕组和整流器组成多相整流,整流器输出的直流电的正极(+)经直流高速空气开关接到直流侧的正母线上,通过直流馈线将电能送到接触网。直流电的负极(−)经开关接到负母线上,负母线通过开关、回流线与走行轨相连。这样,通过电动列车的受电器与接触网的接触滑行,就构成一个完整的直流牵引电动机受电回路。

(三)降压变电所

降压变电所将城市轨道交通主变电所(或城市电网区域变电所)送来的35 kV电能经过降压变成各车站信号、道岔、照明、扶梯等需要的低压交流电源(0.4 kV),其内部主接线如图4-6所示。降压变电所使用广泛,通常每个车站均会设置。

每座降压变电所从主变电所或相邻降压变电所的不同环网母线变电所引入两回相互独立的35 kV进线电源,通过断路器分别与两段母线连接。变电所在正常运行时,两路电源同时供电,母联开关处于分断位置;当任一回路电源退出运行时,母联开关自动投入,由另一回路电源继续供电,相应供电区段变电所的三级负荷全部切除,保证城市轨道交通的正常运行。

降压变电所35 kV侧采用单母线分段接线方式,母联开关采用断路器。降压变电所分别从两段35 kV母线引出两回出线,经断路器送至相邻变电所。高压侧每段母线各接一组电压互感器,用于母线电压测量及母联开关检压自投。降压变电所设两台35 kV/0.4 kV配电变压器,通过断路器分别连接到两段35 kV母线上,低压侧分别通过断路器接于两段0.4 kV母线上,供本所范围及相应区间内的动力及照明负荷。低压侧母线采用单母线分段接线,当一台变压器退出运行时,0.4 kV母联开关自动投入,由另一台变压器承担本所供电范围内的一二级负荷,同时切除三级负荷。每段0.4 kV母线均设置无功功率自动补偿装置。

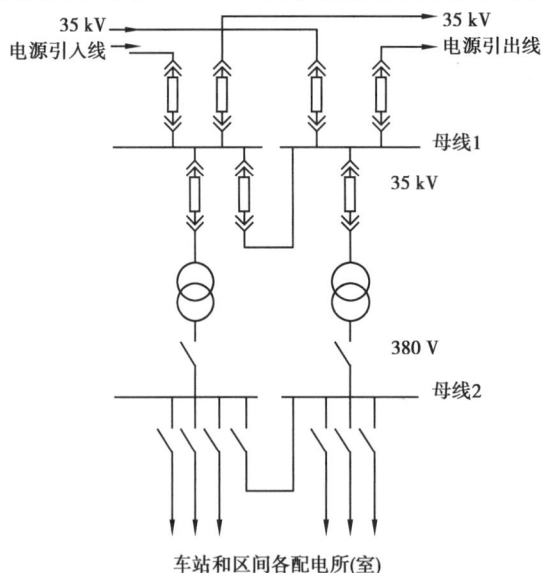

图4-6　城市轨道交通降压变电所示意图

二、变电所供电接线方式

供电系统的安全性、可靠性是城市轨道交通正常运行的重要保证。为此,牵引变电所均由两个独立的电源供电。考虑到城市轨道交通线路分布范围广,通常需要在沿线设置多个变电所,因此向各变电所供电的接线方式有多种,现归纳为以下几种典型形式。

(一)环形接线方式

环形供电是由两个或两个以上主变电所和所有牵引变电所通过输电线连成一个环形,环形接线方式如图4-7所示。

优点:供电线路工作可靠。如果一个主变电所或一路输电线发生故障,均不会导致牵引变电所的工作中断。

缺点:投资较大。

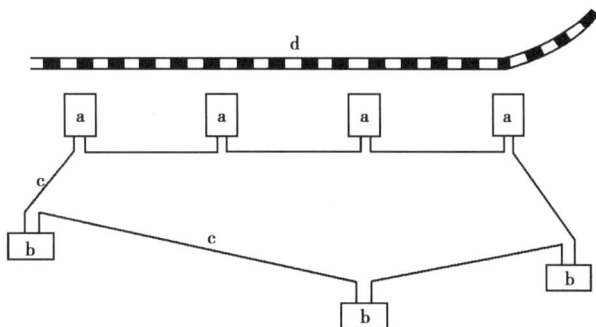

图 4-7　环形接线方式

a—牵引变电所;b—主变电所;c—三相输电线;d—轨道线

(二)双边接线方式

双边供电是由两个主变电所向沿线牵引变电所供电,通往牵引变电所的输电线都经过其母线连接,双边接线方式如图4-8所示。

优点:双边供电线路,当一路故障时可切换至另一路供电,系统可靠性高。

缺点:可靠性稍低于环形供电。当引入线数目较多时,开关设备数量多,投资增加。

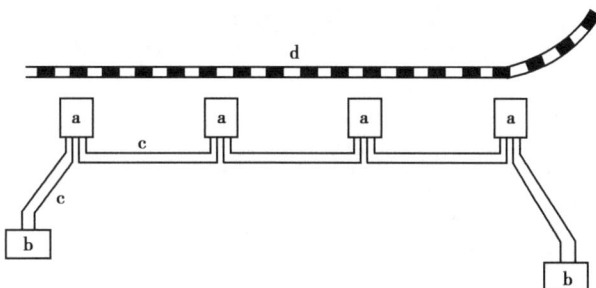

图 4-8　双边接线方式

a—牵引变电所;b—主变电所;c—三相输电线;d—轨道线

(三)单边接线方式

当轨道沿线附近只有一侧有电源时,采用单边供电,单边接线方式如图4-9所示。

优点:设备相对较少,投资小。

缺点:单边供电的可靠性不如环形供电和双边供电方式。为提高可靠性,仍应采用双路输电线供电。

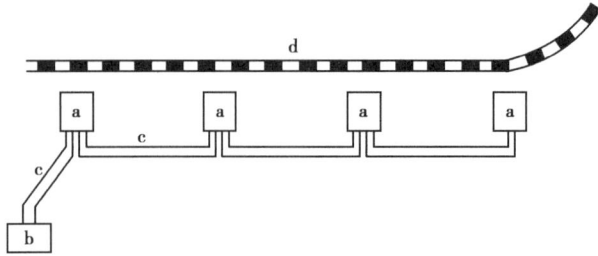

图 4-9　单边接线方式

a—牵引变电所；b—主变电所；c—三相输电线；d—轨道线

(四)辐射形接线方式

辐射形接线是指每个牵引变电所用两路独立输电线与主变电所连接,如图 4-10 所示。这种接线方式适用于轨道线路呈弧形的情况。

优点:接线简单,投资小。

缺点:若主变电所发生故障,则将导致全线停电。

实际应用中,通常都是上述某些典型接线方式的组合。变配电接线图的设计选择原则是:当供电系统中的某一个元件发生故障或损坏时,应能自动解列而不致破坏牵引供电。

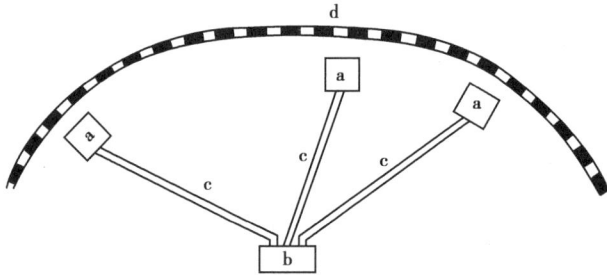

图 4-10　辐射形接线方式

a—牵引变电所；b—主变电所；c—三相输电线；d—轨道线

三、变电所的设备

城市轨道交通变电所中主要电气设备有变压器、断路器、隔离开关、互感器、整流器、母线、熔断器、避雷器等。

(一)变压器

变压器(T 或 TM)是牵引变电所中实现电能输送、电压变换,满足不同电压等级负荷要求的设备,是一种静止的电气设备,利用电磁感应原理来改变交流电压。变压器由其核心部件铁芯和绕组及其他部分组成,所有部件都是静止的,不会旋转,也不会做其他运动。变压器的主要功能包括电压变换、电流变换、阻抗变换、隔离和稳压(磁饱和变压器)等。变压器按功能分为升压变压器、降压变压器;按相数分为单相、三相和多相变压器;按绝缘方式分为干式、浇筑式和油浸式变压器等。地铁三相干式整流变压器如图 4-11 所示。

(二)断路器

断路器是一种用于对电路进行控制(断开、闭合)和保护的高压电气开关。由于它具备灭弧功能,可用于自动切断负载电流和短路电流。断路器按绝缘方式和灭弧介质分,可分为油断路器、六氟化硫断路器、真空断路器和空气断路器等。常用空气断路器如图4-12所示。

图4-11　地铁三相干式整流变压器

图4-12　空气断路器

（三）隔离开关

隔离开关（俗称刀闸）是一种没有专门灭弧装置的、结构最简单的、在供配电系统中使用最多的高压开关。它既不能断开正常负荷电流，也不能断开短路电流，否则就会发生"带负荷拉刀闸"的严重事故。此时产生的电弧不易熄灭，甚至造成"飞弧"（相间或相对地经电弧短路），会损坏设备并严重威胁人身安全。常用户内高压隔离开关如图4-13所示。

图4-13　户内高压隔离开关

（四）互感器

互感器是一种特殊的变压器，包括电流互感器和电压互感器。地铁用电流互感器如图4-14所示。互感器是一次系统和二次系统之间的联络元件，它将电信号转换成规定范围内的小信号，使测量仪表和继电器标准化、小型化，同时将二次系统低压设备与一次系统高压设备进行电气隔离。

互感器的工作原理与变压器的工作原理相同。互感器用在各种电压等级的交流回路中，其原边在一次系统,副边在二次系统。电流互感器的原绕组(一次绕组)串联在一次电路中,而副绕组(二次绕组)与测量仪表或继电器的电流线圈串联。电流互感器二次侧不允许开路。电压互感器的原绕组并联在一次电路中,而副绕组与测量仪表或继电器的电压线圈并联。电压互感器二次侧不允许短路。

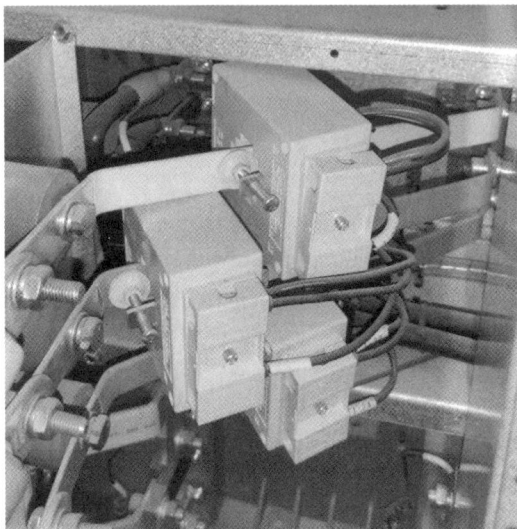

图 4-14　地铁用电流互感器

(五)整流器

整流器是将交流电源整流为电动列车所需的直流电源的电流交换器,一般与整流变压器配合使用,形成一组整流机组。城市轨道交通整流机组如图 4-15 所示。

图 4-15　城市轨道交通整流机组

(六)母线

母线是一种汇总和分配电能的导线。室外常用软质母线,如铜绞线;室内则采用硬质母线,如铜排,如图 4-16 所示。母线常用颜色标记进行标识,在三相交流系统中,A、B、C 三相分别用黄色、绿色、红色来表示;在直流系统中,正极用红色表示,负极用蓝色表示,零线和接地线用黑色表示。

图 4-16 母线(铜排)

(七)熔断器

熔断器是一种因过负荷和短路电流导致熔体发热而熔断的保护电器,如图 4-17 所示。当电路发生故障或异常时,熔断器就会在电流升高到一定程度时,自身熔断并切断电流,从而起到保护电路安全运行的作用。

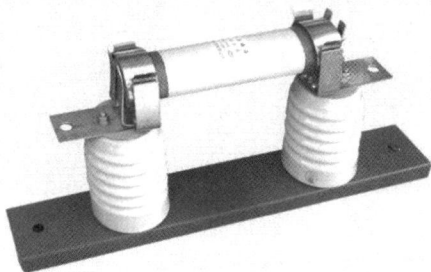

图 4-17 熔断器

(八)避雷器

避雷器是一种能释放过电压能量、限制过电压幅值的设备,是架空线路或变电所电气设备的防雷保护设备之一,如图 4-18 所示。避雷器通常接在带电导线与地之间,与被保护设备并联。当过电压值达到规定的动作电压时,避雷器立即动作,释放电荷,限制过电压幅值,从而保护设备的绝缘;当电压值恢复正常后,避雷器又迅速恢复原状,以保证系统正常供电。

图 4-18 避雷器

任务三 城市轨道交通接触网认知

接触网是电气化轨道交通所特有的、沿轨道架设的、为电力机车或电动车组提供电能的特殊输电线路,是城市轨道交通牵引供电系统重要的组成部分之一,如图 4-19 所示。

图 4-19 城市轨道交通接触网

一、接触网的工作特性

(一)接触网具有明显的环境空间特性

接触网沿轨道架设,线路四周的各类建筑物、电力输电设施、通信信号线路与接触网之间互相影响,接触网的设计、施工、运营都必须充分考虑这种影响,并将其减少至最低程度。

(二)接触网具有明显的气候特性

接触网是沿轨道线架设的露天设备,大气环境(温度、湿度、气候变化、环境污染)严重影响其运营状态。

大气温度、湿度、冰雪、大风、大雾、污染、雷电等气象条件对接触网的影响十分明显,接触网的机电参数,如线索驰度、线索张力、悬挂弹性、零部件的机械松紧度及空间位置、设备的绝缘强度、线索的载流能力等都会随气象条件的变化而变化,突然的气候变化还可能造成重大行车事故。

因此,无论设计、施工还是运营维护都必须考虑气候环境对接触网的影响。

(三)接触网具有无备用的特性

接触网沿轨道线架设,分布区域广,加之必须与机车受电弓滑动接触才能将电能传输给电力牵引机车,因此,在技术上目前无法实现接触网的备用。

无备用性决定了接触网的脆弱性和重要性,一旦接触网出现故障,整个供电区间即全部停电,其间运行的电动车组失去供电,列车停运,造成经济损失。

(四)接触网经常处于动态运行状态

与一般的电力线路只有两点间固定传输电能不同,接触网下有许多电动车组高速运动取流。电动车组受电弓以一定的压力和速度与接触网接触摩擦运行,通过接触网的电流很大,运行中不可避免地会产生受电弓离线而引起电弧,再加上在露天区段还要承受风、雨、雪及大气污染的作用,使接触网昼夜不停地处在振动、摩擦、电弧、污染、伸缩的动态运行状态中。这些都能对接触网各种线索、零件产生恶劣的影响,使其发生故障的可能性较一般的电力线路的概率要大得多。

(五)接触网结构复杂,技术要求高

接触网的运行环境和运行特点决定了其结构与一般的电力线路有很大不同。为了保证电动车组的安全、可靠、质量良好地从接触网上取流,接触网的结构比较复杂,技术要求也较高。例如,对接触网导线的高度、拉力值、定位器的坡度,以及接触网的弹性、均匀度等都有定量要求。

二、对接触网的基本要求

①在规定的列车速度范围内,接触网导线(或第三轨)应始终与滑行的车辆受电设备保持可靠的接触,以实现不间断地稳定可靠供电,并避免产生电弧火花。

②接触网导线(或第三轨)与走行轨的相对位置应保持稳定。

③接触网应具有较均匀的弹性,以适应车辆运动的振动力(该振动力与速度成正比)。

④接触网应具有良好的稳定性、耐磨性和耐腐蚀性能。

⑤接触网结构应尽量简单,以保障施工和维修的便利性。

⑥在气候变化时(主要是风力变化和气温变化),应保证高度、弹性和稳定性变化量最小。

三、接触网的类别

接触网有狭义和广义之分,从狭义上讲,接触网主要是指柔性架空接触网,英文为"overhead contact system"。从广义上讲,它泛指为电力牵引机车提供电能的沿轨道铺设的供电线路,英文为"contact line"。

从广义上看,接触网可分为地面接触轨式和架空式两大类,如图4-20所示。

图4-20 地面接触轨式和架空式接触网

地面接触轨式接触网有"第三轨供电+走行轨回流"和"第三轨供电+第四轨回流"两种供电形式。

架空式接触网分为柔性(弹性)架空接触网和刚性架空接触网两大类。

刚性架空接触网有"汇流排+接触线"和"架空接触轨"两种形式。

刚性架空接触网和接触轨具有结构紧凑、占用净空小、维护方便等优点,但弹性较差。广泛应用于运行速度较低的地铁和轻轨交通中,如图4-21所示。

图4-21　刚性架空接触网

柔性架空接触网分为简单悬挂和链形悬挂两大类。柔性架空接触网具有较好的弹性,能够满足高速受流对弓网弹性的要求。因此,它不仅应用于干线电气化铁路,还在城市轨道交通中有广泛应用,如图4-22所示。城市轨道交通采用DC 1500 V或DC 3000 V供电,供电电压低、牵引电流大,因而其接触网的结构和技术要求与干线铁路存在一定的差异。

图4-22　柔性架空接触网

(一)架空式接触网

架空式接触网架设在城市轨道交通线路上方,电动车辆车顶安置受电弓与接触网的导线相接触受电,如图4-23所示。

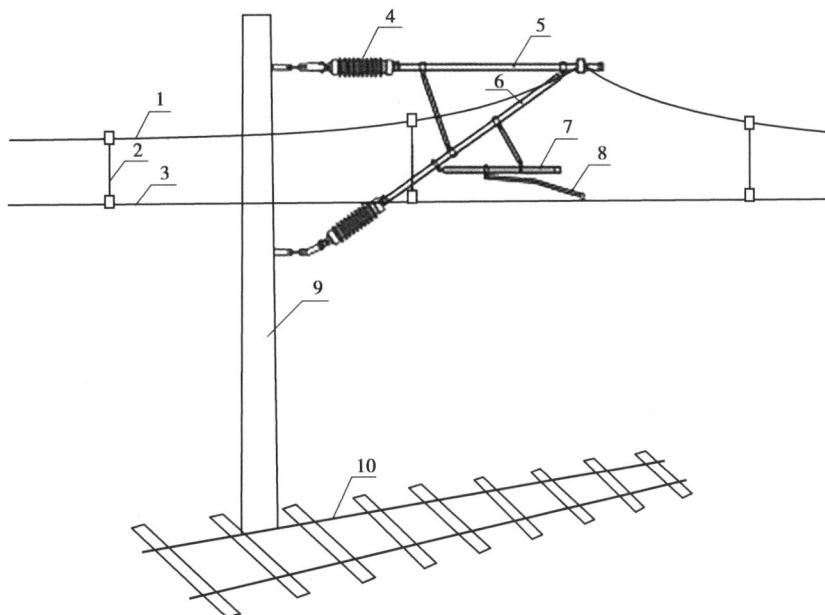

图 4-23　架空式接触网结构示意图

1—承力索;2—吊弦;3—接触线;4—棒式绝缘子;5—平腕臂;
6—斜腕臂;7—定位管;8—定位器;9—支柱;10—钢轨

1. 架空式接触网的组成

架空式接触网由接触悬挂、支持装置、定位装置、支柱与基础等部分组成。

①接触悬挂:由承力索、吊弦、接触线组成,直接与受电弓接触,并保持良好的接触性能。

②支持装置:由平腕臂、斜腕臂和棒式绝缘子组成,用于支持接触悬挂。

③定位装置:由定位管和定位器组成,用于保证接触导线与受电弓的相对位置在规定的范围内。

④支柱与基础:承受接触悬挂、支持装置和定位装置的负荷,并固定接触悬挂的高度。

2. 接触网悬挂参数

①跨距 L:架空式接触网的接触悬挂通过沿线布置的支柱或固定装置悬挂于线路上空,支柱与支柱(或固定装置与固定装置)之间的水平距离称为跨距。

②弛度 f:在跨距中间位置处,接触导线与相邻悬挂点水平连线的间距。

③张力 T:接触导线所受的拉力。

④温度 t:架空接触网所在地区的气温。当气温变高时,张力下降,弛度增大。

3. 接触悬挂的下锚方式

对于承力索与接触导线而言,经过若干个跨距后,必须在两端加以固定,这种固定方式称为下锚,用于下锚的支柱称为锚柱。接触悬挂的下锚方式分为无补偿下锚和张力补偿下锚,张力补偿下锚又分为半补偿下锚和全补偿下锚,如图 4-24 所示。

无补偿下锚方式又称硬锚,是将承力索和接触导线两端通过绝缘子串固定在锚柱上的一种下锚方式。

张力补偿方式是在下锚处,通过加设张力自动调整装置来实现下锚的方式。半补偿下锚仅对接触导线实施张力补偿,承力索仍采用硬锚方式固定。全补偿下锚是对承力索和接触导线均实施张力补偿措施。

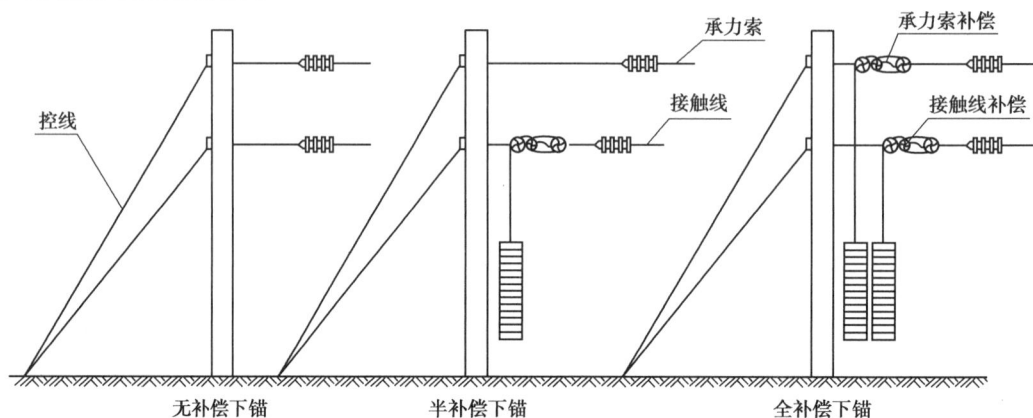

图 4-24　补偿下锚示意图

张力补偿装置根据下锚方式的不同,可分为滑轮补偿装置、棘轮补偿装置、液压补偿装置、弹簧补偿装置等。目前,城市轨道交通中采用最多的是棘轮补偿装置。棘轮补偿装置用于承力索或接触导线的终端下锚,通过大小轮不同的直径形成不同的传动比,对接触悬挂施加不同的张力,如图 4-25 所示。

图 4-25　棘轮补偿装置结构图

4.接触悬挂的种类

接触悬挂可分为简单悬挂和链形悬挂两大类。

(1)简单悬挂

简单悬挂是由一根或几根相互平行的接触线直接固定在支持装置上所组成的悬挂,如图 4-26 所示。简单悬挂结构简单,投资省,施工和维修方便;但弛度较大,不易调整,弹性不均,行车速度受限,因此一般用于车速较低的线路上。

（2）链形悬挂

链形悬挂是接触线通过吊弦（或辅助索）悬挂到承力索上的悬挂，如图 4-27 所示。链形悬挂可以在某一温度下使接触线处于无弛度状态。链形悬挂大大提高了接触悬挂的弹性和稳定性，使行车速度得以显著提高，但结构复杂，投资较大，施工与维修要求高，调整也比较复杂和困难。

图 4-26　简单悬挂

图 4-27　链形悬挂

链形悬挂的类型有很多，可根据悬挂链数、线索下锚方式、支柱吊弦形式和线索相对位置等特征进行分类。按悬挂链数可分为单链形悬挂、双链形悬挂和多链形悬挂，如图 4-28 所示；按线索下锚方式可分为未补偿链形悬挂、半补偿链形悬挂、全补偿链形悬挂；按支柱吊弦形式可分为简单链形悬挂和弹性链形悬挂，如图 4-29 所示；按线索相对位置可分为直链形悬挂、半斜链形悬挂和斜链形悬挂，如图 4-30 所示。对于城市轨道交通而言，由于其运行速度并不高，列车功率也不大，通常采用单链形悬挂。

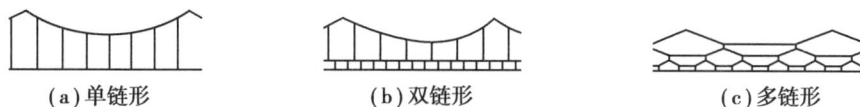

（a）单链形　　　　　　　（b）双链形　　　　　　　（c）多链形

图 4-28　按悬挂链数分类

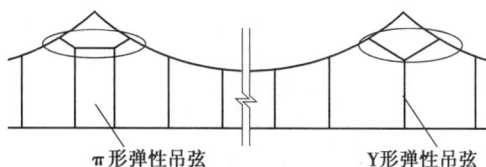

π形弹性吊弦　　　　　　　Y形弹性吊弦

图 4-29　弹性链形悬挂示意图

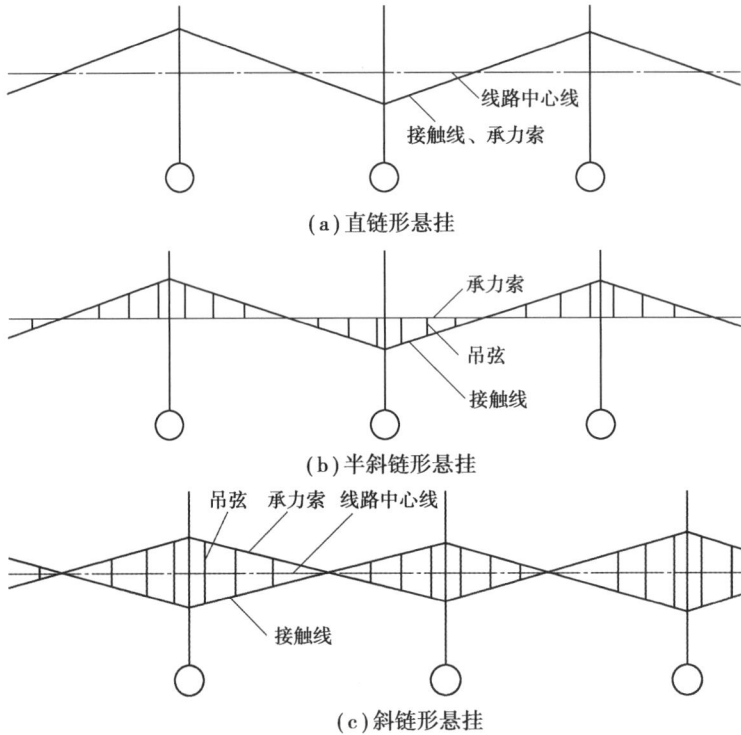

（a）直链形悬挂

（b）半斜链形悬挂

（c）斜链形悬挂

图 4-30　按线索相对位置分类

5.隧道架空式接触网

地下隧道供电接触网的悬挂方式由于外界环境不同,与地面架空式有以下主要区别:

①无须设置支柱,只需将支撑装置安装在洞顶或洞壁上即可。

②受隧道断面、净空高的限制,以及带电体对接地体之间的绝缘距离等因素的限制较为明显。

为满足低净空隧道的要求,一般采用刚性悬挂,如图 4-31 所示。

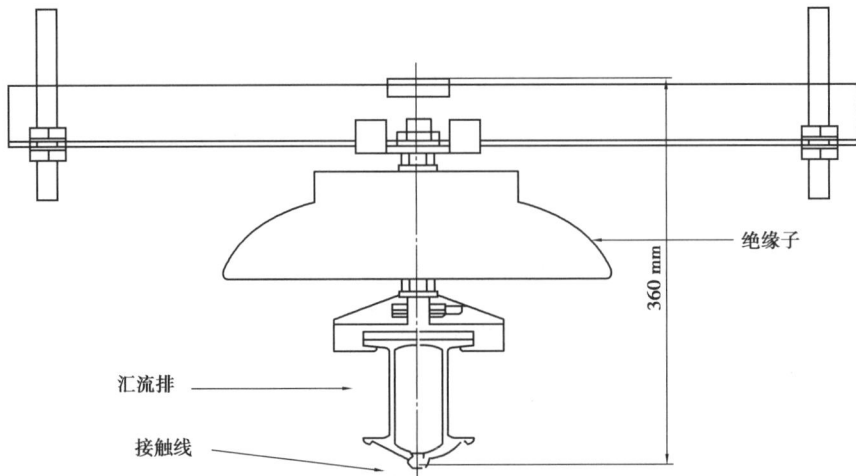

图 4-31　刚性悬挂安装图(隧道)

(二)接触轨式

接触轨式又称第三轨供电方式,在走行钢轨一侧设置附加的第三轨,电动车辆安装在底部或侧面的受流器(极)与第三轨接触受电,受流器也可称为接触靴。

接触轨供电方式可分为上磨式、下磨式和侧面接触式。上磨式接触轨如图 4-32 所示。

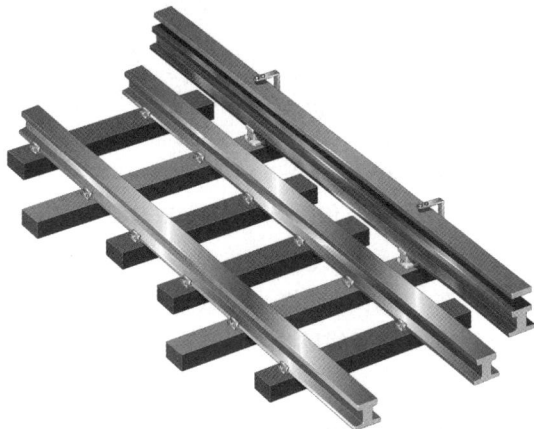

图 4-32　上磨式接触轨效果图

上磨式接触轨固定方便,接触效果良好,但不易加装防护罩,接触轨表面易受污染。无防护罩的带电接触轨(一般电压为 650~750 V)对工作人员的安全构成极大威胁。

下磨式接触轨面朝下安装,如图 4-33 所示。其优点是可以加防护罩,从而提高工作人员的安全性。

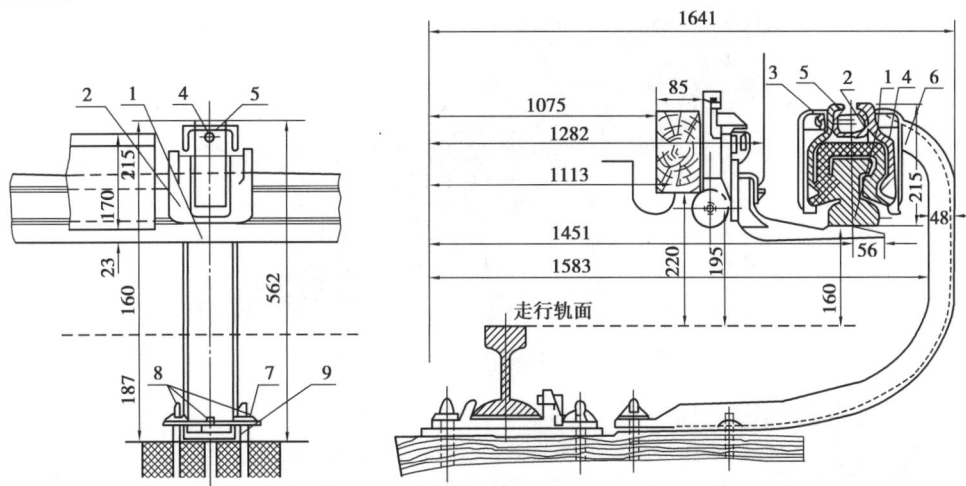

图 4-33　下磨式接触轨(单位:mm)
1—接触轨;2—绝缘肩架;3—橡皮垫;4—扣扳;
5—收紧螺栓;6—肩架;7—垫片;8—螺钉;9—销枕片

侧面接触式是近年来新开发的一种接触轨悬挂方式,其工作原理与上磨式相似,接触轨通过的地方需设置供工作人员使用的人行道,其他地方设置保护板,以防触电。所有车站的接触轨均设在远离站台轨道的一侧,以降低乘客可能跌落在轨道上而触电的风险,如图 4-34 所示。

图 4-34　侧面接触轨安装效果图

　　接触轨供电方式的优点:接触轨供电设备安装在隧道下部侧面,从而使地下隧道净空高度较低,供电接触网结构简单、造价低、易维修。其缺点是人身安全与防火条件均较差,且难以与地面架空式接触网供电的轨道交通线路衔接。

(三)单轨铁路接触网

　　单轨铁路车辆一般采用橡胶轮胎走行轮,因此轨道梁(无论是钢梁还是钢筋混凝土梁)无法形成供电回路。为此,需设置送电正线与负馈电线以构成回路。单轨线路分为跨座式和悬挂式两种类型单轨跨座式接触轨效果图如图 4-35 所示。

图 4-35　单轨跨座式接触轨效果图

四、供电方式与电分段

(一)供电方式

　　牵引变电所通过接触网向电动车组供电,每个变电所负责向其两侧供电。如果供电距离过长,牵引电流在接触网上的电压降就会很大,导致末端电压过低及电能损耗过大,从而影响电动车组运行;如果供电距离过短,牵引变电所的数量就会增多,投资也会随之增加。供电距离的确定与接触导线的截面面积和接触网的供电方式密切相关。

　　接触网在相邻两个牵引变电所之间从中部断开,形成两个供电分区,每个供电分区称为一个供电臂。如果电动车组仅从所在供电臂的牵引变电所获得牵引电能,称为单边供电,如图 4-36 所示。如果一个供电臂能同时从两个相邻的牵引变电所获得牵引电能,称为双边供电,如图4-37所示。目前,城市轨道交通供电系统一般采用双边供电方式。

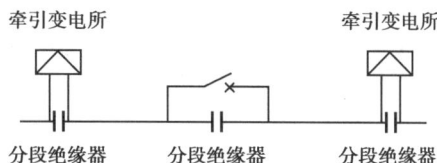

图 4-36　单边供电示意图

图 4-37　双边供电示意图

当某个牵引变电所发生故障或停电检修时,该变电所承担的供电臂供电任务通过闭合电分段隔离开关,由相邻两侧的牵引变电所负责越区供电,如图4-38所示。由于越区供电质量受影响较大,属于非正常供电方式。

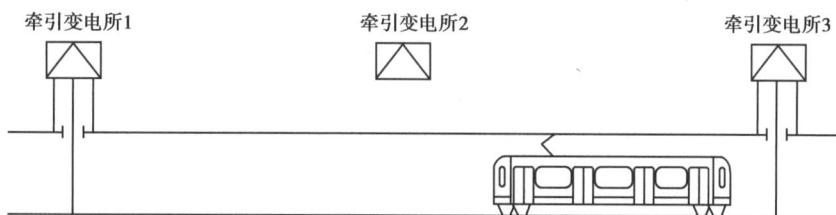

图 4-38　越区供电示意图

(二)电分段

通过设置隔离开关将接触网分成若干供电分段,是保证供电可靠性和灵活性的措施之一。当某一供电分段发生故障或检修时,可打开相应电分段的隔离开关,使故障与停电检修范围缩至最小,同时不影响其他各段接触网的正常供电。

电分段可分为纵向分段和横向分段两种。纵向分段是沿线路方向作分段,如车站与区间之间、区间中的分段等;横向分段是线路之间进行的分段,如上下行线路之间。电分段隔离开关的设置位置应便于操作,有利于实现集中控制,如设置在车站或变电所附近。电分段安装效果图如图4-39所示。

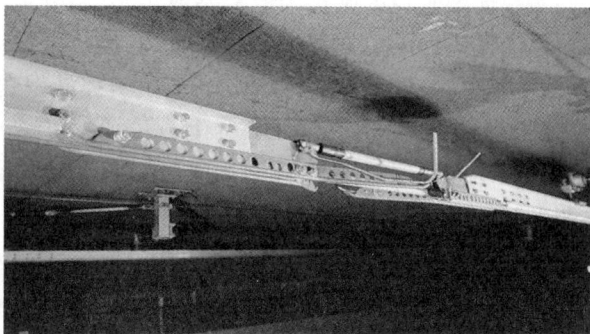

图 4-39　刚性悬挂分段绝缘器网上安装效果图

任务四 远动监控系统及地下迷流认知

一、远动监控系统

（一）牵引供电 SCADA 系统

1. SCADA 系统概述

SCADA 系统，即数据采集与监视控制系统，其应用领域非常广泛，包括电力系统、给水系统、石油、化工等领域的数据采集、监视控制以及过程控制等。SCADA 系统是以计算机为基础的生产过程控制与调度自动化系统。它可以对现场的运行设备进行监视和控制，实现数据采集、设备控制、测量、参数调节以及各类信号报警等功能。不同应用领域对 SCADA 的要求不同，因此不同应用领域的 SCADA 系统发展也存在差异。在城市轨道交通牵引供电系统中，SCADA 系统通常也被称为远动系统。

牵引供电系统中的 SCADA 系统主要监控牵引供电系统沿线各变电所的设备运行状态，实现遥控、遥测、遥信、遥调、遥视、保护及调度管理等功能，并辅助完成事故分析及处理。牵引供电系统中 SCADA 系统具有信息完整、提高效率、正确掌握系统运行状态、加快决策以及快速诊断出系统故障状态等优势，已成为牵引电力调度不可或缺的工具。它在保证牵引供电设备安全稳定运行、减轻调度员负担、实现电力调度自动化与现代化以及提高调度的效率和水平等方面起着重要作用。

2. SCADA 系统的基本组成

SCADA 系统由调度端、被控站及信道三大部分组成，一个典型的 SCADA 系统结构如图 4-40 所示。

①调度端：设在电力调度所内，完成远动设备的监控、数据统计及管理等功能。

②被控站：受调度端监视的站场称为被控站，被控站完成远动系统的数据采集、预处理、发送、接收及输出执行等功能。

③信道：远动信息传输的介质（通路）称为信道，可分为有线信道和无线信道。

牵引供电 SCADA 系统调度控制中心与牵引供电系统的变电所相连。按照我国的习惯，一侧称为调度端，另一侧称为执行端。从监控的角度来看，一侧是监控端，而另一侧是被监控端。广义而言，对其他站实现远程监控的站称为监控站或主站，而受主站监控的站称为被控站或分站、子站。在被控站内完成远动数据采集、处理、发送、接收以及输出执行等功能的设备称为远动终端（Remote Terminal Unit，RTU）。习惯上，将由被控站发送监控站的信息，如遥测信息、遥信信息等，称为上行信息，所用的信道称为上行信道。将监控站发往被控站的信息，如遥控信息、遥调信息等，称为下行信息，所用的信道称为下行信道。

（二）SCADA 系统的发展

SCADA 系统在牵引供电系统上的应用较早，在保证城市轨道交通线路的安全可靠供电及提高城市轨道交通运输的调度管理水平方面发挥了很大的作用。在牵引供电 SCADA 系统的发展过程中，随着计算机技术的发展，不同时期出现了不同的产品。同时，我国也从国外引

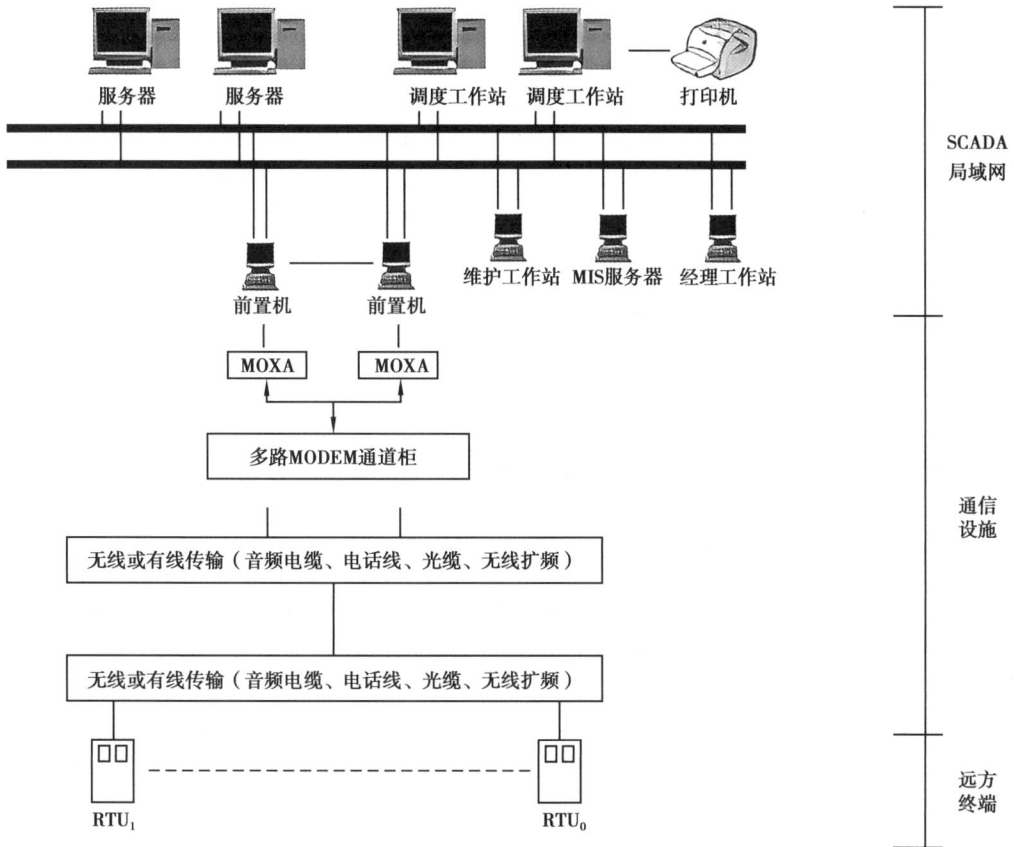

图 4-40 SCADA 系统结构图

进了大量的 SCADA 产品与设备,这些都推动了牵引供电 SCADA 系统向更高的目标发展。

SCADA 系统自诞生之日起就与计算机技术的发展紧密相关,至今已经经历了四代。

第一代是基于专用计算机和专用操作系统的 SCADA 系统。这一阶段是从计算机运用于 SCADA 系统开始,持续到 20 世纪 70 年代末。

第二代是 20 世纪 80 年代基于通用计算机的 SCADA 系统。在第二代中,广泛采用小型计算机以及其他通用工作站,操作系统一般是通用的 UNIX 操作系统。第一代与第二代 SCADA 系统的共同特点是基于集中式计算机系统,且系统不具有开放性,因此系统维护、升级以及与其他系统联网都面临较大困难。

第三代是 20 世纪 90 年代按照开放的原则设计,基于分布式计算机网络以及关系数据库技术的能够实现大范围联网的 SCADA 系统。这一阶段是我国 SCADA 系统发展最快的时期,各种最新的计算机技术、网络技术、通信技术都汇集到 SCADA 系统中。

第四代是综合 SCADA 系统,其基础条件已经具备,并在 21 世纪初诞生。该系统的主要特征是采用 Internet 技术、面向对象技术、神经网络技术以及 JAVA 技术等,进一步扩大 SCADA 系统与其他系统的集成,以综合满足安全经济运行以及商业化运营的需求。

SCADA 系统在牵引供电系统的应用技术中已经取得突破性进展,应用上也得到了迅猛发展。其技术在不断完善和发展。当今,随着电力系统和牵引供电系统对 SCADA 系统需求的提高以及计算机技术的发展,对 SCADA 系统提出了新的要求。概括地说,有以下几点:

1. SCADA 系统与其他系统的广泛集成

SCADA 系统是电力系统自动化的实时数据源,为系统分析提供大量实时数据。同时,模拟培训系统、EMIS 系统等都需要实时数据。若没有牵引供电的实时数据信息,其他系统就无法获取牵引供电系统设备的运行状态,无法真实地进行培训;EMIS 的调度指挥和抢修功能也无法有效实现。因此,SCADA 系统如何与其他非实时系统连接成为 SCADA 研究的重要课题。目前,SCADA 系统已成功实现与行车调度系统、EMIS 系统等的互联。牵引供电 SCADA 系统与 EMIS 系统、地理信息系统、电力及水调度自动化系统、调度生产自动化系统以及办公自动化系统的集成成为综合调度管理系统的一个重要发展方向。

2. 变电所综合自动化

SCADA 系统被控站以 RTU、微机保护装置为核心,将变电所的控制、信号、测量、计费等功能纳入计算机系统,取代传统的控制保护屏,从而降低变电所的占地面积和设备投资,提高二次系统的可靠性。变电所的综合自动化系统目前已取代常规被控站测控 RTU,成为电气化铁道牵引变电所自动化的主导产品。

3. 专家系统、模糊决策、神经网络等新技术研究与应用

利用这些新技术模拟牵引供电系统的各种运行状态,并开发调度辅助软件和管理决策软件,由专家系统根据不同的实际情况推理出最优化的运行方式或处理故障的方法,以达到快速判定及分析处理故障的目的。

4. 面向对象技术、Internet 技术

面向对象技术是网络数据库设计的重要方法,将其应用于开放式 SCADA 系统是未来的发展趋势。

二、地下迷流问题

(一)地下迷流及其影响

1. 地下迷流

在城市轨道交通直流牵引供电系统中,牵引电流并非全部经由走行钢轨流回牵引变电所,部分电流会从钢轨流入大地,再从大地流回钢轨或牵引变电所。这种地下杂散电流称为地下迷流。地下迷流随钢轨中回流的牵引电流增大以及钢轨对大地的绝缘程度变差而相应增大。

2. 地下迷流的影响

地下迷流从钢轨流向大地再杂散流回牵引变电所的过程中,如果走行钢轨附近埋有地下金属管道、电缆或其他金属结构件时,相当一部分地下迷流将从这些导体上流过,地下迷流分布如图 4-41 所示。此时,在电动车组所在处附近,地下杂散电流从钢轨流向金属导电体,使金属导电体对地电位形成阴极区。在变电所附近,地下杂散电流从金属导电体流回钢轨和变电所,从而形成阳极区。在阳极区,杂散电流从金属导电体流出处会出现电解现象,从而导致金属导电体被腐蚀。因此,埋设在地下的钢轨及其金属配件,附近的金属管道、地下电缆及其金属物件等,在长期的电解腐蚀下将受到严重损害。此外,地下杂散电流流入电气设备接地装置,还会引起过高的接地电位,使这些电气设备无法正常工作。由此可见,城市轨道交通的地下迷流及其影响是亟须重视的问题,尤其是对于地下铁道而言。城市轨道交通杂散电流腐蚀原理图如图 4-42 所示。

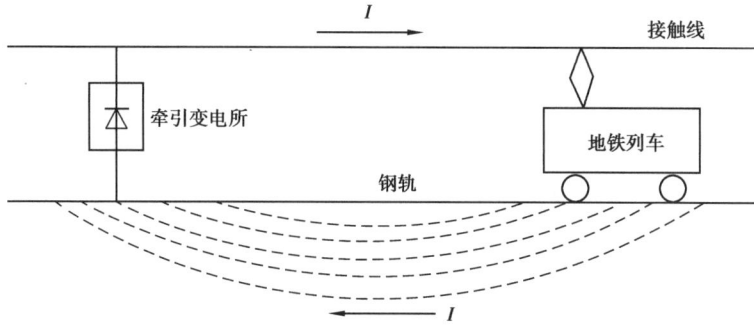

（a）直流牵引地下杂散电流示意图

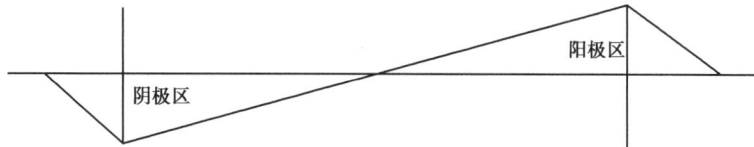

（b）走行轨对大地电位分布图

（c）地下金属体对大地电位分布图

图 4-41　地下迷流分布图

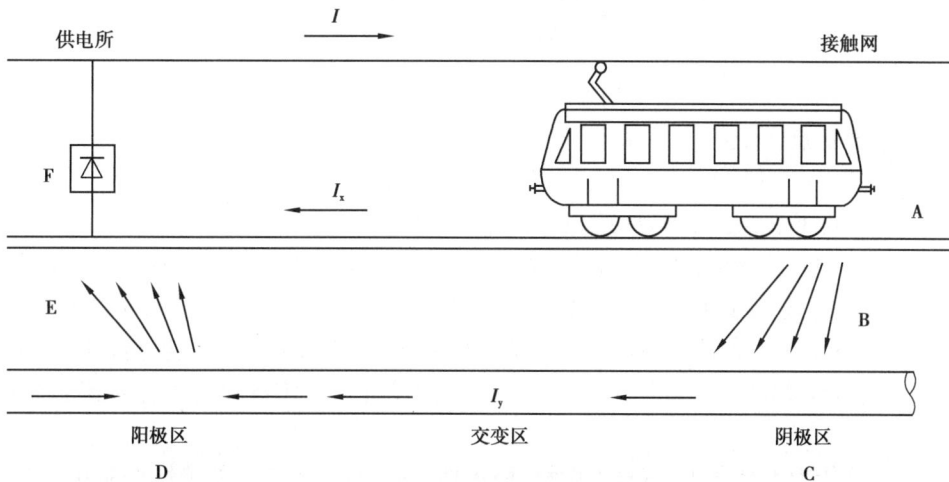

图 4-42　城市轨道交通杂散电流腐蚀原理图

（二）地下迷流的防护

1. 减少地下迷流的措施

①选择较高的牵引供电额定电压。

②采用地下迷流较少的双边供电方式。

③尽量减小钢轨间的接触电阻,增加附加回流线。

④提高钢轨与地面间的绝缘程度。

⑤尽可能远离或避免与回流钢轨平行设置地下金属管道、电缆等,并采取适当的防腐措施。

⑥定期检查轨道绝缘和钢轨接触电阻,进行地下迷流监测。

2.排除地下迷流的措施

例如,采用极性排流、阴极保护等措施。

📖 拓展视野

GIS 设备的应用

目前,城市轨道交通变电所中 GIS 设备的应用越来越广泛。GIS 设备是 SF_6 气体绝缘全封闭组合电器的简称,如图 4-43 所示,具有体积小、技术性能优良等特点。

图 4-43　GIS 封闭开关设备

GIS 的主要优点在于:

①占地面积小,一般 110 kV GIS 设备的占地面积约为常规设备的 46%,符合我国节约用地的基本国策,从而减少了征地、拆迁、赔偿等前期费用。

②GIS 设备的元件是全封闭式的,因此不受污染、盐雾、潮湿等环境的影响。GIS 设备的导电部分被外壳屏蔽,接地良好,导电体产生的辐射、电场干扰、断路器开断时的噪声均被外壳屏蔽了。此外,GIS 设备被牢固地安装在基础预埋件上,产品重心低、强度高,具有优良的抗震性能,尤其适合在城市中心或居民区使用。与常规设备相比,GIS 设备更容易满足城市环保要求。

③SF_6 气体作为绝缘介质,本身不燃烧,防火性能好,且具有优异的绝缘性能和灭弧性能。因此,GIS 设备运行安全可靠,维护工作量少,检修周期长,适合变电站无人值班运行,实现减人增效。

④施工工期短。GIS 设备的各个元件通用性强,采用积木式结构,组装在一个运输单元中,运到施工现场后就位固定即可。现场安装的工作量比常规设备减少了 80% 左右。

GIS 设备是运行可靠性高、维护工作量少、检修周期长的高压电气设备,其故障率仅有常规设备的 20% ~40%。但是,GIS 设备也有其固有的缺点,SF_6 气体的泄漏、外部水分的渗入、导电杂质的存在、绝缘子老化等因素,都可能导致 GIS 设备内部闪络故障。GIS 设备的全密封结构使故障定位和检修较为困难,检修工作繁杂,事故后平均停电检修时间比常规设备长,且停电范围大,常涉及非故障元件。

GIS 设备的内部闪络故障通常发生在安装或大修后投入运行的第一年内。根据统计资料,第一年设备运行的故障率为 0.53 次/间隔,第二年则下降到 0.06 次/间隔,此后趋于平稳。根据运行经验,隔离开关和盆式绝缘子的故障率最高,分别为 30% 和 26.6%;母线故障率为 15%;电压互感器故障率为 11.66%;断路器故障率为 10%;其他元件故障率为 6.74%。因此,在运行的第一年里,运行人员要加强日常巡视检查工作,特别是对隔离开关的检查。在巡查中主要留意 SF_6 气体压力的变化,以及是否存在异常声音(音质特性的变化、持续时间的差异)、发热、异常气味或生锈等现象。如果 GIS 设备出现异常情况,必须及时对疑似故障设备进行检测。

📖 复习与思考

一、选择题

1.城市轨道交通牵引供电系统属于( )。

　　A.一级负荷　　　　B.二级负荷　　　　C.三级负荷　　　　D.四级负荷

2.一般大运量城市轨道交通系统采用( )供电制式。

　　A.AC 35 kV　　　　B.AC 10 kV　　　　C.AC 1500 V　　　　D.DC 1500 V

3.城市轨道交通集中供电方式是指从城市电网引入较高电压等级的电源,经( )进行降压后向中压环网供电的外部电源引入模式。

　　A.牵引变电所　　　B.降压变电所　　　C.主变电所　　　　D.牵引降压混合变电所

4.以下城市轨道交通变电所电气设备中,具备灭弧能力的是( )。

　　A.变压器　　　　　B.断路器　　　　　C.隔离开关　　　　D.熔断器

5.正常情况下,城市轨道交通牵引供电运行方式为( )。

　　A.单边供电　　　　B.双边供电　　　　C.大双边供电　　　　D.越区供电

6.城市轨道交通接触网设备中,既机械分段又电气分段的设备是( )。

　　A.电分段　　　　　B.电分相　　　　　C.锚段关节　　　　D.中心锚结

7.在三相交流系统中,A 相一般用( )来表示。

　　A.黄色　　　　　　B.绿色　　　　　　C.红色　　　　　　D.蓝色

8.隧道刚性接触网属于( )。

　　A.接触轨式　　　　B.架空式　　　　　C.单轨跨座式　　　　D.以上都不是

9.城市轨道交通供电系统中,一般每个车站都会设置的变电所是( )。

　　A.主变电所　　　　B.牵引变电所　　　C.降压变电所　　　　D.牵引降压混合变电所

10.我国城市轨道交通 DC 1500 V 直流供电制式接触网最高电压可达( )V。

　　A.1500　　　　　　B.1600　　　　　　C.1700　　　　　　D.1800

二、判断题

1.正常情况下,城市轨道交通接触网两相邻供电臂之间在电气上是连通的。　　　(　　)

2.城市轨道交通系统中,杂散电流是一种有害电流。　　　　　　　　　　　　(　　)

3.互感器也是一种变压器。　　　　　　　　　　　　　　　　　　　　　　(　　)

4.接触网张力补偿装置中设置有动滑轮,没有设置定滑轮。　　　　　　　　　(　　)

5. 在直流牵引供电系统中,牵引电流全部经由走行钢轨流回牵引变电所。　　　（　　）

6. 越区供电是一种正常的供电方式,在城市轨道交通牵引供电系统中经常采用。（　　）

7. 变电所避雷器出现过电压泄漏后须立即更换,才能恢复供电。　　　（　　）

8. 城市轨道交通牵引变电所中,整流变压器直接将 35 kV 电压降压为 1500 V。　（　　）

9. 在城市轨道交通变电所中,断路器和隔离开关的作用都是断开或闭合电路,因此可以通用。　　　（　　）

10. 随着城市人口的增加,我国城市轨道交通供电系统已摒弃 DC 750 V 供电制式而全部改为 DC 1500 V 供电制式。　　　（　　）

三、填空题

1. 一级负荷规定应由　　　　　路独立的电源供电。

2. 为了保证城市轨道交通每个车站的动力和照明等设备用电,必须设置　　　变电所。

3. 整流变压器是将　　　　　变为　　　　　的变压器。

4. 城市轨道交通接触网按其结构不同,分为　　　　　　接触网和　　　　　　接触网两类。

5. 城市轨道交通供配电系统内部电源主要由　　　　　　　系统、　　　　　　、　　　　　　、　　　　　　组成。

6. 变压器的核心部件是　　　　　和　　　　　。

7. 断路器之所以能自动切断负载电流和短路电流是因为它具备　　　　　功能。

8. 电流互感器二次侧不允许　　　　　,电压互感器二次侧不允许　　　　。

9. 牵引变电所整流机组由　　　　　　和　　　　　　组成。

10. 牵引供电系统中,SCADA 系统具备遥控、　　　　　、　　　　　、　　　　、遥视等功能。

模块五 城市轨道交通信号系统认知

📖 **情境导入**

2019 年 1 月 11 日早上 6 时许,武汉轻轨一号线东吴大道站发生信号设备故障,开往径河方向部分列车发车时间延长。经信号维护人员一个多小时的紧急抢修,7 时许,设备故障修复,线路运营秩序逐步恢复。从这个故障案例中可以看出,信号设备运用水平的高低对城市轨道交通的正常运营影响是极大的。

城市轨道交通信号系统及设备是城市轨道交通的主要技术装备,它担负着指挥列车运行、保证行车安全、提高运输效率的重要作用。它具有列车速度监控功能完善、数据传输稳定、联锁关系简洁、车辆段独立采用联锁设备、自动化程度高、各条线路的设备不要求兼容等特点。它由列车自动控制系统(Automatic Train Control,ATC)和车辆段信号控制系统两大部分组成,用于列车进路控制,列车间隔控制,调度指挥,信息管理,设备工况监测及维护管理,形成了一个高效的综合自动化系统,如图 5-1 所示。

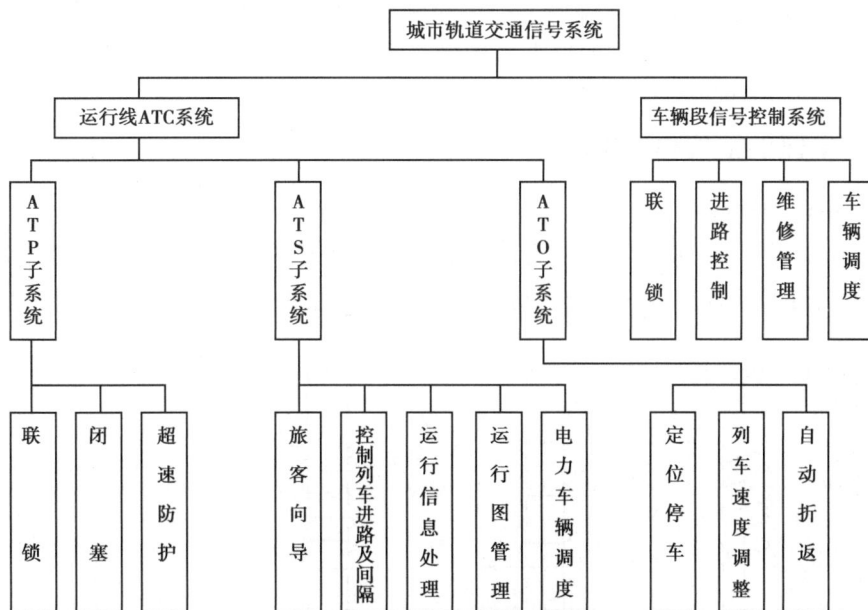

图 5-1 城市轨道交通信号系统框图

城市轨道交通信号基础设备主要包括继电器、信号机、转辙机、轨道检查设备、列车运行控制系统设备等,它们是城市轨道交通信号系统的重要组成部分。它们的运行质量和可靠性,直接关系到信号系统的正常运行和效能的充分发挥。

📖 学习目标

1. 能描述城市轨道交通信号系统的结构。

2. 能解释各信号子系统的作用。

3. 能区分多种信号设备的不同。

4. 培养创新精神和工匠精神。

📖 学时建议

6 学时。

任务一　继电器认知

继电器是自动控制系统中常用的电器,用于接通和断开电路,发布控制命令和反映设备状态,从而构成自动控制和远程控制电路。各个领域的自动控制系统均需使用继电器。在城市轨道交通信号技术中广泛采用的继电器称为信号继电器(以下简称"继电器"),是城市轨道交通信号系统中的重要部件。

一、继电器的结构和基本原理

(一)继电器的结构

继电器由电磁系统和接点系统两大部分组成。电磁系统由线圈、铁芯、轭铁以及可动的衔铁组成;接点系统由动接点、静接点构成。继电器组成如图5-2所示,实物如图5-3所示。

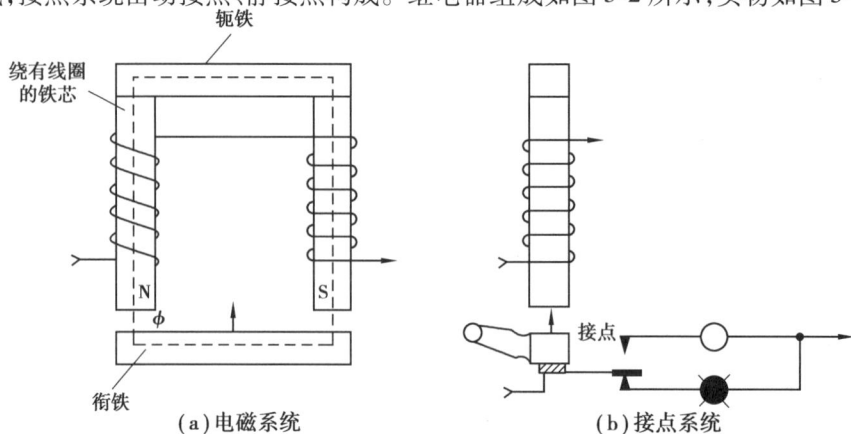

(a)电磁系统　　　(b)接点系统

图5-2　继电器的基本组成

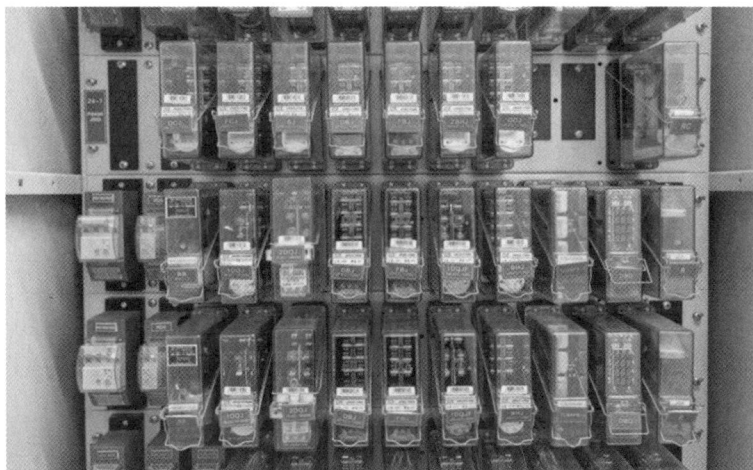

图 5-3 继电器实物图

(二)继电器的基本原理

当继电器线圈中通入一定数值电流后,由电磁作用产生电磁吸引力,吸引衔铁,由衔铁带动接点系统,改变其状态,从而反映输入电流状态,即线圈通电→产生磁通(衔铁、铁芯)→产生吸引力→克服衔铁阻力→衔铁吸向铁芯→衔铁带动接点动作→前接点闭合、后接点断开,继电器吸起;电流减少→吸引力下降→衔铁依靠重力落下→动接点与前接点断开、后接点闭合,继电器落下。可见继电器具有开关特性。

二、继电器的作用

继电器能够以极小的电信号控制执行电路中较大功率的对象,能够控制数个对象和数个回路,也能控制远距离的对象,如图 5-4 至图 5-6 所示。它具有良好的开关性能(闭合阻抗小、断开阻抗大),也有着安全性能好、能控制多回路、抗雷击性能强、无噪声、温度影响小等特点,在以继电技术构成的系统中被大量使用。在以电子元件和微型计算机构成的系统中,继电器作为接口部件,将系统主机与信号机、轨道电路、转辙机等执行部件连接起来。

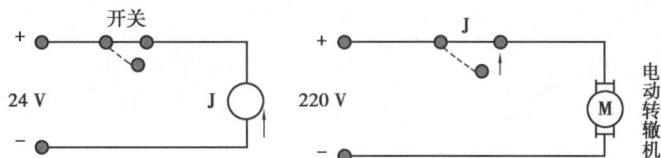

图 5-4 小信号控制大功率对象

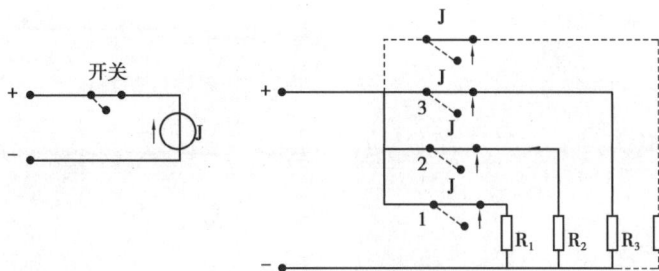

图 5-5 控制数个对象和回路

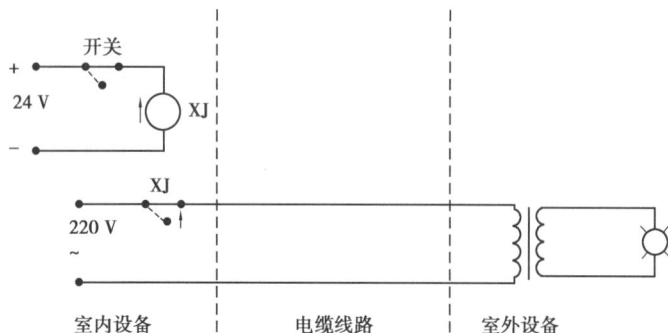

图 5-6　控制远距离对象

任务二　信号机认知

一、信号机的作用

信号机是城市轨道交通系统中重要的信号设备之一,用于向列车驾驶员提供有关行车条件的信息,如指示列车的运行状态、允许运行的方向和速度等。

二、信号机的分类

信号机从用途上分,在正线上可分为接发列车信号机、防护信号机等,如图 5-7、图 5-8 所示;在车辆段可分为出入段信号机、尽头式信号机、调车信号机,如图 5-9 至图 5-11 所示。

图 5-7　正线接发列车信号机

图 5-8　防护信号机

图 5-9　出入段信号机

图 5-10　尽头式信号机

图 5-11　调车信号机

三、信号机的显示含义

（一）信号机灯光颜色显示含义

信号机显示采用的颜色主要有红色、绿色、黄色、蓝色和月白色，根据不同的颜色显示可以表示不同的行车信息，用于指挥列车的运行。

①红色：代表停车信号，列车必须在信号机前停车。

②绿色：代表列车可以通过信号机，且进路中的所有道岔开通直股（仅用于正线显示，车辆段一般不设绿色显示）。

③黄色：代表列车可以通过信号机，且进路中的道岔至少有一组开通弯股（用于正线显示时），用于车辆段显示时，只代表列车可以通过信号机，不含道岔开通情况。

④蓝色：代表禁止调车信号（仅用于车辆段显示），调车车列必须在信号机前停车。

⑤月白色：代表允许调车信号（仅用于车辆段显示），调车车列可以通过信号机进行调车作业。

（二）不同用途信号机的显示含义

采用固定闭塞、准移动闭塞的区段，发车信号机显示为开放信号时，允许列车进入区间；信号机显示为关闭信号时，禁止列车进入区间。

在固定闭塞、准移动闭塞 ATC 系统故障的情况下，改变闭塞方式（如电话闭塞时），列车司机凭信号显示行车。

采用移动闭塞的区段，可以使用蓝色显示或灭灯信号来代表自动列车信号的状态，不显示其他的灯光颜色。此时，自动列车可以凭机车信号通过显示为蓝色或灭灯状态的信号机，而非自动列车必须在此显示的信号机前停车。

在移动闭塞 ATC 系统故障的情况下，改变闭塞方式（如电话闭塞时），列车司机凭信号显示行车。

防护信号机信号显示为开放信号时，允许列车通过进路；信号机显示为关闭信号时，禁止列车进入进路。尽头信号机原则上只显示关闭信号，禁止列车越过信号机。

车辆段的出入段信号机用于指示列车出入车辆段，信号机显示为开放信号时，允许列车出入车辆段；显示为关闭信号时，禁止列车出入车辆段。

车辆段的调车信号机用于在车辆段内的线路上调动列车或机车车辆。信号机显示为开放信号时,允许调车车列进入或通过某段进路;显示为关闭信号时,禁止调车车列进入某段进路。

任务三　转辙机认知

一、转辙机的作用

转辙机是转换和锁闭道岔的信号基础设备,它是直接关系城市轨道交通行车安全的关键设备,在保证行车安全、提高运输效率、减轻行车人员的劳动强度等方面均起着非常重要的作用。

转辙机是道岔控制系统的执行机构,用于道岔的转换与锁闭,并对道岔所处位置和状态的监督。转辙机是转辙装置的核心和主体,除转辙机本身外,还包括外锁闭装置以及各类杆件和安装装置,它们共同完成对道岔的转换和锁闭。转辙机的具体作用如下:

①转换道岔的位置,根据需要转换至定位或反位。

②道岔转至所需位置并且密贴后实现锁闭,防止外力转换道岔。

③正确反映道岔的实际位置,道岔的尖轨密贴于基本轨后,给出相应的表示。

④道岔被挤或因故处于"四开"位置(两侧尖轨均不密贴)时,及时给出报警及相应表示。

二、转辙机的类别

(一)ZD6 系列电动转辙机

ZD6 系列电动转辙机曾是城市轨道交通信号系统中广泛使用的电动转辙机,包括 A、D、E、J 等派生型号。ZD6 型电动转辙机采用内锁闭方式。

ZD6-A 型是 ZD6 系列转辙机的基本型,系列内其他型号的 ZD6 转辙机均是在 ZD6-A 型的基础上改进、完善而发展起来的。ZD6-A 型电动转辙机主要由电动机、减速器、摩擦连接器、主轴、动作杆、表示杆、移位接触器、外壳等组成,如图 5-12 所示,实物如图 5-13 所示。

(二)S700K 型电动转辙机

1.简述

S700K 型电动转辙机是从德国西门子公司引进的设备和技术,经我国消化吸收并改进后使用的转辙机。其作用是提供转换力,带动外锁闭装置的锁闭杆动作。该产品主要特点是采用精密加工的滚珠丝杠传动结构,使用三相交流电动机,接点采用速动开关。

实践证明,可挤型 S700K 转辙机可与分动外锁闭装置及 9 号道岔结合使用。S700K 型电动转辙机结构先进、工艺精良,不但解决了旧机型固有的电机断线、故障电流变化、接点接触不良、移位接触器跳起和挤切销折断等故障,而且可以做到"少维护、免维修",大大降低了信号维修人员的工作强度。

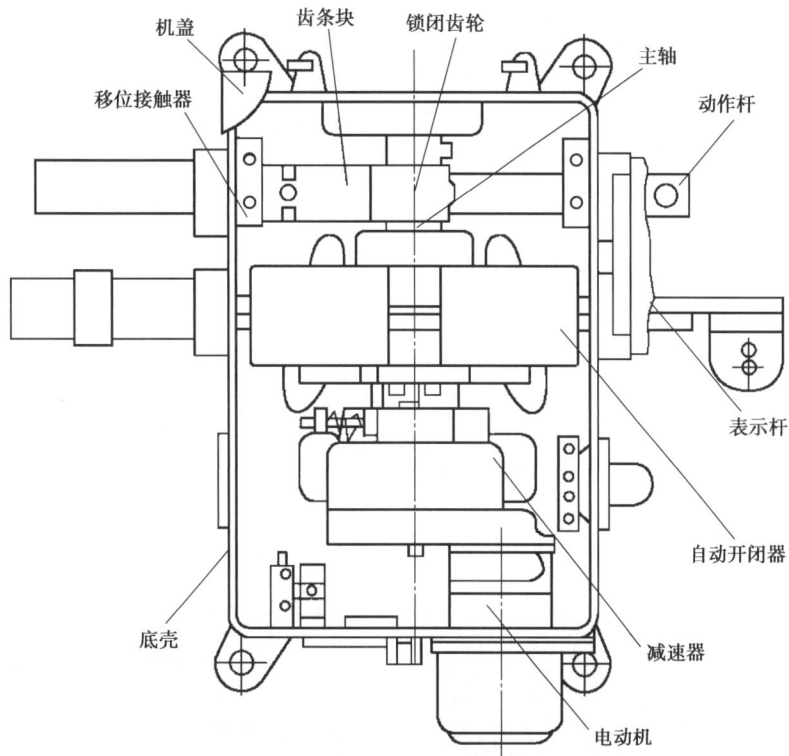

机盖　齿条块　锁闭齿轮　主轴

移位接触器

动作杆

表示杆

自动开闭器

底壳

减速器

电动机

图 5-12　ZD6-A 型电动转辙机结构图

图 5-13　ZD6-A 型电动转辙机实物图

2.S700K 型电动转辙机的整体结构

S700K 型电动转辙机主要由外壳、动力传动机构、检测和锁闭机构、安全装置和配线接口五大部分组成,其结构如图 5-14 所示,实物如图 5-15 所示。

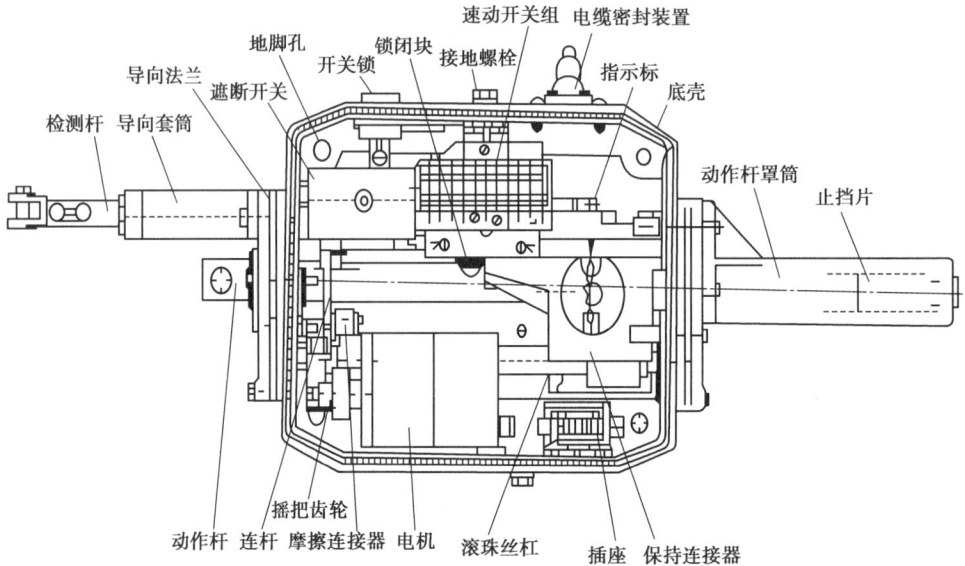

图 5-14　S700K 型电动转辙机结构图

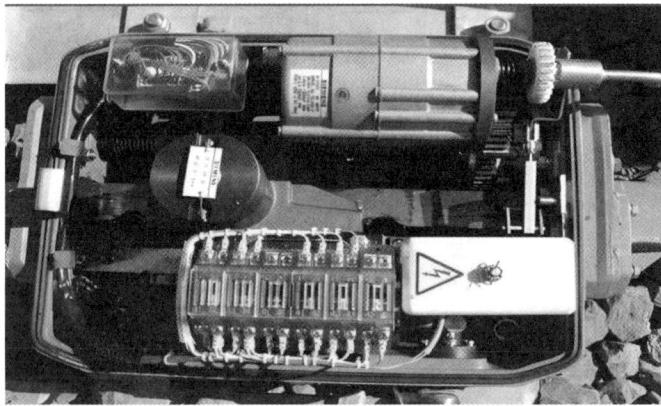

图 5-15　S700K 型电动转辙机实物图

(三)ZD(J)9 型电动转辙机

1. 简述

ZD(J)9 型电动转辙机是一种能适应交、直流电源的新型电动转辙机,它是借鉴了国内外成熟的先进技术,并结合我国铁路线路和道岔实际情况而进行优化设计的。它具有安全可靠的机内锁闭功能,适用于联动内锁道岔,也适用于分动外锁道岔,既可用于单点牵引道岔,又可用于多点牵引道岔,具有转换力大、效率高等特点。

ZD(J)9 型电动转辙机适用范围广泛,既能满足铁路客运专线道岔的转换要求,又能适配提速线路、普通铁路和城市轨道交通的道岔应用需求。

2. ZD(J)9 型电动转辙机的结构

ZD(J)9 型电动转辙机结构主要由底壳、电动机、减速器、摩擦连接器、滚珠丝杠、接点组、动作杆、左右锁闭(表示)杆、挤脱器、接线端子等零部件组成。

ZD(J)9 型转辙机的结构如图 5-16 所示,实物如图 5-17 所示。

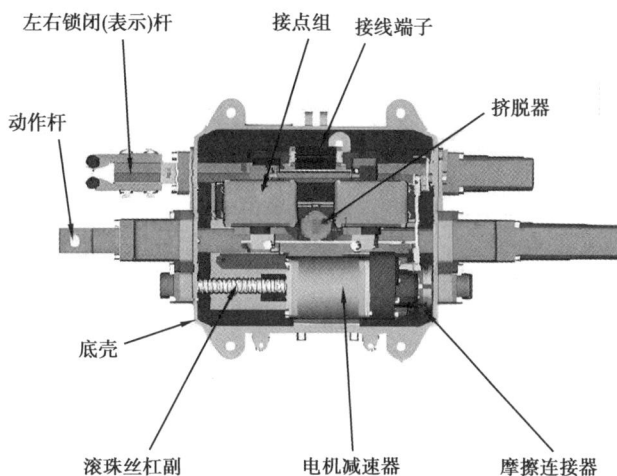

左右锁闭(表示)杆　　接点组　接线端子

动作杆　　　　　　　　　　　　　　　　挤脱器

底壳

滚珠丝杠副　　　电机减速器　　摩擦连接器

图 5-16　ZD(J)9 型电动转辙机结构图

图 5-17　ZD(J)9 型电动转辙机实物图

任务四　轨道检查设备认知

一、轨道检查设备的作用

轨道检查设备在城市轨道交通中用于监督轨道线路的完整性和列车占用线路情况,它能将列车运行与信号显示等联系起来,即通过轨道检查设备向列车车载设备传递行车信息。它是城市轨道交通信号系统的重要基础设备,其性能直接影响行车安全和运输效率。

轨道检查设备用于检测城市轨道交通线路上是否有列车占用。当有列车占用线路时,轨道检查设备给出占用状态显示;当无列车占用时,给出空闲状态显示;当设备或线路故障时,能够自检并给出故障状态显示。

二、轨道检查设备的分类和原理

由于工作方式不同,轨道检查设备分为轨道电路和计轴设备两类。

轨道电路是利用一段轨道线路的钢轨作为导体构成的电路,用于自动、连续检测这段线路是否被机车车辆占用,也用于控制信号装置或转辙装置,以保证行车安全。轨道电路的组成如图 5-18 所示。

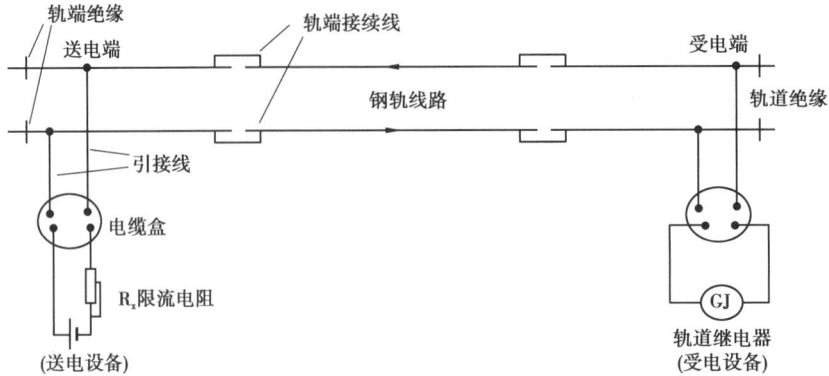

图 5-18 轨道电路的组成

图 5-18 中,一端为送电端,设置送电设备,包括电池(作为轨道电源)和防止过载电流的限流装置。另一端为受电端,设置受电设备,主要是轨道继电器。一般轨道电路是由三个主要部分组成的:

①送电端:主要为电源设备、限流装置和引接线。

②线路:主要为钢轨、轨端接续线和轨道绝缘。

③受电端:主要为引接线和轨道继电器。

如图 5-19 至图 5-22 所示分别为轨道绝缘节实物图、轨端接续线实物图、轨道继电器实物图、轨道继电器示意图。

图 5-19 轨道绝缘节实物图

图 5-20 轨端接续线实物图

图 5-21 轨道继电器实物图

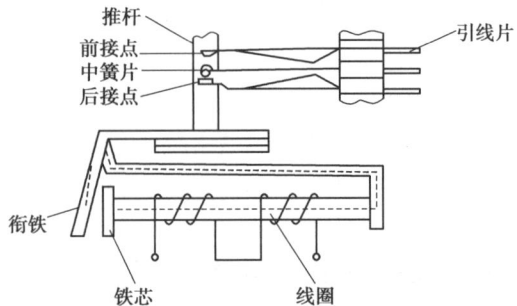

图 5-22 轨道继电器示意图

最简单的轨道电路的结构形式如图 5-23 所示。平时,列车未进入轨道电路,即线路空闲时,电流流向为:轨道电路电源正极→钢轨→轨道继电器→另一股钢轨电源负极。轨道继电器通电,保持在吸起状态,接通信号机的绿灯电路,允许列车进入轨道电路,如图 5-23 所示。当列车进入轨道电路区段,即线路被占用时,电流会同时流过机车车辆轮对和轨道继电器线圈。由于轮对电阻远小于轨道继电器线圈电阻,电源输出电流显著增大,限制电流装置(限流器)上的压降也随之增大,送至两根钢轨间的电压降低。因此,流经轨道继电器线圈的电流减小到继电器的落下值,使轨道继电器释放衔铁,其后接点接通信号机的红灯电路,向后续列车发出停车信号,以保证列车在该轨道电路区段内运行的安全,如图 5-24 所示。

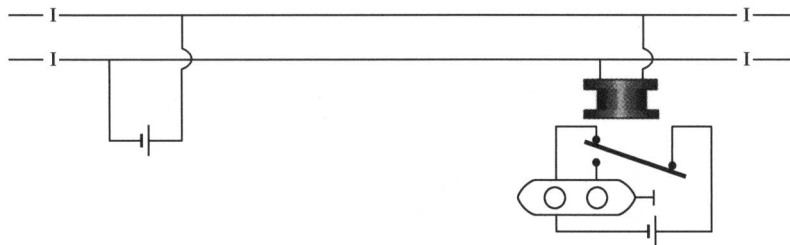

图 5-23　允许列车进入轨道电路

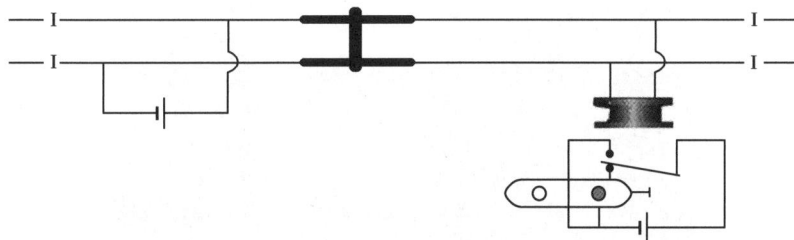

图 5-24　列车进入轨道电路区段内

从以上分析可见,轨道电路能否正常工作,直接关系到行车安全和行车效率。为此,对轨道电路提出了以下要求:

①当轨道电路无列车占用时,轨道继电器应可靠吸起,保持正常工作。

②轨道电路在任何一点被列车占用时,即使只有一根车轴进入轨道电路,轨道继电器的衔铁应可靠落下。

③当轨道电路设备发生故障(如钢轨折断、绝缘破损等)时,轨道继电器应立即失磁,关闭信号。

计轴设备是通过检测和比较进入和离开轨道区段的列车车轮轮轴数,来判断相应轨道区段的空闲/占用状态,并将判断结果经继电器输出。计轴设备由室内设备和室外设备两部分组成,如图 5-25 所示。室内设备包括运算器、继电器等,也可采用微型计算机构成主机系统;室外设备包括轨道传感器和电子连接箱。

计轴设备的主要组成部分包括:

①轨旁计轴点:主要用于产生车轴脉冲,包括轮轴传感器和电气连接箱。

②信息传输部分:用于传递信息,包括传输线、防雷设备及线路连接设备。

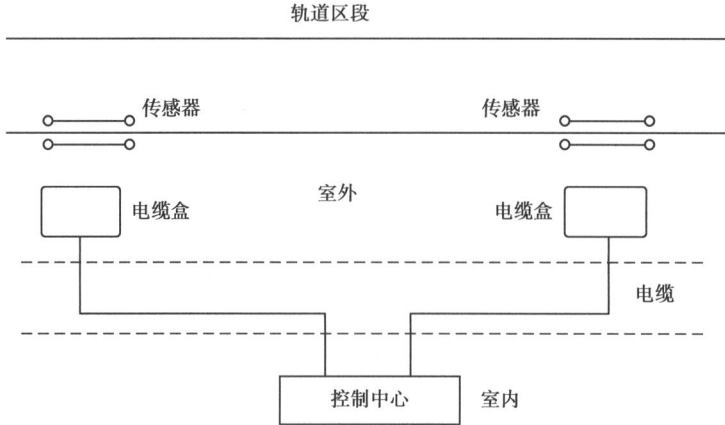

图 5-25　计轴设备的组成

③计轴处理部分:主要功能是对计轴点产生的车轴脉冲进行计数和确定列车运行方向,比较计轴点入口和出口的轴数,并记录计数结果,包括计数、比较、监督、表示等装置。

④电源:提供可靠且不间断的电能。

如图 5-26 所示为计轴实物图。

图 5-26　计轴实物图

任务五　列车自动控制系统认知

一、列车自动控制系统的组成

列车自动控制系统(ATC)包括三个子系统:列车自动监控系统(Automatic Train Supervision,ATS)、列车自动防护子系统(Automatic Train Protection,ATP)、列车自动运行系统(Automatic Train Operation,ATO)。三个子系统通过信息交换网络构成闭环系统,实现地面控制与车上控制相结合、现地控制与中央控制相结合,构成一个以安全设备为基础,集行车指挥、运行调整和列车驾驶自动化等功能于一体的列车自动控制系统。ATC 系统的结构如图 5-27 所示。

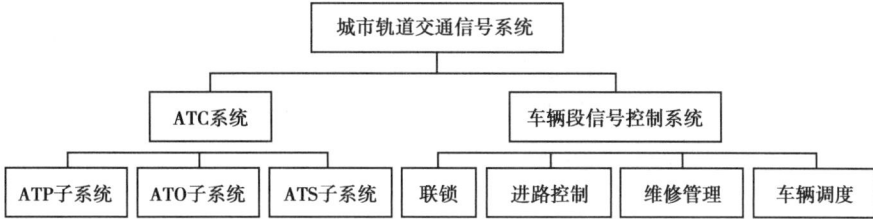

图 5-27　ATC 系统结构图

目前在城市轨道交通系统中具有广泛应用趋势的列车自动控制系统是基于通信的列车自动控制系统(CBTC),该系统通过通信媒介实现列车和地面设备的双向通信,代替轨道电路来实现列车运行控制,可以实现列车与地面的双向通信,且传输信息量大,传输速度快,并减少电缆铺设和维护工作量。CBTC 系统是城市轨道交通 ATC 系统中使用的一种闭塞系统技术,与速度码控制的固定闭塞系统和基于目标距离控制的准移动闭塞系统并列,后两种闭塞系统在国内部分城市轨道交通线路中亦有所应用。整个 CBTC 系统由地面设备和车载设备组成,地面设备和车载设备通过数据通信网络连接,共同构成系统的核心。CBTC 系统结构如图 5-28 所示。

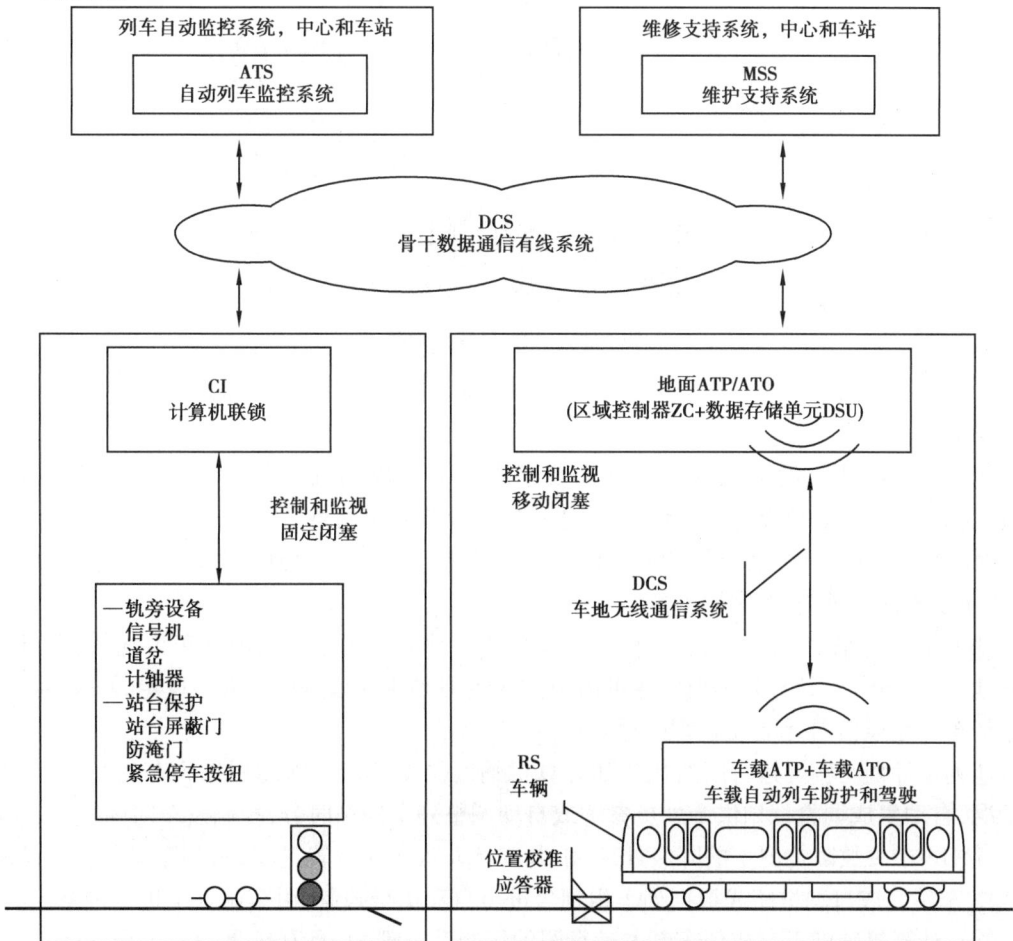

图 5-28　CBTC 系统结构图

二、列车自动控制系统的分类

①按闭塞布点方式可分为固定式和移动式。固定闭塞方式中,按控制方式又可分为速度码模式(台阶式)和目标距离码模式(曲线式)。

②按机车信号传输方式可分为连续式和点式两种。

③按各系统设备所处地域可分为控制中心子系统、车站及轨旁子系统、车载设备子系统、车场子系统。

三、列车自动控制系统的子系统及功能

(一)列车自动监控子系统(ATS)

列车自动监控子系统(ATS)由控制中心、车站、车场以及车载设备组成,结构如图 5-29 所示。

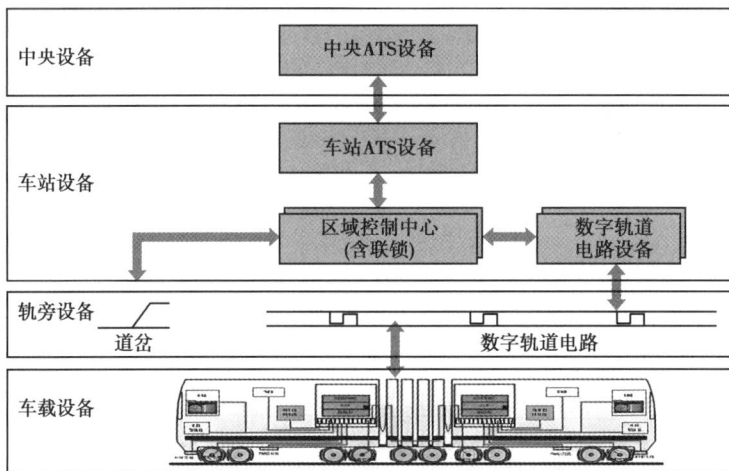

图 5-29　ATS 系统结构图

ATS 系统在列车自动防护子系统(ATP)的支持下完成对列车运行的自动监控,实现以下基本功能:

①通过 ATS 车站设备,能够采集轨旁及车载 ATP 提供的轨道占用状态、进路状态、列车运行状态和信号设备故障等基础信息,用于控制和监督列车运行。

②根据联锁表、计划运行图及列车位置,自动生成输出进路控制命令,传送至车站联锁设备,用于设置列车进路、控制列车停站时间。

③列车识别、跟踪、传递和显示功能。系统能自动完成正线区段内列车识别号(服务号、目的地号、车体号)跟踪,列车识别号可由中央 ATS 自动生成或调度员人工设定、修改,也可由列车经车—地通信向 ATS 发送识别号等信息。

④列车计划与实际运行图的比较和计算机辅助调度功能。即能根据列车运行实际的偏离情况,自动生成调整计划供调度员参考或自动调整列车停站时分,控制发车时间。

⑤ATS 中央故障情况下的降级处理:由调度员人工介入设置进路,对列车运行进行调整;由 ATS 车站完成自动进路或根据列车识别号进行自动信号控制;由车站人工进行进路控制。

⑥在计算机辅助下完成列车基本运行图的编制及管理,并具有较强的人工介入能力。通过设在车辆段的终端,向车辆段管理人员及行车人员提供必要的信息,以便编制车辆运用计

划和行车计划。

⑦列车运行显示屏及调度台显示器能对轨道区段、道岔、信号机和在线运行列车等进行监视,并在行调工作站上给出设备故障报警及故障源提示。

⑧能在中央专用设备上提供模拟和演示功能,用于培训及参观;能自动进行运行报表统计,并根据要求进行显示和打印。

⑨能在车站控制模式下与计算机联锁设备结合,将部分或所有信号机置于自动模式。

⑩向无线通信系统、广播系统、旅客向导系统提供必要的信息。

(二)列车自动防护子系统(ATP)

ATP 系统由地面设备、车载设备组成,如图 5-30 所示。

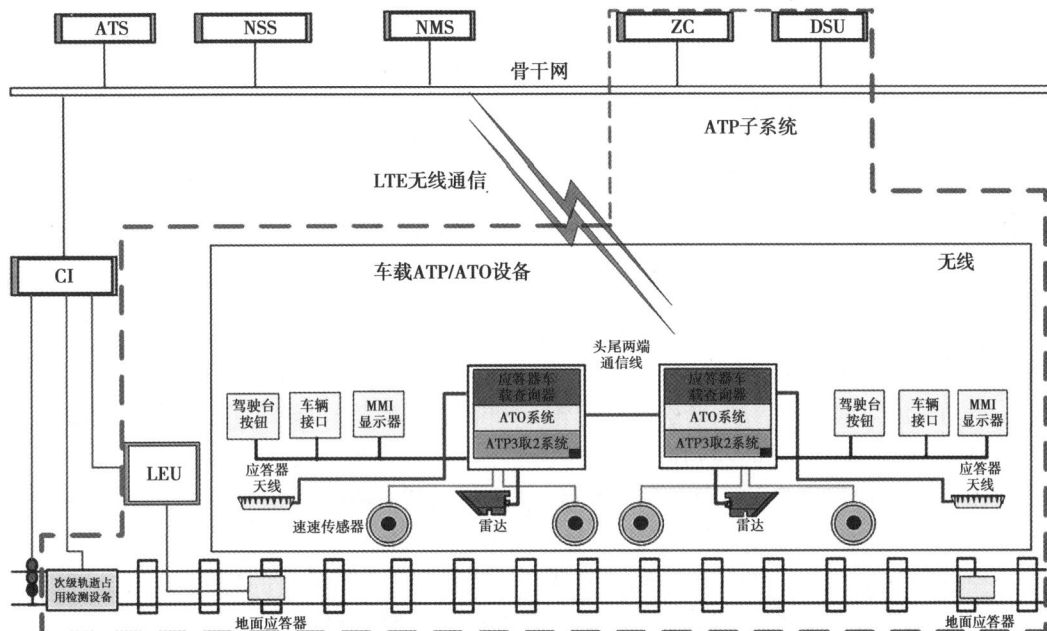

图 5-30　ATP 系统结构图

ATP 系统监督列车在安全速度下运行,确保列车一旦超过规定速度就立即施行制动,主要实现以下功能:

①自动连续地对列车位置进行检测,并向列车发送必要的速度、距离、线路条件等信息,以确定列车运行的最大安全速度;提供列车速度保护,在列车超速时提供常用制动或紧急制动,保证前行列车与后续列车之间的安全间隔,满足正向行车时的设计行车间隔和折返间隔;对反向运行列车能进行 ATP 防护。

②确保列车进路正确及列车的运行安全,确保同一路径上的不同列车之间具有足够的安全距离,并防止列车侧面冲撞等。

③防止列车超速运行,确保列车速度不超过线路、道岔、车辆等规定的允许速度。

④为列车车门的开启提供安全、可靠的信息。

⑤根据联锁设备提供的进路上轨道区间的运行方向,确定相应轨道电路的发码方向。

⑥任何车—地通信中断、列车的非预期移动(含退行)、任何列车完整性电路的中断、列车超速(含临时限速)、车载设备故障等均将触发安全性制动。

⑦实现与 ATS 系统的接口及信息交换。

⑧实现系统的自诊断、故障报警和记录功能。

⑨能对列车的实际速度、推荐速度、目标速度、目标距离等信息进行记录和显示,具有人工或自动轮径磨耗补偿功能。

(三)列车自动运行子系统(ATO)

ATO 子系统是控制列车自动运行的设备,由车载设备和地面设备组成,如图 5-31 所示。

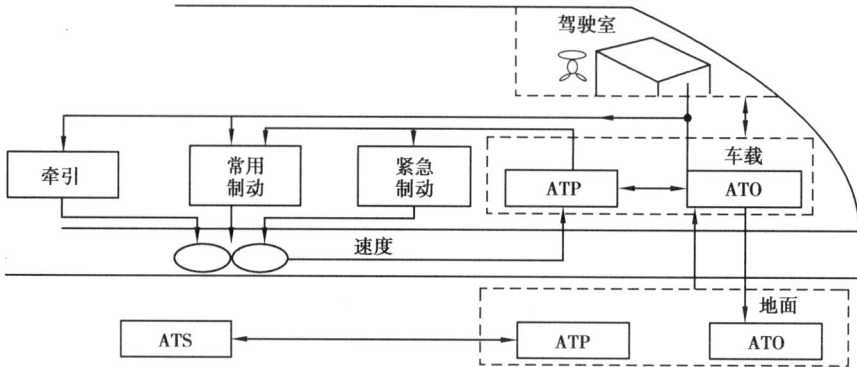

图 5-31 ATO 系统结构图

在 ATP 系统的保护下,可根据 ATS 的指令实现列车运行的自动驾驶、速度自动调整、列车车门控制。它的主要功能有:

①自动完成对列车的启动、牵引、巡航、惰行和制动的控制,以较高的速度进行追踪运行和折返作业,确保达到设计间隔和运行速度。

②在 ATS 监控范围的入口及各站停车区域(含折返线、停车线)进行车—地通信,将列车相关信息传送至 ATS 系统,以便 ATS 系统对在线列车进行监控。

③控制列车按照运行图运行,达到节能及自动调整列车运行的目的。

④ATO 自动驾驶时实现车站站台定点停车控制、舒适度控制及节能控制。

⑤能根据停车站台的位置及停车精度,自动对车门进行控制。

⑥与 ATS 和 ATP 结合,实现列车自动驾驶、有人或无人驾驶。

(四)联锁设备

控制车站的道岔、进路和信号,并实现它们之间联锁关系的设备称为联锁设备。

联锁设备是轨道交通的重要信号设备,用于在车站和车辆段实现联锁闭塞关系,建立进路,控制道岔的转换和信号机的开放,以及进路解锁,保证行车安全。联锁设备分为正线车站联锁设备和车辆段联锁设备。联锁设备早期为机械联锁,后来发展为继电器集中联锁。随着3C 技术的快速发展,计算机联锁已成为联锁设备的主要发展方向。联锁设备应满足以下要求:

①开放信号时,要求进路上有关道岔必须处于开通该进路的位置。

②开放信号时,要求该进路上无列车占用。

③开放信号时,要求该进路上有关的敌对信号未开放。

④开放信号时,要求该进路上有关道岔不能扳动,其敌对信号机不能开放。

联锁设备的原理图如图 5-32 所示。

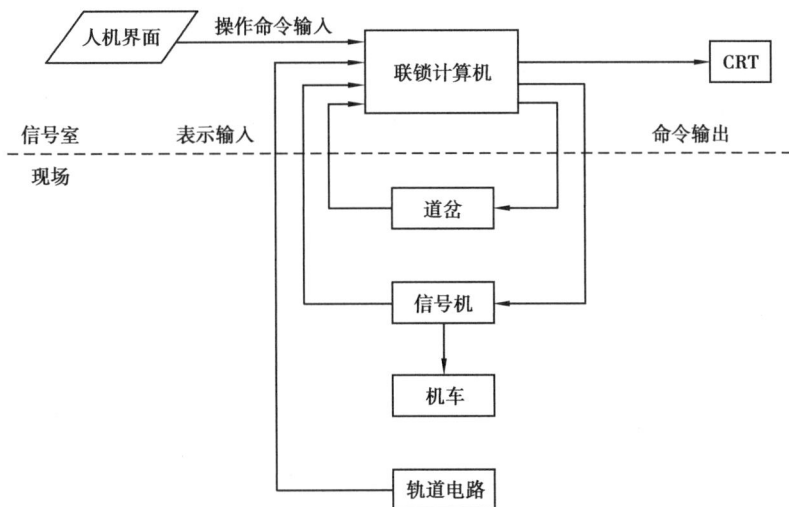

图 5-32 联锁设备原理图

　　计算机联锁是由微型计算机的软硬件和其他电子、继电器器件组成并具有故障—安全性能的实时控制系统。它安全可靠,处理速度快,与继电集中联锁相比具有明显的技术和经济优势,无论在安全性、可靠性还是经济性等方面都是继电集中联锁无法比拟的,而且在设计、施工、维修和使用时更为方便,是一套全新的系统设备。其整体层次结构如图 5-33 所示。

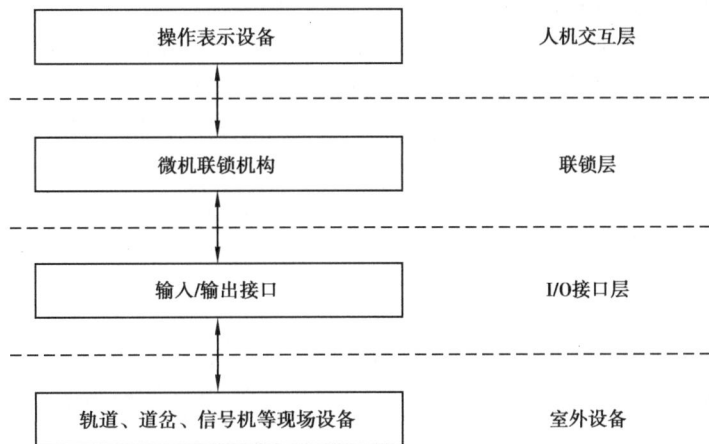

图 5-33 微机联锁控制系统的整体层次结构示意图

　　1. 微机联锁控制系统的联锁功能

　　①联锁逻辑运算:接收来自 ATS 或车站值班员的进路命令,进行联锁逻辑运算,实现对道岔和信号机的控制。

　　②轨道电路信息处理:处理列车检测功能的输出信息,提高列车监测信息的完整性。

　　③进路控制:设定、锁闭和解锁进路。

　　④道岔控制:解锁、转换和锁闭道岔。

　　⑤信号机控制:确定信号机的显示状态。

　　2. 微机联锁控制系统的特点

　　①性能方面:大大减少了系统的设计与施工工作量,便于系统的功能扩容与完善;提供现

代化的声像图文显示,人机交互功能更完善;系统可靠性和安全性更高。

②经济方面:性能价格比高,适用于大型车站的系统应用;采用分布式系统结构,节省了干线电缆的使用造价;体积小、占地面积小,车站规模越大,面积节省越显著。

③维护方面:安装、运营、维修费用大幅减少;具有自诊断、故障定位等功能,可实现远程实时控制;继电部分结构简单,便于维护。

④其他方面:系统便于联网,为轨道交通信号系统的智能化和网络化发展创造了条件。

3.微机联锁控制系统存在的不足

①系统应用大量电子元件,需要在抗电磁干扰及防雷害等方面采取防护措施。

②系统中实现联锁逻辑的计算机一旦出现硬件故障,其影响会很大,甚至导致系统无法工作。因此,微机联锁控制系统必须时刻关注系统的结构与性能,以提高可靠性和可用性。

📖 拓展视野

青岛地铁联合国内多家成员单位多年来始终坚持自己的研发方向,历经理论研究、试验测试及工程应用各阶段,最终完成商用落地,对行业发展有着重要意义。TACS 示范工程项目的成功落地,标志着我国在城市轨道交通领域取得了自主创新的重要成果,实现了中国轨道交通装备从"从无到有"到"技术领跑"的跨越,揭开了中国城市轨道交通列车运行控制领域的新篇章,向世界证明中国在城市轨道交通领域的实力。青岛地铁也在持续推进一系列创新工程,推动行业的可持续发展。

TACS 是以列车为核心,采用资源管理理念,基于车—车通信,以信号与车辆深度融合为特征,实现列车运行方式从自动化向自主化转变的一种全新系统制式。作为全国首条应用"车-车"通信和车载融合的 GoA4 级 TACS 系统,具有完全自主知识产权,达到国际领先水平。与 CBTC 系统相比,TACS 更安全、更高效、更经济、更可靠,且更易实现互联互通。采用 TACS 技术,改造升级更简单、建设周期更短、建设运营成本更低,可减少20%的全生命周期成本和30%的维护工作量。

📖 复习与思考

一、选择题

1.继电器电磁系统由(　　)、固定的铁芯、轭铁以及可动的衔铁组成

  A.接点　　　　　　B.弹簧　　　　　　C.线圈　　　　　　D.底座

2.开放信号时,要求该进路有关的(　　)信号没有开放。

  A.进站　　　　　　B.出站　　　　　　C.敌对　　　　　　D.调车

3.开放信号时,要求该进路上有关的道岔(　　)扳动。

  A.能　　　　　　　B.不能

4.信号机显示采用的颜色主要有:红色、绿色、黄色、蓝色和(　　)等

  A.月白色　　　　　B.紫色　　　　　　C.灰色

5.轨道电路送电端的主要有(　　)、限流装置和引接线。

  A.继电器　　　　　B.电源设备　　　　C.电阻　　　　　　D.电容

6.轨道电路受电端主要有引接线和(　　)。

　　A. 轨道继电器　　　B. 钢轨　　　　　　　C. 枕木　　　　　　　D. 道床

7. 转辙机将道岔转至所需位置后实现(　　)，防止外力转换道岔。

　　A. 解锁　　　　　　　B. 锁闭　　　　　　　C. 动作　　　　　　　D. 停转

8. 道岔被挤或因故处于(　　)位置时，及时给出报警及表示。

　　A. 合适　　　　　　　B.　定位　　　　　　C. 四开　　　　　　　D. 反位

9. (　　)实现列车自动驾驶、有人或无人驾驶。

　　A. ATP　　　　　　　B. ATS　　　　　　　C. ABS　　　　　　　D. ATO

10. (　　)接收 ATS 或车站值班员的进路命令，实现对道岔和信号机的控制。

　　A. ATP　　　　　　　B. ATS　　　　　　　C. 联锁　　　　　　　D. ATO

二、判断题

1. ATS 系统在 ATP 系统的支持下完成对列车运行的自动监控。　　　　　　(　　)

2. 与 ATS 和 ATP 结合，实现列车自动驾驶、有人或无人驾驶。　　　　　(　　)

3. ZD6 型电动转辙机采用的是内锁闭方式。　　　　　　　　　　　　　(　　)

4. 当轨道电路无列车占用时，轨道继电器应可靠吸起，保持正常工作。　　(　　)

5. S700K 主要特点是采用滚珠丝杠传动结构，三相交流电动机，接点采用速动开关。

　　　　　　　　　　　　　　　　　　　　　　　　　　　　　　　　(　　)

6. 机车信号的传输方式可分为连续式和点式。　　　　　　　　　　　　(　　)

7. 一台继电器能控制多回路或多个设备。　　　　　　　　　　　　　　(　　)

8. 开放信号时，要求该进路上没有列车占用。　　　　　　　　　　　　(　　)

9. 进路上有关的道岔必须处于开通该进路的位置。　　　　　　　　　　(　　)

10. 信号机显示蓝色代表禁止调车信号(用于车辆段显示)，列车必须在信号机前停车。

　　　　　　　　　　　　　　　　　　　　　　　　　　　　　　　　(　　)

三、填空题

1. 轨道检查设备分为　　　　　　　　　和　　　　　　　　　　。

2. 计算机联锁是具有　　　　　　　　　　　　　性能的实时控制系统。

3. 联锁设备是用于控制车站的　　　　　　　、　　　　　　和　　　　　　，并实现它们之间联锁关系的设备。

4. ATC 系统包括三个子系统分别是：　　　　　　　　；　　　　　　　　；　　　　　　　　。

5. ATS 系统由控制中心、　　　　　　、车场以及　　　　　　　组成。

6. ATP 监督列车在　　　　　下运行，确保列车一旦超过规定速度就立即施行制动。

7. 列控系统按闭塞布点方式可分为　　　　　　和移动式。

8. 计轴室外设备有轨道　　　　　　和电子连接箱。

9. 车辆段信号机可以分为列车信号机、　　　　　　　两种。

10. 转辙机是对道岔所处　　　　　　　的监督。

模块六　城市轨道交通通信系统认知

📖 **情境导入**

　　在某次地铁运营中,工作人员操作不当,误将通信设备关闭,导致列车与控制中心之间的通信中断。司机无法接收控制中心的指令,也无法了解前方路况,结果导致列车延误和乘客不满。这次事故虽然未造成严重后果,但也提醒我们要加强对地铁通信设备的操作和维护培训。

　　这次事故案例表明,城市轨道交通通信设备的正常运行对城市轨道交通运营的安全和顺畅至关重要。为了确保城市轨道交通系统的稳定运行,我们需要加强通信设备的维护和保养,及时更换老化设备,并加强对工作人员的操作培训。同时,设备出现故障时,应迅速启动应急预案,确保乘客安全和城市轨道交通正常运营。

📖 **学习目标**

　　1. 能描述通信各子系统的功能。

　　2. 能解释通信各子系统相关设备工作原理。

　　3. 能区分通信各子系统相关设备的不同工作状态。

　　4. 培养爱岗敬业的职业素养。

📖 **学时建议**

　　7 学时

任务一　传输子系统认知

　　传输子系统是承载轨道交通各类信息的网络平台。除传输通信系统各子系统所需的语音、数据、图像信息外,还为 AFC(自动售检票)、ATS(列车自动监控)、FAS(火灾自动报警)、BAS(环境与设备监控)、SCADA(电力监控)等其他运营设备管理信息的传输提供通道,是保障轨道交通安全、准点、高效运营的重要手段。

　　信息的传输离不开传输介质,城市轨道交通通信系统中常用的有线传输介质主要是电缆(图 6-1)和光缆(图 6-2)。在通信网中,常用的电缆是双绞线电缆(图 6-3)和同轴电缆(图 6-4)。

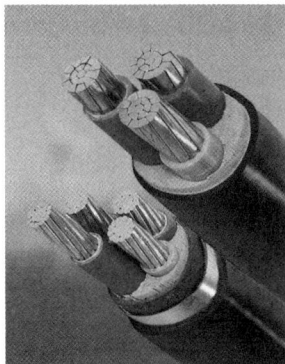

图 6-1　电缆

图 6-2　光缆

图 6-3　双绞线电缆

图 6-4　同轴电缆

一、传输子系统的功能

分布在城市轨道交通线网的各站点及控制中心的各个专业系统构成一个统一的整体,它们之间需要频繁进行信息交换,因此必须构建通信传输网来满足各系统、各站点与控制中心之间以及各个站点之间的业务信息传输要求,不同线路之间的信息交换也可以通过这个传输通道来实现。

城市轨道交通通信网的主干是一个基于光纤的传输网络。它的特点是非常可靠、冗余、可扩展、可重构、灵活,能为各专业系统提供多种接口类型,如 10/100 Mb/s 以太网接口、2 Mb/s 接口、RS422/RS232/RS485 接口、语音接口、高品质音频接口等。除了上述接口外,它还可以传输 SCADA、AFC、ATS、FAS、机电设备监控(EMCS)、门禁系统(ACS)、办公自动化(OA)等其他系统的信息,也可以实现网内各无线通信系统语音和数据的互联互通,提高线网内各无线通信系统运营管理的灵活性和安全性,为线网内各线提供统一、精准的时钟定时信号,确保各线数字传输网高效、准确地互通各方面的综合信息。此外,它还为各条轨道交通线间信息的互联与交互提供通道,如图6-5所示。

二、传输子系统的运行方式

(一)传输子系统的结构

传输子系统是城市轨道交通系统中各站点与控制中心及站与站之间信息传输和交换的通道,由光纤网络、网络节点、用户接口设备和网络管理系统组成。

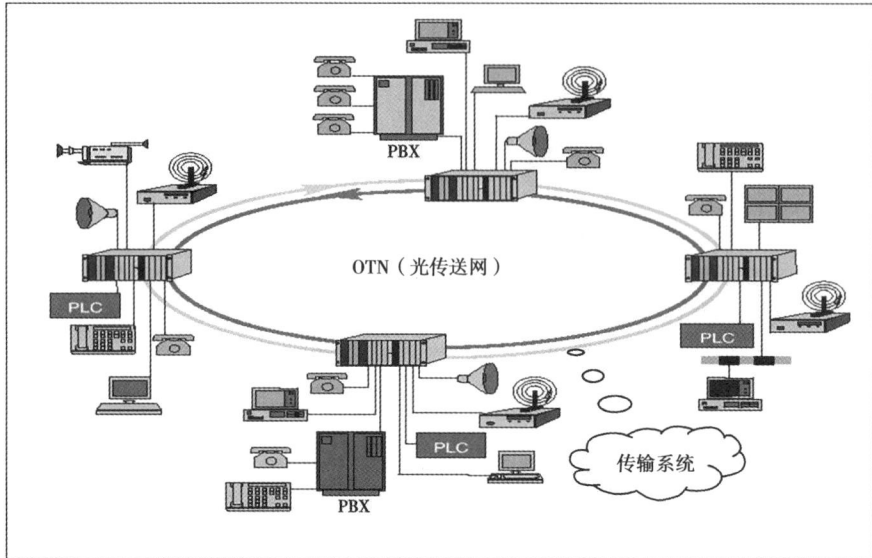

图 6-5 城市轨道交通通信网

1. 光纤网络

光纤网络贯穿整个传输网络,它包括光纤、电缆两种介质。实际应用中,短距离连接使用电缆或多模光纤(配合 LED 光源),长距离连接则只能使用单模光纤。

2. 网络节点

网络节点是用户访问和使用网络的途径,可以为用户接口设备提供电源,接收用户设备的信息并发送到光纤网络,还可以接收光纤网络信息并传送到用户接口设备。

3. 用户接口设备

用户接口设备是用户接入系统的硬件工具,其功能是使系统功能向外延伸。用户接口设备有硬件和软件两种形式:硬件主要通过板卡跳线和微动开关实现;软件主要通过网络中心实现。

4. 网络管理系统

网络管理系统通常基于主流、成熟的操作系统,具有友好的操作界面,其功能是负责对传输网络进行配置、扩展、管理和维护。

(二)传输子系统的运行方式

传输子系统采用双环路运行方式:一个环路运行,负责传送信息;另一个环路备用。两个环路实现的功能一致,同时运行,并持续监测备用环路,确保备用环路能随时启用。一旦主环路出现故障,备用环路将立即启用。

三、传输子系统的传输制式

目前,国内城市轨道交通通信领域采用的传输制式主要有 SDH(同步数字传输系统)和 OTN(开放传输网络)两种制式。

(一)SDH 传输系统

SDH 是 Synchronous Digital Hierarchy 的英文缩写,即同步数字传输系统。它是一种将复接、线路传输及交换功能融为一体,并由统一网管系统操作的综合信息传送网络。它可以实现网络有效管理、实时业务监控、动态网络维护以及不同厂商设备间的互通等多项功能,能显著提高网络资源利用率,降低管理及维护费用,实现灵活可靠和高效的网络运行与维护。它具有全球统一的网络节点接口(NNI),是全球传输领域应用最广泛、技术最成熟的通信制式之一,在我国城市轨道交通通信系统中得到了广泛应用。

1. SDH 网的优缺点

优点:具有标准的光接口规范;具有强大的网络管理能力和自愈能力;采用同步复用方式和灵活的复用映射结构;具有后向兼容性和前向兼容性。

缺点:频带利用率降低;由于采用指针调整技术,增加了系统的复杂性;由于大量集中软件控制,虽然提高了自动化程度,但容易导致网络故障。

2. SDH 网的设备构成

SDH 传输设备主要由网元设备(NE)、网络节点接口(NNI)及网络管理系统组成,如图 6-6 所示。

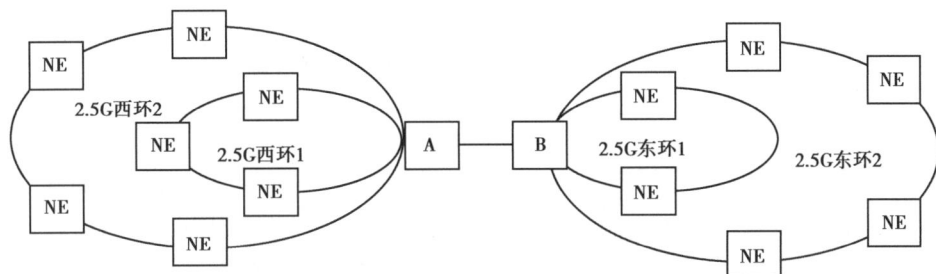

图 6-6 城市轨道交通 SDH 系统的网络拓扑图

图 6-6 中两个环相切于公共节点网元 A、B,东西环内各自业务互通,具有很强的业务疏导能力;A、B 两网元的支路连接可使东西环中任意两网元的业务信息互通,并且可选的路由多,系统冗余度高。

(二)OTN 传输系统

OTN 是 Open Transport Network 的英文缩写,即开放式传输网络。所谓的"开放",是指系统提供丰富的通信标准协议接口,支持数据、音频、视频和 LAN 行业标准,无须额外增加接入设备。其主要操作在 OSI 模型的物理层完成,传输的信息不会发生协议上的变化。传输时,它直接复用接入的各种不同速率等级的信号,通过光纤传送到目的地,支持点对点、点对多点、总线等通信方式。

1. OTN 网的优缺点

优点:标准接口丰富;传输利用率高;设备简单,组网灵活;可靠性高;能快速进行错误检测;采用网络管理。

缺点:与非 OTN 网络的连接能力较差,产品的兼容性不好,设备生产厂家单一。

2. OTN 网络组成

OTN 传输网由两种基本设备组成,一是传输设备,二是接口设备。传输设备由光纤线路系统组成;接口设备由节点及用户接口模块组成。其拓扑结构如图 6-7 所示。

在图 6-7 中,节点采用点对点连接方式互连形成两个方向相反的主环和次环。正常运行时,接口数据通过主环传输,次环保持同步;主环故障时,次环可以全部接管主环的传输业务,保证系统的可靠性,这称为 OTN 系统的自愈功能。

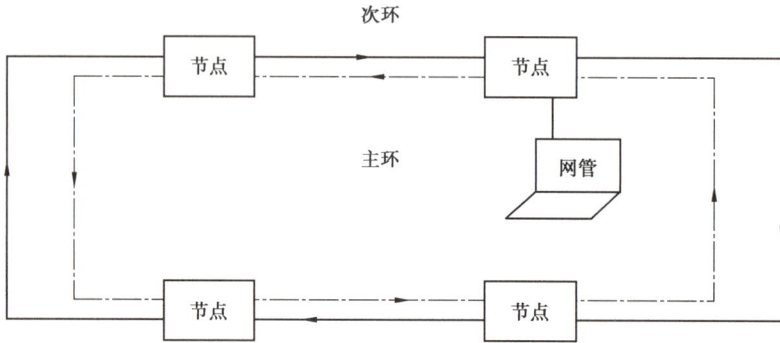

图 6-7　城市轨道交通 OTN 系统的网络拓扑图

任务二　交换子系统认知

交换子系统包括公务和专用电话,有线调度电话,站内、站间及轨旁电话三部分。它主要为城市轨道交通的管理、运营和维修人员提供电话服务。公务电话相当于轨道交通企业的内部电话网络,其核心设备是程控交换机,可通过中继线路与城市电话网相连,实现对外通信。专用电话包括调度、站内、站间和轨旁电话。调度电话是为各类调度人员(如行调、维调、环调、电调等)提供专用直达电话。站内电话主要满足车站内部的通话需求。站间电话主要为车站值班员提供与相邻车站、联锁站值班员之间的直达通话。轨旁电话安装在隧道内,主要满足系统运营、维护及应急需要,为列车司机和维修人员在紧急情况下及时联系车站及相关部门提供通话服务。

一、公务电话

(一)公务电话的组成

公务电话系统主要由程控数字用户交换机、电话分机、通信电缆等设备组成。电话分机分布在运营控制中心、车站、车辆段及需要配置电话的办公区域,常见的有自动电话分机、数字电话分机、IP 话机(图6-8),通信电缆与程控数字用户交换机相连。一般一条线路配置 2~3 台程控数字交换机,安装在运营控制中心、车辆段或停车场等地点,程控数字交换机之间通过 2 Mb/s 接口或其他通信方式相连,形成本地电话网。

图 6-8　IP 话机

(二)公务电话网的功能

①电话交换功能:实现城市轨道交通运营系统内部用户间的呼叫。

②计费功能:对各种业务进行计费。

③非话务业务功能:主要包括电路数据业务、传真业务等。

④程控新业务:为用户提供会议电话、三方通话、呼叫转移、忙时等待、缩位拨号、录音等功能。

⑤与市话网相连:通过中继线路与城市电话网相连,实现对外通信。

⑥特种功能:设置114、120、119、110、112等特殊电话功能。

二、专用电话

专用电话包括有线调度电话、站内电话、站间电话和轨旁电话。

(一)有线调度电话

1.系统的构成

该系统由调度用户交换机(调度总机)、调度台和调度分机组成,如图6-9所示。

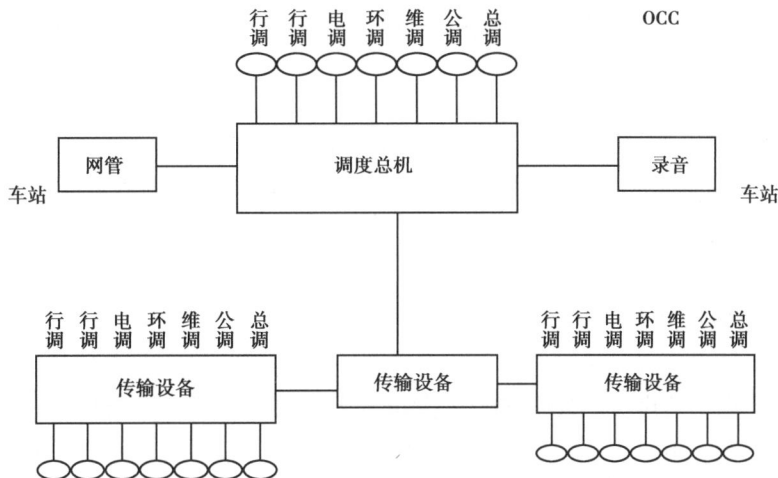

图6-9　有线调度电话的组成

①调度总机:是调度电话子系统的核心部分,由具有交换功能的交换机或交换模块组成,可组成7个以上的独立调度系统(如行调、电调、环调、维调等)。

②调度台:是调度业务的操作控制台,设在运营控制中心(OCC),如图6-10所示。

图6-10　调度台

③调度分机:为普通电话机。总机与分机通过传输系统提供的点对点式专用音频话路

连接。

调度分机呼叫调度台时,采用热线功能方式,无须拨号,举机即通。调度分机对调度台的呼叫可分为一般呼叫和紧急呼叫。

2. 系统的功能

①通话功能:OCC 各调度系统的中心调度员与各站(段)相应系统的分机用户可直接呼叫通话。其中,行调1调度员与行调2调度员可同时对行车调度电话分机进行呼叫通话。行车调度系统分机呼叫调度台时,两个调度台同时振铃,抢答通话。OCC 各调度员之间可直接呼叫通话;OCC 值班主任与各调度员可直接呼叫通话;各分机之间不允许通话。

②呼叫功能:调度台呼叫分机时,可分为单呼、组呼、全呼。分机呼叫调度台时可分为一般呼叫和紧急呼叫。分机呼叫调度台时,调度台可显示呼叫分机号码及中文站名。紧急呼叫时有灯光指示,液晶屏同时显示"紧急"字样,以便区分。

③会议功能:调度台可以方便地召集电话会议,会议的参加方由调度台灵活设置。系统支持至少1+30方会议电话。调度员可指定会议成员发言,会议成员也可向调度员提出发言请求。

④录音功能:调度员与分机的通话及各调度员之间的通话可在控制中心以数字方式自动记录在多信道录音设备上。录音设备记录的通话文件保存在计算机硬盘上,并可转录进行长期保存。

⑤维护管理功能:调度总机应具有较强的维护管理功能,包括一般性管理(显示系统拓扑结构、实时反映所有通道和设备的连接及运行状态)、故障管理(设定告警等级及报警方式、清除告警、生成告警信息的统计报表等)、配置管理(系统设定等)、安全管理(设置管理权限,进行分级管理等)。

(二)站内(间)电话系统

该子系统为站内各有关部门提供与车站值班员之间的直达通话,车站值班员还可以呼叫其他相关车站的车站值班员。其中,轨旁电话可选择相邻站或接入公务电话系统。下面以广州地铁1、2号线的应用实例,介绍车站及轨旁电话子系统在城市轨道交通系统中的应用。

1. 站内(间)电话的组成

由车站电话总机、车站值班台(值班员电话机)、电话分机、轨旁电话机组成的站内及轨旁电话子系统,可实现站(段)内重要部门有关人员的点对点直接通话、相邻车站值班人员之间及轨旁人员之间的直接通话。

①车站电话总机:站内电话是一个相对独立的内部电话系统,车站电话总机一般可以用小型程控交换机实现,也可以用大型交换系统的集中电话机实现。

②车站值班台:站内电话系统一般包括一部车站值班台(主机),设置在车站控制室,供车站值班员使用。车站值班台可用功能较强的数字话机实现,既可作为话务转接台,也可作为维护控制终端。

③电话分机:分机与普通的电话分机并无区别,一般一个车站有几十门分机。车站内部用户可通过普通电话线连接,站间的中继一般通过隧道电缆连接。如需与地铁内部公务电话建立中继,可用光缆传输系统实现,但一般站内电话系统作为独立的车站内部电话,不与外部建立中继互联。根据列车运行的需要,可在相邻车站之间以及大区间闭塞区两端的车站之间建立中继互联。

2. 站内(间)电话系统的功能

站内电话系统的主要功能是满足车站内部通话需求,但也可根据实际情况通过中继线路与地铁公务电话网联系,一般情况下特别需要设置相邻车站、联锁站之间的直达联系。内部通话的建立方式可根据需要设置成普通的拨号方式,或分机与站控室主机的热线方式,分机之间的通话由主机转接建立。

3. 站内(间)电话的配置

作为一个车站内部的电话系统,用户数量一般在几十门以内,但作为车站内部通信的最后保障,其可靠性要求较高。因此,站内电话系统一般可使用独立的小型程控交换机,也可用大型交换机的远端模块实现。出于可靠性的考虑,一般使用独立的小型交换机实现。

由于站内电话要求具备热线功能,在交换机选型时,要充分考虑热线功能的可实现性。站内电话的中继主要是用来连接邻站和大区间值班台之间的直达通信,可用 E&M 中继或环路中继。站内电话的主值班台一般用数字话机实现,所用的数字话机必须有足够的直选按键,用于设定邻站和大区间站的值班台号码。用户线路使用普通的室内电话线布线即可。

(三)轨旁电话

1. 轨旁电话的组成

轨旁电话一般通过轨旁(隧道)电缆与站内电话交换机相连,也可通过轨旁(隧道)电缆安装一部公务电话,通过插座或开关在站内电话和公务电话之间进行转换。从一个车站开始到另一个车站的区间,每150~200 m 安装一部轨旁电话,一般使用同线并接一个本站的电话号码,从中心到邻站的区间使用邻站的号码。

2. 轨旁电话的功能

列车司机和维修人员在紧急情况下需要及时地建立与车站以及有关部门的联系,因此在铁轨沿线及地铁隧道里,每150~200 m 设置一部轨旁电话,以供列车司机和维护人员使用。

3. 轨旁电话的配置

轨旁电话的功能与普通电话并无太大区别,但因为轨旁电话安装在轨道两旁或隧道里,所以要求轨旁电话机要具有抗冲击性、防潮湿和防鼠噬等特性。由于轨旁电话的使用率较低,从经济角度考虑,一般3~4 部轨旁电话机同线并接使用一个号码。为了便于维修人员对外联系,一部轨旁电话一般可同时接站内电话和公务电话两个号码,可用不同的插座或转换开关实现两个号码之间的转换。

任务三　无线通信子系统认知

城市轨道交通系统的安全高效运营,需要一个庞大且功能完善的通信网络为之服务,无线通信是其中必不可少的子系统,在日常行车调度、维修指挥和客流疏导等工作中发挥着重要作用。无线通信子系统为城市轨道交通系统内部固定人员和流动工作人员之间提供高效的数据和语音通信。

一、无线通信子系统的作用

无线调度系统是城市轨道交通内部固定人员（如车站值班员、OCC 调度员）与流动人员（如司机、运营维护人员）进行高效通信联络的主要手段，是保证列车安全正点运行的重要手段，除了满足必要的调度通信外，还可用于防灾和站务通信。

二、无线通信子系统的分类

国内城市轨道交通的无线通信系统主要采用以下两种形式：无线专用频道方式和无线集群方式。

（一）无线专用频道方式

无线专用频道方式是根据用途配置频道，有多少用途就配置多少频道。具体来说，每种频道只作一种用途，即使处于空闲状态也不作他用。无线专用频道方式基本满足城市轨道交通无线通信的要求，在北京、上海地铁均有应用。

（二）无线集群方式

1. 无线集群通信的概念

集群方式又称共用频道方式，它不是根据用途配置频道，而是多个用户共用一组无线频道，根据需要和使用情况动态分配频道。具体来说，设一个控制频道和若干通话频道，通话频道的数目可以少于用户数，平时所有移动台（列车台和手持电台）均处于控制频道，以便接收中心控制和向中心返回信息，通话时由中心根据情况分配一个通话频道，通话结束后自动返回控制频道。无线集群通信系统是一种高级移动调度指挥系统，代表着专用移动通信网的发展方向。

2. 无线集群通信的特点

①专网通信，主要应用于对指挥调度功能要求较高的部门和企业。

②信道共用，频率利用率高。

③呼损率低，系统可用性和安全性高。

④实时性高，可快速建立呼叫。

⑤编组灵活，能实现"一呼百应"。

⑥具有调度功能，话务可集中管理。

3. 集群通信系统的发展前景

无线集群通信系统从制式上可分为模拟集群和数字集群两种。模拟集群通信系统由于发展时间较早，技术成熟，在广州地铁 1 号线上有应用。与模拟系统相比，数字集群通信系统采用了一些新技术，具有更好的性能，如抗干扰能力强，频谱利用率高，信令控制能力进一步增强，适于集群化，是集群系统的发展方向。国外数字集群已广泛地应用于城市交通（包括地铁、公安警察等部门）的专用调度通信。广州地铁 2 号线采用 MOTOROLA 公司制造的数字集群系统。

三、专用频道方式与集群方式主要区别

专用频道方式基本满足行调与司机之间的通话要求，实现行调对司机的群呼和选呼功能，系统还设有紧急情况通话信道及在列车无线设备故障时的紧急处理程序，不具备短信息收发功能。移动用户通话时，双方使用的频率是固定的，只能在此信道上工作。其优点是设

备简单。其缺点主要有:无线信道无法达到平均话务负荷;某些过于繁忙的信道经常处于阻塞状态,而某些使用率低的信道则处于空闲状态,忙闲不均;频谱利用率不高;保密性差;冗余功能差等。而集群通信则能弥补其不足,上述缺点基本不存在,并且在系统功能方面,如通话功能、呼叫功能、广播功能、短信息收发功能、存储功能、录音功能、显示功能、检测功能等,具有明显的优势。

四、无线集群通信在城市轨道交通中的运用

(一)系统构成

城市轨道交通无线通信系统主要包括行车调度无线通信子系统、车厂调度无线通信子系统、环控调度无线通信子系统、维修调度无线通信子系统、保安调度无线通信子系统。

(二)设备组成

目前,城市轨道交通无线集群系统常采用多基站多区制的集群系统配以一些外加的连接和信号中断放大设备,形成一个有线与无线结合的网络。设备包括集群中央交换和控制设备,基站设备,光纤直放站或射频直放站等中继放大设备,泄漏电缆和天线等信号覆盖设备,以及车载电台、车站电台和手持电台等移动台设备。

1.集群中央交换和控制设备

集群中央交换和控制设备是系统的中心,负责系统参数配置、话路交换、呼叫控制、故障管理等功能。

2.基站设备、光纤直放站和中继放大器

基站是无线通信系统的关键设备,如果基站出现严重故障,则系统的降级模式也将无法运行。基站负责无线信号的发射与接收。基站设备包括基站收发信机及其他接口模块(如线路接口模块)、光发射模块、光接收模块、电源等。

光纤直放站主要由光纤发射接收单元、放大器等设备组成,完成将基站来的光信号转换为电信号并进行放大,同时将从天线或漏缆接收的射频信号转换为光信号发射到基站。

中继放大器(图6-11)的作用是将上行或下行信号放大,发射到天线或传送到与其相连接的光纤直放站。

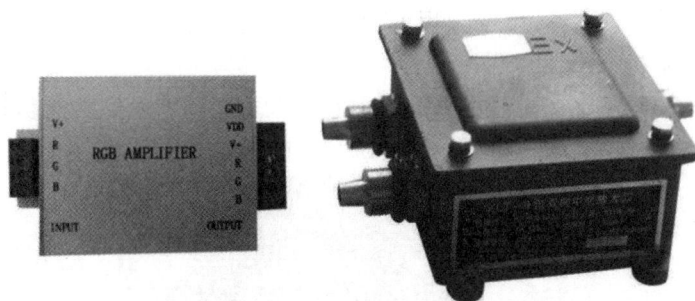

图6-11　中继放大器

3.泄漏电缆和天线

泄漏电缆(图6-12)是一种特殊的电缆。其电缆铠甲的特殊开孔结构,使信号能够从电缆中均匀泄漏出来,实现无线信号的覆盖。泄漏电缆是实现隧道区间无线信号均匀覆盖的理想选择。

天线(图 6-13)是无线通信系统的重要设备,它的作用是实现高频电能与电磁波的相互转化。天线是所有需要接收和辐射电磁波的无线技术设备中不可或缺的组成部分。

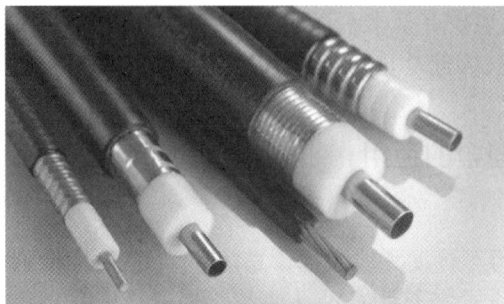

图 6-12　泄漏电缆

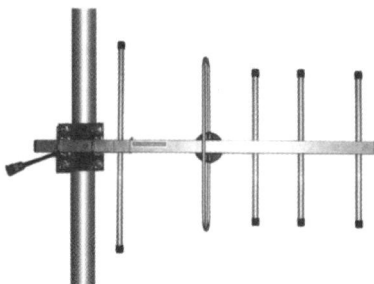

图 6-13　天线

4. 调度台功能

地铁可设 7 个调度台(图 6-14):行车调度台 1、行车调度台 2、维修调度台、环控调度台、保安调度台、车厂调度台 1 和车厂调度台 2。两个车厂调度台拥有完全相同的功能,安装在车辆段:一个车厂调度台安装于信号楼控制室,另一个车厂调度台安装于运用库车厂控制中心。另外 5 个调度台安装在控制中心,两个行车调度台的功能完全相同。7 个调度台通过以太网与服务器及中央电子柜连接,实现每个调度台都对应有该用户组的用户。例如,行车调度台下属有正线运营车载电台、站务人员手持电台、车控室车站台。每个组别的用户只能呼叫其所对应的调度台,如需与其他调度台通话,须经调度转接。

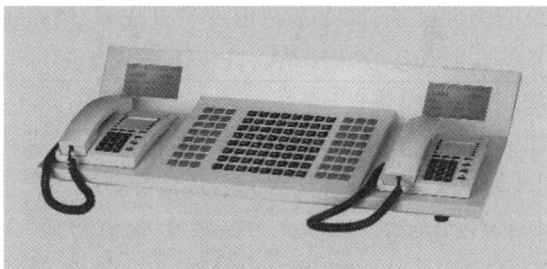

图 6-14　调度台

5. 移动电台功能

车载电台(图 6-15)安装在地铁列车前后两端驾驶室各一台。它为司机提供移动通信功能,并通过系统与 ATS 连接,显示列车所属范围和车次。

图 6-15　车载电台

车站台(图6-16)安装在每个车站的车控室,车站值班站长可通过它与行调联系,经行调转接还可与司机通话。

手持电台(图6-17)主要用于站务人员、维修人员等不固定地点作业人员与调度进行通话。

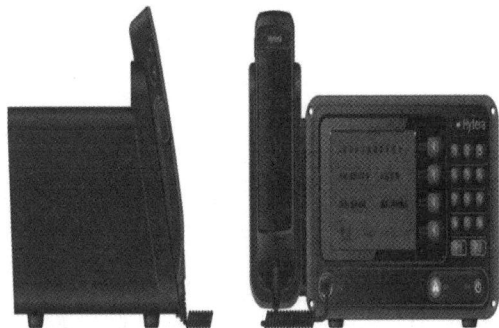

图6-16 车站台   图6-17 手持电台

这些移动电台的通信功能主要有:一般呼叫、紧急呼叫、短信息收发;调度台对移动台的群呼,对列车的广播;等等。

任务四 视频监控子系统认知

一、视频监控系统的作用

视频监控系统(以下简称"CCTV系统")是安全技术防范体系中的一个重要组成部分,是一种先进的、防范能力极强的综合系统。它可以通过摄像机及其辅助设备(镜头、云台等)直接观看被监视场所的一切情况,可以把被监视场所的图像内容、声音内容(如有需要)同时传送到监控中心,使其对被监控场所的情况一目了然。视频监控系统的另一特点是,可以将被监视场所的图像及声音全部或部分地记录下来,为日后处理某些事件提供便利条件及重要依据。因此,应用于城市轨道交通系统的CCTV系统可以发挥同样的作用,该系统可使中心一级行车管理人员(如行车调度员、环控调度员、值班主任等)和车站一级行车管理人员(车站值班员等)对相应的管辖区域进行监视。其中,站厅区的监视目标主要是自动售检票进出口、闸机以及上下站台自动扶梯的旅客流向;站台监视区的监视目标主要是旅客上下列车的情况;车控室、控制中心具有人工和自动选择功能,控制中心还具有录像功能。车站级和中心级的监视及控制是相互独立的,中心级的各操作控制也是相互独立的。系统操作简单,维护方便,配备完整的系统软件和专用软件,系统的主要控制及监测功能可通过编程进行灵活的编辑和修改。

二、视频监控系统的构成

城市轨道交通视频监控系统由运营控制中心(以下简称"OCC")和车站(车辆段)两级组网,如图6-18所示。两级调度员均可通过控制终端设备对系统内的图像进行监视和控制。其中,OCC负责监控全线的运营情况并组织调度列车的运行,而车站的站务人员则负责监控本车站范围内的运营情况。

车站级设备分布于各车站,中心级设备分布于运营控制中心(OCC)。各车站的图像通过光纤传输系统传送到OCC,供OCC的调度员使用,便于调度员掌握全线范围的运营和行车安全情况。

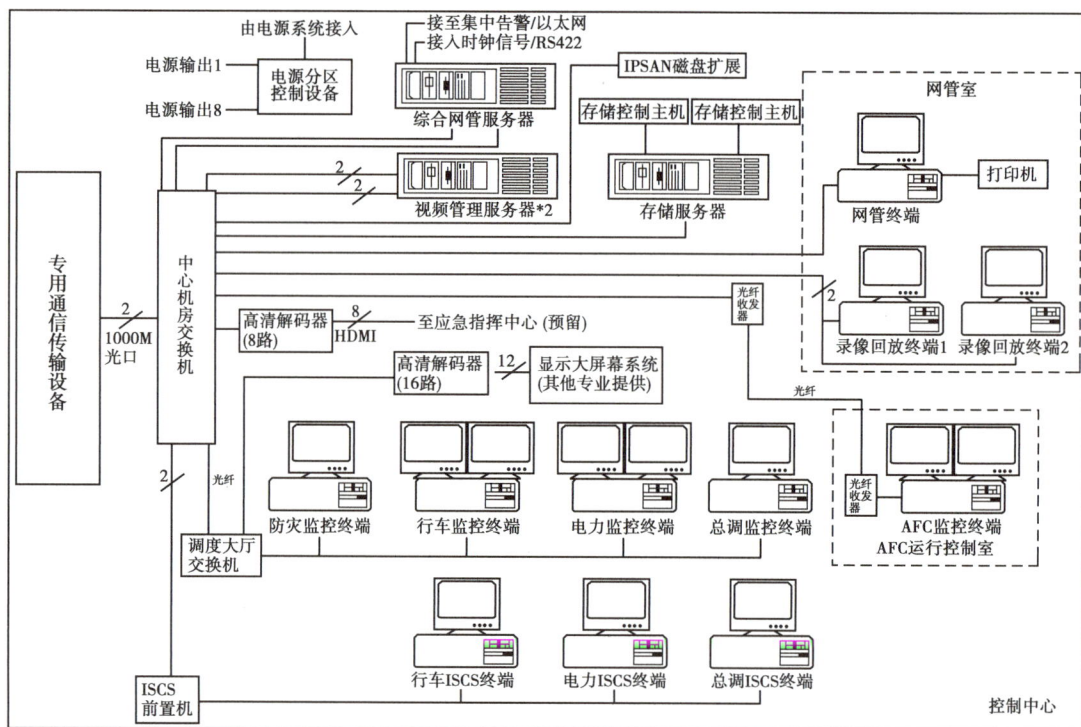

图6-18 视频监控系统组网

三、视频监控系统设备组成及功能

(一)设备组成

视频监控系统主要由视频均衡放大器、视频分配器、视频分割器、画面合成器、视频矩阵、数字硬盘录像机和摄像机(图6-19)组成。

(二)设备功能

视频均衡放大器用于消除信号长距离传输引起的衰减及干扰,为后端视频设备提供完整幅度、对比度和清晰度的视频信号。

视频分配器可将各均衡器传输的视频信号分配到各个输入点,如画面合成器、数字硬盘录像机、视频切换矩阵。

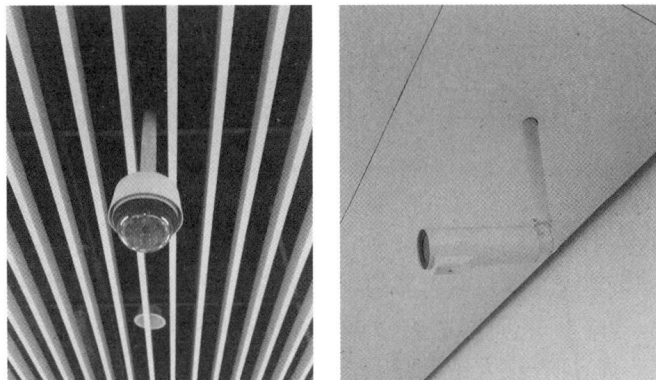

(a)高清一体化球形机　　　　　(b)高清定焦摄像机

图 6-19　摄像机

视频分割器能将视频矩阵的多路全交换视频输出信号合成一路视频信号,使多个画面视频信号在监视器上同时显示。

视频矩阵提供监视图像的处理、切换与控制平台。

数字硬盘录像机用于记录并保存各车站的图像信息。

摄像机用于获取视频信号。

四、视频监控系统的控制

车站值班员通过控制键盘可选择显示本站任意两幅图像,这两幅图像可自动循环显示。站台监控室监视器显示本站站台图像;站台监视器固定显示本侧站台的二合一图像(图6-20)。调度员通过控制键盘可选择调入任意一幅图像至本台监视器。电视监视屏幕墙可人工选择或自动显示同一车站的全部图像,也可同时显示不同车站任意图像。

图 6-20　站台二合一图像

任务五　广播子系统认知

一、广播子系统的作用

广播子系统是城市轨道交通运营行车组织的必要手段,其主要作用:一是对乘客广播,如通知列车到站、离站、线路换乘、时间变更、列车误点、安全状况等信息;二是播放音乐以改善候车环境;三是防灾广播,即在突发或紧急情况下,组织指挥事故抢险救灾,提高应急响应能力;四是向运营人员广播,发布相关通知信息,协同配合工作。

二、广播子系统的构成

轨道交通通信广播子系统主要设在控制中心、车站和车辆段等处。系统监控数据通过RS422、RS232 或以太网通信接口相连,形成广播系统监控网,如图 6-21 所示。

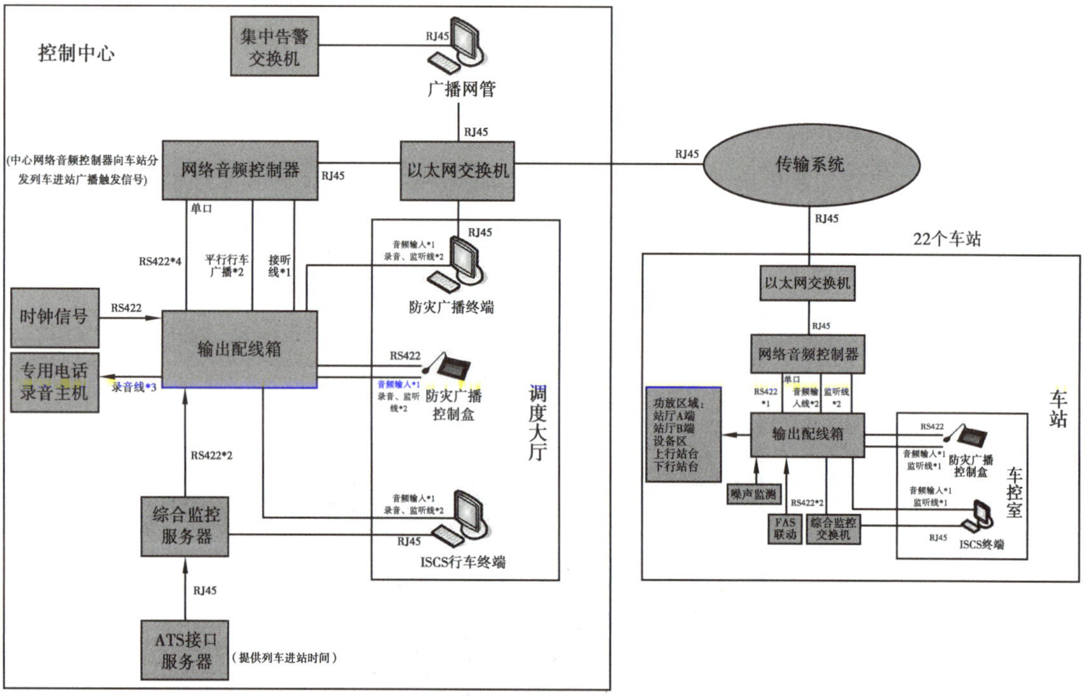

图 6-21　广播系统的组成

三、广播子系统的功能

广播子系统的功能包括中心广播功能、车站广播功能、站台广播功能、车辆段广播功能、预存广播信息功能、网管功能、自动音量调节功能、自动音频测试功能、远程控制功能、监听功能等。

(一)中心广播功能

控制中心值班人员可通过中心智能广播台对任意车站的任何区域进行单选、组选、全站或全线远程广播,也可对控制中心的办公区进行本地广播。从中心发出的广播优先于任何车站的广播。

(二)车站广播功能

控制中心无广播时,车站值班员可通过站长广播台对本站站台、站厅和办公区进行单选、组选或全站广播。

(三)站台广播功能

控制中心和车站值班员均未对站台进行广播时,站台值班员可对所在站台进行定向广播。

(四)车辆段广播功能

轨旁广播台和桌面广播台均分布在车辆段范围内,但独立于车站和中心广播,供车站值班员和线路上的维修人员进行定向广播。

(五)预存广播信息功能

根据不同的广播需求,数字语音存储器可分别录制不同时长、不同数量的预存信息,以满足现场的使用要求。

(六)网管功能

中心级设备与集中网管监控终端相连,通过网管系统可实时检测各车站设备的运行状态,故障时自动报警,便于设备维护及故障快速定位。

(七)自动音量调节功能

安装在车站站台和站厅的噪声探头,可对所在站台、站厅的噪声电平进行检测,并通过自动音量调节器控制信噪比,调整放大器增益,实现广播音量自动调节。

(八)自动音频测试功能

中央处理器具有音频控制功能,可对系统各类放大器、信号发生器的音频电平进行调节;在线音频测试时(导频音为 1 kHz,0 dB),可对预定放大器的音量失真度进行校准与调节,且不影响设备正常使用。

(九)远程控制功能

远程控制功能适用于广播系统中的任何一个站点,通过此站点可对其他站点进行远程控制,实现远控站点的所有功能。此功能与本地控制功能无法同时实现。

四、广播系统的控制

广播系统由控制中心和车站两级控制,正常情况下以车站广播为主,在事故抢险、组织指挥时,以控制中心防灾广播为主。为了满足运营防灾的需要,控制中心环控调度员拥有最高优先级。在优先级上,环控调度员高于行控调度员,行控调度员高于维修调度员,控制中心调度员高于车站值班员,站长广播高于站台广播员。在同一优先级下,预存语音信息先于人工广播。通常,预存信息防灾广播优先级最高。当多等级信息相继触发时,正在播放的广播中断,自动进入按序等待状态。

五、广播词

城市轨道交通广播子系统的广播词分为常规广播、特殊广播、紧急广播、人工广播、列车服务广播和推广广播6种。其中列车服务广播和推广信息广播能够更好地满足乘客需求，并制止乘客乘车时的不文明或危险行为。

(一)常规广播

常规广播是列车在正常运营过程中使用的广播，分为离开广播和到达广播。离开广播用语："列车前方到站是××站，下车的乘客请提前做好准备。"如果是换乘站，则为："列车前方到站××站。××站是换乘站，下车后请乘客按标志牌的提示换乘到×号线，去往沿途各站。谢谢。"

(二)特殊广播

特殊广播是列车在运营过程中出现特殊问题时进行的广播，包括运营延误、列车故障慢行、退出服务到站清客、区段运行和紧急停车等情况的广播。

运营延误的广播用语："乘客请注意，本次列车的运营将稍微延迟。敬请原谅。"或者："由于设备故障，本次列车的运营将受到延误。敬请原谅。"故障慢行用语："各位乘客，因××原因，本次列车将以慢速行驶。敬请原谅。"退出服务、到站清客的用语："各位乘客，本次列车将停止运营服务。请您携带好随身物品，在站台等候下次列车。"区段运行用语："各位乘客，本次列车的终点站是××站。给您的出行带来不便，敬请谅解。"紧急停车用语："各位乘客，列车现在紧急停车，请您握紧扶手，防止滑倒碰伤。谢谢您的配合。"

(三)紧急广播

紧急广播是列车在运营中出现紧急情况时使用的广播信息。例如，区间清客用语为："请注意！列车将无法继续运行，请乘客前行到车头方向，按照工作人员的引导去往下一站。请您注意安全，不要拥挤，避免发生损伤。"

(四)人工广播

人工广播适用于列车运营中所接到需要发布的实时信息。人工广播主要有乘客报警、列车通过、车门故障、封站等情况。如车门故障用语："乘客请注意，现在列车×号车厢的车门不能开启，下车的乘客请从其他车门下车，由此带来的不便，请您谅解。"

(五)列车服务广播

列车服务广播是列车在运行的过程中进行的广播。如："列车关门时，请不要靠近车门。"提醒站台空隙用语："请小心列车与站台之间的空隙。"

(六)推广广播

推广广播是在轨道列车运营过程中，提醒乘客注意的广播。例如："乘客您好，乘车时请将座位让给有需要的人士。谢谢配合。""各位乘客，乘车时请不要携带易燃易爆等各种危险品进站乘车。谢谢配合。"

任务六　时钟子系统认知

一、时钟子系统的构成

为保证轨道交通运营准时服务乘客、统一全线设备标准时间,时钟子系统一般采用全球卫星定位系统(Globe Position System,GPS)作为标准时间信息源。时钟子系统由 GPS 标准时钟信号接收单元、一级母钟、监控设备、二级母钟及子钟组成,如图 6-22 所示。

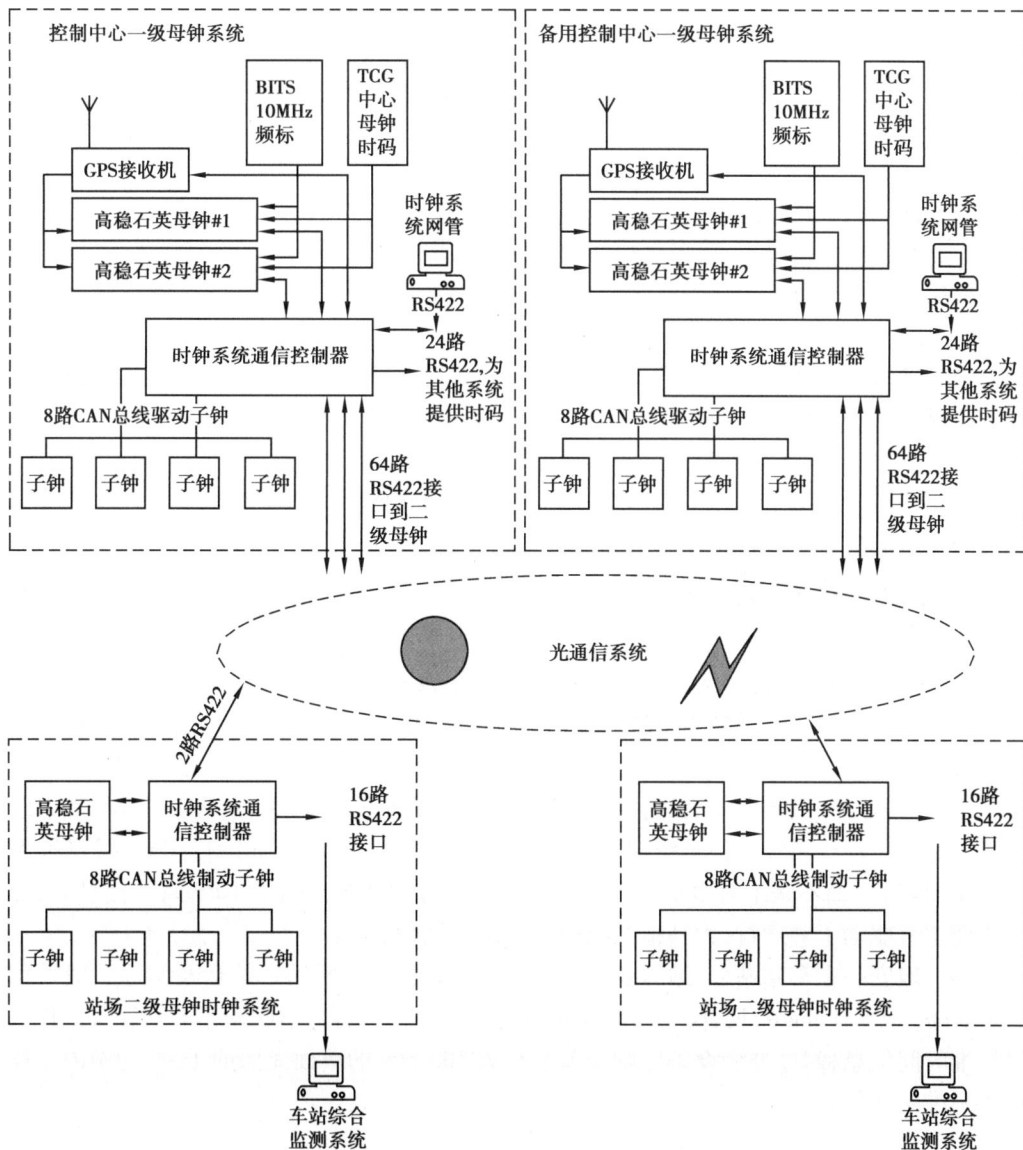

图 6-22　时钟子系统的组成

二、时钟子系统的作用

GPS 标准时钟信号接收单元(图6-23)一般设于控制中心,其作用是接收卫星时间信号,分别向一级母钟的主、备用钟提供同步时钟源。

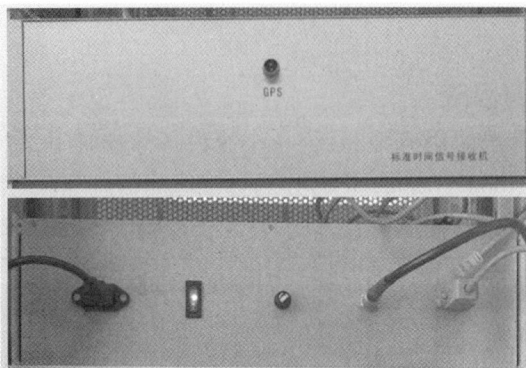

图 6-23　GPS 标准时钟信号接收单元

一级母钟一般设在控制中心,由时钟系统主机、转换单元等组成。时钟系统主机包括显示单元、主用母钟、备用母钟、输出接口等。转换单元检测主母钟的工作状态,实现母钟主、备的自动转换。监控设备也设在控制中心,与一级母钟相连,能够实时监控时钟系统主要设备的运行状态。

二级母钟系统设在各车站、车辆段(综合基地)的通信设备机房内,由时钟系统主机、转换单元等组成。它是一个独立的系统,可以接收一级母钟发来的标准时间信息和命令信息,控制子钟的运行,也可以独立于中心母钟单独运行。

子钟安装在各车站站厅、站台、车站(场)值班室、车辆段值班室、控制中心调度室等需要显示时间信息的场所。子钟有数字式和指针式两种类型。

三、时钟子系统的运行方式

一级母钟系统(图6-24)的主要功能是接收 GPS 的标准时间信息,再经机柜内各模块的一系列处理,将时间信息传送给各站的二级母钟系统及有需要的其他系统,为各系统提供一个统一的标准时间。一级母钟系统还可根据具体需求加装子钟驱动模块,用于驱动控制中心的子钟。

二级母钟系统一般包含一级母钟信号同步模块及子钟驱动模块,用于与一级母钟系统保持同步并驱动子钟。二级母钟系统应能自主产生时间信息,驱动子钟运行,与一级母钟系统的关系是"校对",而不是绝对服从。在无法接收一级母钟系统发送的 GPS 时间信息时,二级母钟仍能正常驱动子钟运行,为其他系统提供标准时间信息。

子钟一般安装在车站站台、站厅及办公区域内,如图6-25 所示。站台及站厅一般采用直径为800 mm 或600 mm 的双面显示、带背光照明的子钟,为站台、站厅候车的乘客及工作人员提供标准时间信息;站厅办公设备区则安装直径为300 mm 的单面无照明子钟,为站内工作人员提供标准时间信息。

图 6-24 一级母钟系统

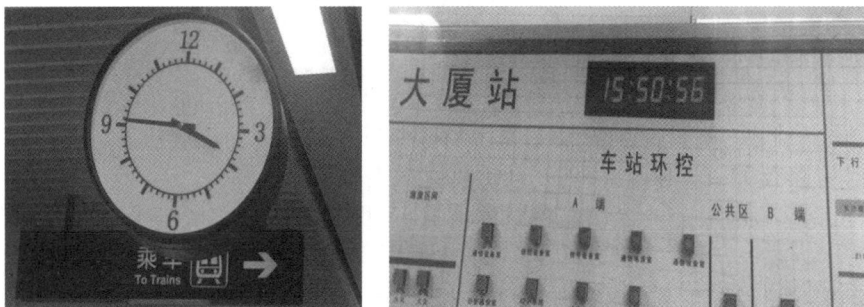

图 6-25 指针式子钟、数显式子钟

四、时钟子系统的控制模式

(一)中央控制运作模式

在系统正常工作状态下,使用中央控制运作模式。此时,一级母钟正常接收 GPS 信号,并将此信号转换为标准时间信号,传送给二级母钟及其他需要接收时间信号的系统,从而使各终端用户的时间与 GPS 时间保持同步。

当一级母钟无法正常接收 GPS 信号时,一级母钟将通过其高稳晶振的运作提供时间信号,此时各终端用户仍然接收来自一级母钟的时间信号,但这个时间信号并非来自 GPS 系统,而是由一级母钟自身产生。通常,一级母钟系统自身的晶振精度可达到 10^{-6},所提供的时间仍满足运营要求。

(二)车站降级控制运作模式

当一级母钟无法正常接收 GPS 信号,且因故障不能向二级母钟传送时间信号时,系统进入车站降级控制运作模式。此时,二级母钟依靠其自身高稳定晶振为分布于各站点的子钟提供时间信号,但无法向其他系统提供时间信号。

当二级母钟因故障无法向子钟提供时间信号时,子钟应能自行运行,继续向乘客提供时间信息显示,从而提高时钟系统的可用性。

任务七　电源及接地子系统

一、电源系统组成与原理

(一)电源系统的作用

一是隔离作用,即将电压波动、频率波动及电压噪声等因素阻挡在设备之外,防止负载对电网产生干扰,也防止电网中的干扰影响到负载;二是实现双路电源之间的不间断切换;三是实现电压变换;四是实现频率变换;五是为通信系统提供一定的后备时间。

(二)电源系统的组成

城市轨道交通通信系统采用的电源是不间断电源系统(也称 UPS 系统),是介于主电源与负载之间的连接部分,一般分为 UPS 机柜和蓄电池(图 6-26)两部分,主要由以下部件组成:

①整流器:将交流电压转换为直流电压。

②逆变器:将直流电压转换为交流电压。

③直流充电回路:提供 UPS 系统与蓄电池之间的连接。

④静态旁路开关:在负载与市电之间提供直接连接。

⑤手动旁路开关:在不中断负载供电的情况下,提供 UPS 设备手动操作功能的服务旁路装置。

⑥各种保护电路(如过流和限流、过压、空载、电池电压过低保护)及相关的指示灯和蜂鸣器。

图 6-26　蓄电池组

(三)系统工作原理

UPS 系统按其输出波形可分为方波输出和正弦波输出两大类,按其操作方式又可分为离线式 UPS 和在线式 UPS。

1. 离线式 UPS 系统

离线式 UPS 系统平时由市电直接向负载提供电源,市电故障时则瞬间切换到逆变器供电。它存在切换时间,易受电网波动影响。

2. 在线式 UPS 系统

在线式 UPS 系统(图 6-27)通常由市电经整流器—逆变器后向负载供电,市电中断时,改由蓄电池—逆变器方式向负载供电。在此期间,一旦市电恢复正常供电,UPS 又重新切换到由逆变器对负载供电,无转换时间,并具有稳压、稳频、隔离作用。

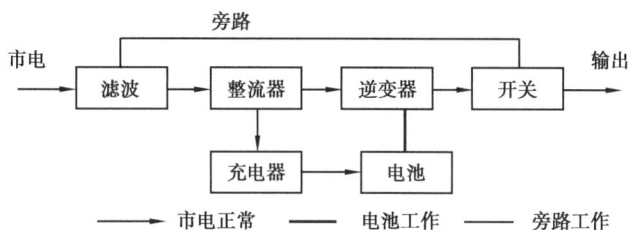

图 6-27　在线式 UPS 系统

二、电源子系统的控制方式和功能

(一)系统功能

城市轨道交通通信电源子系统由运营中心、车辆段、停车场以及全线各车站的不间断电源设备以及通信电源综合网管系统组成,其主要功能是对以下子系统进行不间断供电:传输系统、公务电话系统、调度电话系统、站内及轨旁电话系统、无线系统、闭路电视系统、有线广播系统和时钟系统。其输出具有短路保护功能,能连续供应 220 V 交流电。

市电故障时,UPS 电源系统保证连续工作,由免维护电池为负载供电。根据供电时间的不同,UPS 输出配电盘将传输系统、公务电话系统、无线通信系统、调度电话系统、站内及轨旁电话系统、时钟系统中的中心一级母钟设备作为一路供电,供电时间为 4 h;将其他需要供电 1 h 的负载作为另一路供电,配电盘上安装的计时装置将在市电故障后 1 h 中断这一路负载。

(二)系统控制方式——集中监控

UPS 电源系统能在控制中心集中监视全线各站 UPS 电源设备的交流部件(输入电源、输出电源)、整流部件、直流部件、免维护电池电压和温度。故障发生时,控制中心发出可闻可视告警信号,告警信号也能传输到值班室。UPS 电源系统的重要工作板(一旦发生故障,会引起系统停止工作)在告警显示上有专门提示,以便维护人员能迅速判定故障并进行处理。

三、电源子系统的运行与管理

通信电源系统主要为控制指挥中心、车站和车辆段通信设备提供高质量、高可靠的电源供应,保证在主电源中断或发生超限波动时,通信设备在规定时间内仍能正常工作,等待主电源恢复正常。

(一)运行管理的任务

电源系统运行管理的任务是通过对设备的操作、定期的巡视与维护,快速准确地处理系统故障,从而满足系统正常运行的需求。

(二)运行管理的内容

根据 UPS 系统运行特点,一般采用计划性维修与故障处理相结合的维护模式,以保证设备状态良好。在设备维护与故障处理过程中,要严格遵守安全生产制度和技术安全规定。

📖 拓展视野

5G 技术在城市轨道交通中的应用

新一代技术加速推动城轨交通智能化变革,城市轨道交通通信服务质量与效率是保障城轨运行可靠性和安全性的关键,随着无线通信技术的创新与应用,基于 4G 通信技术的 LTE 车地无线通信技术在城市轨道交通中率先得到广泛推广。但从 LTE 车地无线通信系统的实际运行来看,受地方频率资源限制,城市轨道交通通信网络带宽仅为 10 MHz,无法满足轨道交通通信系统承载列车运行控制、视频监控、紧急文件发布等综合通信需求,而 5G 通信具有大带宽、快速传输、低延时等优势,不仅可满足轨道交通多业务通信需求,有效处理列车运行控制系统数据、管理数据,提高城市轨道交通系统的维护效率和系统安全性,还可与大数据技术相结合,为轨道交通客流管控、联动调度等提供运营支持。

为推动中国城市轨道交通行业向更智慧、更绿色和更高质量的方向发展,南京地铁先行先试,结合 5G 技术,在宁句线率先完成 5G 公专网的商用,5G 公专网因其高带宽、低时延、广链接的特性,使中国城市轨道交通行业进入了万物互联新时代。

南京地铁宁句线依托 5G 公专网实现了多个系统的智慧应用,如车载智能运维、电扶梯、CCTV、AFC,突破了传统窄带集群通信的地域限制,极大地方便了运维人员的联动协作,提高了服务质量。在车辆基地,运营商布置了 5G 基站,可承载基地多个应用,首先承载的是列车大数据回传业务,地铁列车每天产生大量的生产状态数据,在正线全实时回传会对运营商网络产生较大压力,通过基地 5G 公专网就能实现全量数据的快速回传,并通过大数据智能对比处理,及时分析车辆运行状态,确保了上线列车的安全可靠。其次,南京地铁利用智能机器人对车底进行 AI 检测,并通过 5G 公专网实时回传数据,实现地铁智慧检修,极大地提高了工作效率。最后,通过 5G 公专网,运营维护人员在检修过程中使用无线扭力扳手等智能装备,将检修数据实时回传至后台,极大地方便了运营人员的联动协作,在形成规范化作业的同时,更便捷快速地积累数据,有效掌握设备运行趋势,并完全实现无纸化作业,使得运营维护更加便捷。南京地铁通过对 5G 技术的不断探索,将 5G 技术与城市轨道交通行业有效结合,并形成行业标准,发挥了技术引领作用,支撑中国城市轨道交通行业高质量建设,促进中国以及全球轨道交通行业和 5G 的融合创新发展。

📖 复习与思考

一、选择题

1. 以下传输介质中,抗电磁干扰性最强的是( )。

　　A. 双绞线　　　　　B. 光纤　　　　　　C. 同轴电缆　　　　　D. 微波

2. 公务电话的用户电压理论值是( )。

　　A. −220 V　　　　　B. −110 V　　　　　C. −75 V　　　　　　D. −48 V

3. 地铁无线集群通信系统均采用( )数字集群通信系统组网。

    A. TETRA   B. TETRR   C. TATRA   D. TETRQ

4. 无线集群系统隧道区域采用( )进行无线覆盖。

    A. 光纤   B. 网线   C. 馈线   D. 漏缆

5. 当车站视频存储服务器出现故障时,( )的冗余视频存储服务器将侦测到此故障并自动接管。

    A. 车站本地   B. 控制中心   C. 相邻车站   D. 调度大厅

6. 以下属于半双工通信例子的是( )。

    A. 无线广播   B. 移动电话   C. 对讲机   D. 遥控

7. 下列哪项属于车控室广播设备( )。

    A. 网络音频控制器 B. 广播控制盒   C. 噪声检测装置   D. 前置放大器

8. 光纤的主要成分是( )。

    A. 电导体   B. 介质   C. 石英   D. 塑料

9. 通信设备发生火灾事故时,应该选用( )灭火机扑灭火灾

    A. 酸碱   B. 泡沫   C. 干粉   D. 二氧化碳

10. 摄像机套筒内光纤收发器是实现( )。

    A 光信号到电信号转换   B 电信号到光信号转换

    C 模拟信号到数字信号转换   D 数字信号到模拟信号转换

二、判断题

1. 通信系统的有效性是指通信系统传输信息的"质量"问题。   ( )

2. 作业人员上杆前必须先扣好安全带,并将安全带的围绳环绕电杆扣牢才能上杆作业。

                ( )

3. 当二级母钟与一级母钟通信中断时,二级母钟以自身晶振为时间源正常工作。( )

4. 为提高工作效率,使用无线手台通信时尽量使用个呼。   ( )

5. 控制中心设备房不设置功率放大器。   ( )

6. 家庭用的闭路线是双绞电缆而不是同轴电缆。   ( )

7. 光缆中的光纤是一种介质光波导,利用一根光纤即可将光波信号由一端传输到另一端。

                ( )

8. 投影仪是计算机的基本配置。   ( )

9. 目前的市场有五类、超五类、六类这三大类网线。   ( )

10. ALUT 模拟用户电路板,可以外接数字电话机。   ( )

三、填空题

1. 当_____出现故障时,二级母钟将依据自身时钟为标准使子钟同步。

2. 调度台主要包括_____、_____、_____。

3. OTDR 全称是_____。

4. 专用闭路电视监视系统采用_____和_____方式,组成完整的两级监视网络。

5. 按输出波形不同,UPS 分为:_____、_____、_____三种。

6. 常见光纤连接器有_____四种接口。

7.直放站、基站、功分器、八木天线四项中,_____、_____属于有源设备。

8.一个完备的 UPS 系统,由_____、_____、_____、市电、_____、_____等单元共同组成。

9.高清摄像机内一般有_____、_____两根线。

10.控制中心主系统具有数字录音设备,对_____、_____、_____进行录音。

模块七　城市轨道交通机电设备认知

📖 **情境导入**

　　我们乘坐城市轨道交通时,有时能看到检修人员对自动扶梯、自动售票机、自动检票机等设备进行检修(图7-1、图7-2),他们就是城市轨道交通的机电检修人员。他们检修的机电设备不仅包括这些,还有很多我们乘客看不到的设备。

| 图7-1　检修自动扶梯 | 图7-2　检修自动售票机 |

　　城市轨道交通机电设备主要包括给排水系统、FAS消防报警系统、环控系统、低压配电与照明系统、站台安全门系统、自动售检票系统等,主要为车站提供给排水、照明、环境控制、售检票等基本功能。接下来,让我们进入城市轨道交通机电设备模块进行系统了解吧。

📖 **学习目标**

　　1.能阐述城市轨道交通给水系统组成及功能。

　　2.能概括给排水系统主要设备及优缺点。

　　3.能描述消防报警系统定义、组成、功能及主要设备。

　　4.能叙述气体灭火系统组成及分类。

　　5.能阐述环控系统的作用和组成。

　　6.能描述环控系统各组成部分的功能是如何实现的。

　　7.能描述低压配电与照明系统的作用。

8. 能区分低压配电与照明系统各设备的负荷等级。

9. 能叙述站台门系统的作用和类型。

10. 能叙述站台安全门的结构组成。

11. 能阐述自动售检票系统的作用。

12. 能正确识别自动售检票系统各设备。

13. 强化责任意识,发扬爱岗敬业、精益求精的职业精神。

📖 学时建议

10 学时

任务一　给排水系统认知

城市轨道交通车站给排水系统用于满足车站生产、生活和消防用水,确保水量、水质和水压符合要求,保证车站和车辆段排水畅通,为城市轨道交通的安全运营提供支持,同时对生活污水和生产污水进行收集和处理,使其达到排放标准。

给排水系统主要由给水系统和排水系统组成。其中,给水系统包括生活给水系统、生产给水系统和消防给水系统。排水系统包括污水系统、废水系统和雨水系统,对于不能直接排放入城市污水系统或没有城市污水系统可接入的区域,应设置污水处理装置。

然而,消防水系统与防灾报警系统和自动灭火系统密切相关,国家技术规范规定消防给水应由消防系统统一控制管理,因此,消防水系统由消防联动控制系统进行控制。

生活给水系统主要是对给水系统状态、参数进行监测与控制,确保系统运行参数满足建筑的供水要求,以及供水系统的安全。

一、车站给排水系统

(一) 车站给水系统

车站给水系统的主要功能是为车站工作人员提供符合要求的饮用水、卫生间清洁用水、保洁清洗用水、制冷系统用水,以及符合压力、流量需求的消防用水和其他生产所需用水。

车站给水系统采用城市自来水作为供水水源,分别在车站两端从城市自来水管网的干管引入两条进水管进入车站。进站前,设置水表和水表井,每条进水管水表前设置室外消火栓和水泵结合器。进入站内后,生产、生活和消防供水采用分开的直接给水方式,即由城市自来水引入水管分别连接生产、生活及消防水管。生活和生产给水在站内采用枝状或环状管网,消防给水在站内采用环状管网。

生产用水主要包括车站冲洗用水、设备用房用水、空调系统补充用水。生活用水主要指车站工作人员在卫生间、茶水间等场所的用水。消防用水主要指消防栓用水。地下车站生产、生活给水和消防给水系统图如图 7-3 所示。

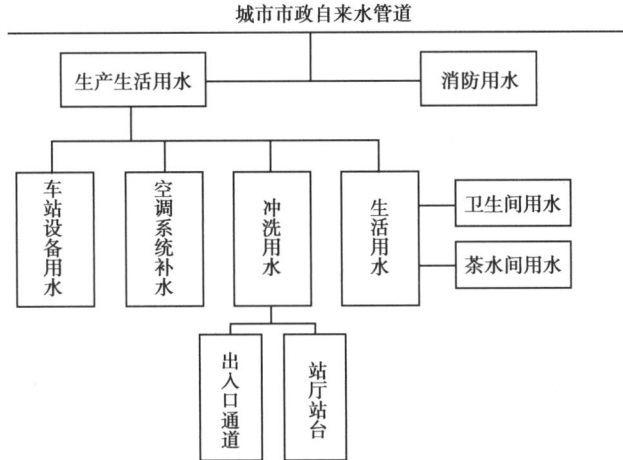

图 7-3 地下车站生产、生活给水和消防给水系统图

1. 生产、生活给水系统

车站生产、生活给水水源来自城市自来水管,与消防给水系统分开设置,单独设置水表并计量。在站厅层和站台层公共区两端适当位置分别设有 DN25 冲洗栓箱(内设 DN25 截止阀、DN25 皮带水嘴),共 4 处。地下及地面车站直接采用市政管网压力供水,高架车站可采用变频供水方式,以节约能耗。

车站生产、生活给水系统从 φ300 市政给水管网上接入一条 DN150 给水引入管,引入左端新风道,由风道内 DN150 给水管接出一根 DN80 给水管,并加装远传水表进入站内,供车站生产、生活用水。

生产、生活给水系统提供车站所需的生产和生活用水,保证城市轨道交通的正常运营。

(1)车站生产、生活给水系统的管网布置

车站生产、生活给水管网是独立的内部供水系统,从两根接自市政管网的进水管中的任意一根接出生产、生活给水管,单独设置水表后(生产、生活给水水表和消防水表设在同一个水表井内)进入车站,呈枝状布置。

一般情况下,给水管是从风井引入车站的。如果车站风道的长度较短,可以从两端各接入一根生产、生活给水管进入车站。这样,两根生产、生活给水管分别接至车站两端的用水点,而不必经过公共区,从而显著缩短站内给水管长度,既避免浪费,又减少了与站内其他管线的交叉。

(2)车站生产、生活给水系统主要供水点

生产、生活给水系统主要供车站范围内的冲洗用水、空调蒸发冷却系统补水,以及卫生间、盥洗间等生活用水。主要供水点:卫生间、开水间、环控机房、冷冻机房、冷却塔、污(废)水泵房及车站公共区两端的冲洗水栓等。

其中,车站卫生间采用非接触式和节水型卫生器具。蹲式大便器采用脚踏式冲洗阀,小便器采用感应式冲洗阀,洗脸盆采用感应水龙头。残疾人卫生间采用坐便器。

2. 消防给水系统

为满足隧道区间及车站消防的需求,设置消防给水系统。

（1）消防给水系统的组成

消防给水系统包括消火栓给水系统和自动喷水灭火系统。

①消火栓给水系统。

车站、地下区间隧道内和高架区间全封闭段设消火栓给水系统，该系统主要供给地下车站、地下区间的消火栓用水。高架及地面区间的非封闭段不设消火栓给水系统。

地下车站的消火栓给水系统由市政供水管网引入两路水源进入车站消防泵房，泵房内设有离心水泵，直接从供水管道中抽水加压。消防泵房外的消火栓管道在车站内呈环状布置，并与区间隧道内的消火栓管道相连。

②自动喷水灭火系统。

由地下车站开发修建的地下商业或地下停车库等，当面积或停车数量达到设置自动灭火系统规定时，必须增设自动喷水灭火系统。

（2）车站消防给水系统相关要求

①地下车站、地下区间隧道设置消火栓给水系统。地下车站及地下区间隧道消火栓系统一次火灾最大用水量分别为 144 m^3 和 72 m^3。消火栓栓口的静水压力不应超过 1.0 MPa，消火栓栓口处出水压力超过 0.5 MPa 时，应采用减压稳压消火栓。

②消火栓给水系根据区间消防供水分区划分，由邻近的西关十字站供水。2 根 DN150 消防引入管沿西关十字站区间经左隧道进入本站，与本站消防环状管网相连。由左端新风井引入的 DN150 的给水管，在风道内加装倒流防止器等阀件后，接至站内消防环状管网上，作为消防备用水源。

③消火栓给水系统在车站地下各层分别形成环状消防管网，并在车站两端分别用 DN150 的立管将地下各层水平环状消防管网相连，形成水平成环、竖向成环的消防环状供水管网。消防环状给水管网采用阀门分成若干独立段，当某段损坏时，停用的消火栓在一层中不应超过 5 个（双栓消火栓按照两个消火栓来计算）。

④消火栓箱的布置由计算确定，按照确保车站同一防火分区内任何部位均有两支水枪的充实水柱同时到达，每一股水柱流量不小于 5 L/s，水枪的充实水柱长度不小于 10 m。长度超过 20 m 的通道设消火栓箱。

⑤车站站厅层公共区及设备区设置单口单阀消火栓箱，消火栓间距不大于 30 m；车站站台层公共区设置双口双阀消火栓箱，间距不大于 50 m。风道内不设消火栓箱。

⑥车站消火栓与灭火器共箱设置，箱内配备水龙带和水枪、自救式消防软管卷盘、灭火器和防毒面具（自救呼吸器），设两个单口单阀消火栓箱（双栓）时，箱内可配一根 25 m 的水龙带。

⑦地下区间隧道消防用水由相邻车站供水。由车站两端分别向每条地下区间隧道引入一条 DN150 消防给水干管，车站和区间隧道的消防管网相连，使全线形成一个完整的环状消防给水管网。在车站进入区间隧道的消防管道前串联安装手动、电动蝶阀及可曲挠橡胶接头，手动、电动蝶阀应安装在站厅层端部人员容易操作的地方。

⑧地下区间隧道（单洞）按每 50 m 布置一个消火栓，距车站端头的消火栓离车站区间分界不大于 5 m，地下区间仅设消火栓栓口。在车站左端 2 号出入口附近设置 2 座 DN100 消防水泵接合器，距接合器 15～40 m，设置与消防水泵接合器供水量相当的室外消火栓，室外消火栓的位置距路边不应大于 2 m，距房屋外墙不小于 5 m。

⑨地下区间隧道消防给水管按每隔5个消火栓布置一个检修蝶阀,在系统最低点设放水阀,在系统最高处设排气阀;两条隧道内DN150消防给水管道在区间中部联络通道处连通,在连通管两侧及连通管上设置手动蝶阀,共设5个。

⑩在车站站台层两端(车站与区间交接处)各设置2套(共8套)消防器材箱,在长度大于2 km的地下区间中部联络通道内设置两套消防器材箱,每套消防器材箱内放2根25 m长水龙带,配2支水枪喷嘴为φ19多功能水枪,供区间消防时使用。

(二)车站排水系统

车站排水系统的主要功能是将车站内生活、生产所产生的污、废水,车站出入口的雨水及地下结构渗漏水及时排到站外市政污水管网或河涌(仅雨水才能排入河涌)。它主要由污水系统和废水系统组成。

1. 污水系统

污水系统主要由集水井、潜污泵、管道及附件、化粪池、压力井、排水检查井等组成。将站厅或站台按就近原则汇集的厕所、盥洗室、茶水间冲洗水等生活污水通过潜水泵提升,经过地面压力井消能后进入地面化粪池,再排入城市污水管网。车站污水排水系统流程如图7-4所示。

车站污水 → 集水井 → 压力井 → 化粪池 → 市政排水

图7-4 车站污水排水系统流程图

2. 废水系统

废水系统分为车站废水系统和区间废水系统,主要由集水井、潜污泵、管道及附件、压力井、排水检查井等组成。将车站内按就近原则汇集的生产、消防废水、结构渗漏水,通过潜水泵提升,经过地面压力井消能后排入城市污水管网。

每一个区间隧道基本上独立设置一套排水系统,其泵房设在区间隧道线路下坡道的最低处,明挖施工区段废水泵房设在隧道外侧或联络通道,盾构施工区段利用联络通道作为设置废水泵房。压力井内进、出水管道要求与污水系统相同,其排水流程如图7-5所示。

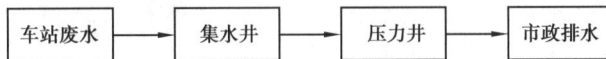

车站废水 → 集水井 → 压力井 → 市政排水

图7-5 车站废水排水系统流程图

3. 雨水系统

雨水系统包括室外排水明沟(地下雨水沟)、PVC排水管、排水检查井等。雨水未经处理,汇集后直接排入城市附近的运河。

地下车站的排水系统深埋地下,地下水位较高的地区,尤其是南方地区,车站及区间隧道通常都会出现不同程度的地下水渗漏。由于车站内空间宽敞且不影响行车,较容易处理。但富含碳酸钙的地下水渗漏进入隧道后,经轨道两侧的排水沟引入区间泵房的集水井,在排水沟及集水井沉淀下产生大量的碳酸钙沉淀物,对水泵及排水竖管造成很大影响,并导致水泵和排水竖管堵塞。

区间排水系统出现故障时,必须尽快抢修,一旦区间积水不能及时排出,集水井集满并溢出,积水将会淹没铁轨,对信号系统造成影响,进而影响列车的运营,严重时会导致列车晚点甚至临时停运。

无论是车站排水系统还是区间排水系统,一旦不能及时将积水排走,都会对乘客或工作人员的生活工作甚至列车运行造成影响。因此,在设计上为每个排水系统都设置两台或以上水泵并联运行,一备一用,在出现大量积水时可同时启动进行排水。

二、给排水系统主要设备

给排水系统主要设备包括潜污泵、变频变量恒压给水设备、全自动气压供水设备、自动清洗过滤器、去污处理设备、地埋式污水处理一体化设备、消火栓、给排水管道、消防管道、市政进水/消防电动蝶阀、冲洗栓、水龙头、阀门等。

城市轨道交通排水系统的阀门主要有闸阀、蝶阀、止回阀(单向阀)、排气阀、安全阀,以及卫生间冲洗水阀。

(一)闸阀

闸阀如图7-6所示,在介质通过阀体时流动方向不变,因此产生的流动阻力小,安装时没有方向性;开启缓慢,不会产生过大冲击,缺点是结构复杂,外形尺寸大;闭合面易磨损,维修不方便。

(二)蝶阀

城市轨道交通采用的蝶阀按驱动方式分为手动蝶阀和电动蝶阀,如图7-7和图7-8所示。蝶阀质量轻、体积小,与金属密封的闸阀和截止阀相比,采用软密封的蝶阀可实现完全密封,气密性非常好。蝶阀操作简便,在90度回转范围内即可实现启闭功能。

图7-6　闸阀

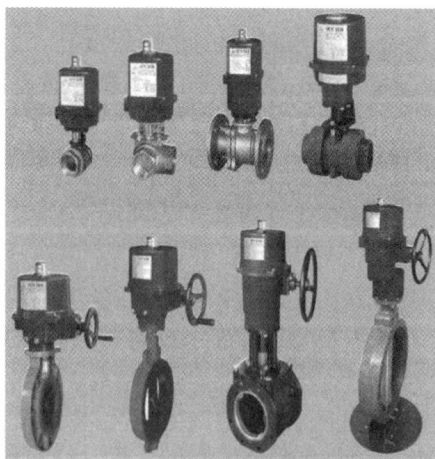

图7-7　电动蝶阀

图7-8　手动蝶阀

(三)止回阀

止回阀的动作原理是利用阀前后的压力差使阀门完成自动启闭,从而控制管道中的介质只向指定的方向流动,当介质即将倒流时,止回阀能自动关闭,从而阻止介质逆向流动,如图7-9所示。

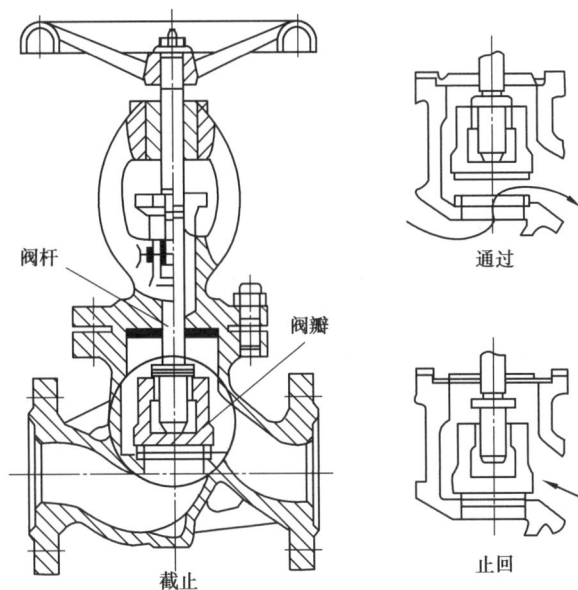

截止止回阀的结构型式

图 7-9　止回阀

任务二　FAS 消防报警系统认知

FAS 报警系统是消防报警系统的简称,又称火灾报警系统,通过各类自动探测器或手动报警器的方式,监控、探测现场的火情,并在 FAS 主机上进行报警。工作人员确认火情后,操作设备发出联动指令,将火灾造成的危害降至最低。

FAS 系统分布在站厅、站台、一般设备用房和办公用房等位置,能监视车站消防设备的运行状态,接收车站火灾探测器、手动火灾报警按钮等现场设备的报警信号,并显示报警位置。系统优先接收控制中心发出的消防救灾指令和安全疏散命令,并能在火灾发生时发出指令,使机电设备监控系统转入火灾模式,实现消防联动。同时,可通过事故广播系统和闭路电视系统组织疏散乘客,对自动气体灭火系统的保护区域进行火灾监视,达到早发现、早通报、早发送火灾联动指令的目的。

一、FAS 消防报警系统组成

(一)火灾探测器

车站区域内主要分为两种:感温探测器和感烟探测器。

1.感温探测器

火灾时物质的燃烧会产生大量的热量,使周围温度发生变化。感温探测器(图 7-10)是对警戒范围内某一点或某一线路周围温度变化时响应的火灾探测器。它是将温度的变化转换为电信号,实现报警功能。

2. 感烟探测器

感烟探测器(图7-11)主要感应燃烧或热解产生的固体或液体微粒,即烟雾粒子。它主要用于探测可见或不可见的燃烧产物以及起火速度缓慢的初期火灾,可分为离子型、光电型、激光型和红外线束型4种。

图7-10 感温探测器   图7-11 感烟探测器

(二)警铃及声光报警

当FAS产生一级报警时,警铃(图7-12)会启动并发出警报声。当产生二级报警时,FAS允许气灭系统启动后,声光报警器(图7-13)会动作,伴随报警蜂鸣声和红色灯闪烁。

图7-12 警铃   图7-13 声光报警

(三)消防电话

消防电话(图7-14、图7-15)用于紧急情况,在发现火情的最近位置与车控室值班人员取得联系。

图7-14 消防电话(1)   图7-15 消防电话(2)

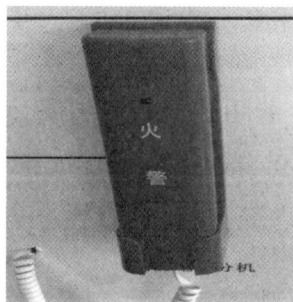

(四)IG541 气灭系统

IG541 气灭系统用于自动或手动对车站重要设备设施区域进行气体灭火保护。IG541 气灭系统如图 7-16 所示,IG541 气灭系统控制器如图 7-17 所示。

图 7-16　IG541 气灭系统　　　　图 7-17　IG541 气灭系统控制器

(五)手动报警器

当车站发生紧急情况时,可通过击碎报警器的玻璃达到报警作用,如图 7-18 所示。

图 7-18　手动报警按钮

(六)ISCS-FAS 监控子系统

车站值班人员通过 ISCS-FAS 监控子系统可以对火灾防护区域进行监控和报警确认,从而立即启动相应灭火系统和车站其他相应设备的联动,确保车站乘客和工作人员的生命安全以及设备设施的保护。

FAS 系统由控制器、检测装置和执行装置三大部分组成。一套 FAS 系统控制器包括一台集中火灾报警控制器和多台区域火灾报警控制器。检测装置包括火灾探测器、手动报警按钮(图 7-19)及报警开关信号输入装置等。执行装置包括火灾报警装置、排烟阀等。FAS 系统组成如图 7-20 所示。

FAS 系统采用集中管理和分站管理的二级管理制度,并由中央级火灾自动报警系统和车站级火灾自动报警系统构成两级控制模式,中央级和车站级之间通过通信光缆连成环形网络,实现两级系统之间的信息传递和指令传输。

图 7-19　手动报警按钮　　　　　图 7-20　FAS 系统组成

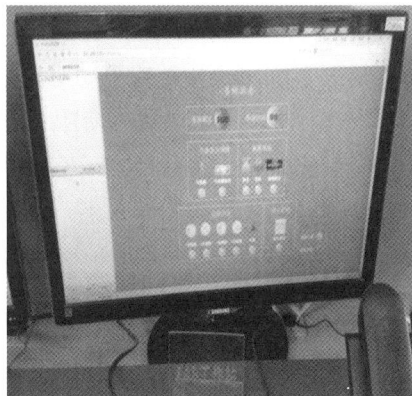

二、FAS 消防报警系统功能

FAS 系统控制功能可分为中央级、车站级和现场级 3 个功能层次。

(一)中央级功能

中央级功能主要负责城市轨道交通全线各车站、区间隧道、控制中心大楼、车辆段和主变电所等范围内火灾的监视、报警、控制及其他系统的消防联动,在火灾发生时承担全线灭火指挥任务。

(二)车站级功能

车站级功能主要负责车站范围内火灾的监视、报警、控制,以及与其他系统的消防联动。车站级火灾报警控制器随时监控并接收各探测点的报警信号,可发出声光报警信号,并能自动或手动执行对有关消防设施的联动控制。模拟图形显示终端按车站建筑平面分级、分区显示本站消防系统的详细信息,并能实时打印和输出相关数据报告。视频传输系统在车站站台、站厅等公共场所安装全方位的监视器,实时收集站内视频信息,并反映到值班室的闭路电视监控器上,由值班人员进行监控和处理。

(三)现场级功能

现场级功能主要是指火灾监控与报警设备的功能,如火灾探测器用于对站内设备用房、站厅、站台等区域进行火灾自动探测。手动报警器安装于站内旅客公共区、设备用房区域及地铁车厢内,以便现场人员及时通报火灾。感温电缆用于站台层变电所下的电缆夹层,实施火灾自动探测报警。另外,为便于紧急报警,在站内旅客公共区及设备用房区域的消火栓箱上,以及区间隧道和站内轨道外侧的消火栓箱上,配置有紧急电话插孔。

三、气体灭火系统

气体灭火系统是确认火警信息后实施气体灭火的系统。

气体灭火系统布置在重要的设备房,如高低压室、通信设备室、环控电控室、信号设备室等,根据 FAS 或机电设备控制系统的指令,自动控制相关的消防设备和固定式灭火装置进行联动灭火。

气体灭火系统主要适用于扑灭可燃气体、可燃液体、电子火灾及机房、重要文物档案库、通信广播机房、微波机房等不宜用水灭火的火灾。目前应用于城市轨道交通项目中的气体灭火系统主要有二氧化碳灭火系统、烟烙尽气体灭火系统和七氟丙烷气体灭火系统。

(一)二氧化碳灭火系统

二氧化碳灭火系统在20世纪初就得到广泛应用,它主要依靠喷放高浓度的二氧化碳至所保护的区域,使其中的氧气浓度急速下降,从而抑制燃烧。

根据存储压力不同,二氧化碳灭火系统可分为高压二氧化碳灭火系统和低压二氧化碳灭火系统。然而,二氧化碳灭火系统会造成滞留人员窒息,严重影响停留在保护区域中人员的生命安全及健康。

(二)烟烙尽气体灭火系统(IG541)

烟烙尽(Inergen)由几种特定的惰性气体经过简单的物理方式混合而成。

其中,氮气占52%,氩气占40%,二氧化碳占8%。当组成烟烙尽气体的三种气体喷放到着火区域时,在短时间内会使着火区域内的氧气浓度降低至12.5%以下。同时,使着火区域中二氧化碳浓度仅上升2%~5%,对燃烧产生抑制作用,使火焰快速熄灭。

医学实验证明,人体在12.5%的氧气浓度和2%~5%的二氧化碳浓度的环境下呼吸,所获得的氧量与在正常大气环境(21%的氧气浓度和0.03%的二氧化碳浓度)中所获得的氧量基本一致,因此烟烙尽气体不会对人体产生直接伤害。

(三)七氟丙烷气体灭火系统

七氟丙烷是一种无色、无味的气体。灭火机理为化学反应灭火,即七氟丙烷在火焰高温中分解产物能与燃烧过程中自由基发生反应使燃烧反应中断。七氟丙烷在分解过程中生成微量的氢氟酸有害气体,散发刺鼻的气味,有一定的腐蚀性。

任务三　环控系统认知

城市轨道交通环控系统是城市轨道交通系统的重要组成部分,其任务是通过调节车站和区间隧道内的环境,为乘客和工作人员提供舒适、安全的乘车环境和工作环境,并为城市轨道交通列车及各种设备提供良好的运行条件。

地下车站和区间隧道只有各车站出入口、区间隧道上部的通风竖井以及隧道洞口与室外空气直接相通,单纯依靠自然通风的方式无法满足城市轨道交通空间不同区域在不同情况下的环境要求。城市轨道交通环控系统通过合理有效地组织气流,为乘客和车站工作人员提供适宜的人工环境;如果列车在区间隧道内发生阻塞或火灾等不利情况,环控系统还可为乘客的安全疏散创造有利的条件。

一、车站通风系统

(一)环控系统的类型

城市轨道交通环控系统按形式可分为开式系统和闭式系统。按使用场所和标准不同可分为区间隧道环控系统、车站环控系统和车站设备管理用房环控系统。下面主要介绍按形式分类的环控系统。

1. 开式系统

开式系统是通过机械或"活塞效应"的方法使城市轨道交通内部与外界交换空气,利用外界新鲜空气冷却车站和隧道,置换污浊空气。这种系统多用于当地最热月的月平均温度低于25 ℃且运量较少的地铁系统,在我国比较少见。地铁车站两端设有"活塞风井",主要用于释放列车在隧道中做活塞运动时带动的风力;还有排风井和进风井,用于车站和隧道与外界的空气流通。

(1)活塞通风

由于列车在隧道中高速行驶,如同活塞作用,使列车正面的空气受压,形成正压,列车后面的空气稀薄形成负压,由此产生空气流动。利用这种原理通风,称为活塞效应通风。

(2)机械通风

当活塞通风不能满足城市轨道交通除余热和余湿的要求时,要设置机械通风系统。根据城市轨道交通系统的实际情况,可在车站与区间隧道分别设置独立的通风系统。车站一般为横向的送排风系统,区间隧道一般为纵向的送排风系统,这些系统应具备排烟功能。区间隧道较长时,宜在区间隧道中部设中间风井。对于当地气温不高,且运量不大的城市轨道交通系统,可设置车站与区间连成一体的纵向通风系统,一般在区间隧道中部设中间风井,但需通过计算确定。

2. 闭式系统

在车站的站台与行车隧道之间安装全封闭式站台安全门将其分隔开,车站安装空调系统,隧道采用通风系统(机械通风、活塞通风或两者兼用)。若通风系统无法将区间隧道的温度控制在允许值以内,应采用空调或其他有效的降温方法。

安装全封闭式站台安全门后,车站成为独立的建筑物,不受区间隧道行车时活塞风的影响。车站的空调冷负荷只需计算车站本身设备、乘客、广告、照明等发热体的散热,以及区间隧道与车站间通过全封闭式站台安全门的传热和全封闭式站台安全门开启时的对流换热。此时,全封闭式站台安全门系统的车站空调冷负荷仅为闭式系统的22% ~28%,且由于车站与行车隧道隔开,减少了运行噪声对车站的干扰,不仅使车站环境更安静、舒适,也使旅客更安全。

城市轨道交通环控系统一般采用全封闭式站台安全门系统,此系统将站台和轨行区分开,有独立的制冷、除湿区,因此具有安全、节能和美观等优点。由于此系统与外界隔离较严重,必须采用通风系统对车站空气进行更换。

车站通风系统分为车站公共区空调通风系统(兼排烟系统),简称大系统;车站设备管理用房空调通风系统(兼排烟系统),简称小系统。

(二)车站通风系统介绍

1. 车站大系统

车站大系统指车站公共区域通风空调系统设备,同时兼作车站公共区域排烟系统。车站大系统将混风室送来的风在组合式空调机组中进行降温,再通过送风管道送到车站公共区域,再将车站公共区域使用过的气体通过回风管道流回混风室或排至车站外。车站大系统结构图如图 7-21 所示。

车站大系统一般由组合式空调机组、空调新风机、回风机、消声器、电动组合阀、多叶调节阀、防/排烟防火阀、新风井、排风井、风道、混风室、静压箱和风管等部分组成。环控系统的控制对象包括组合式空调机组、空调新风机、回排风机、各类电动阀。这些设备一般有"工作"和"停止"两种状态,回排风机有时也设计为三种状态:"正转""反转""停止"。风阀一般设计为不可调节的固定开度。

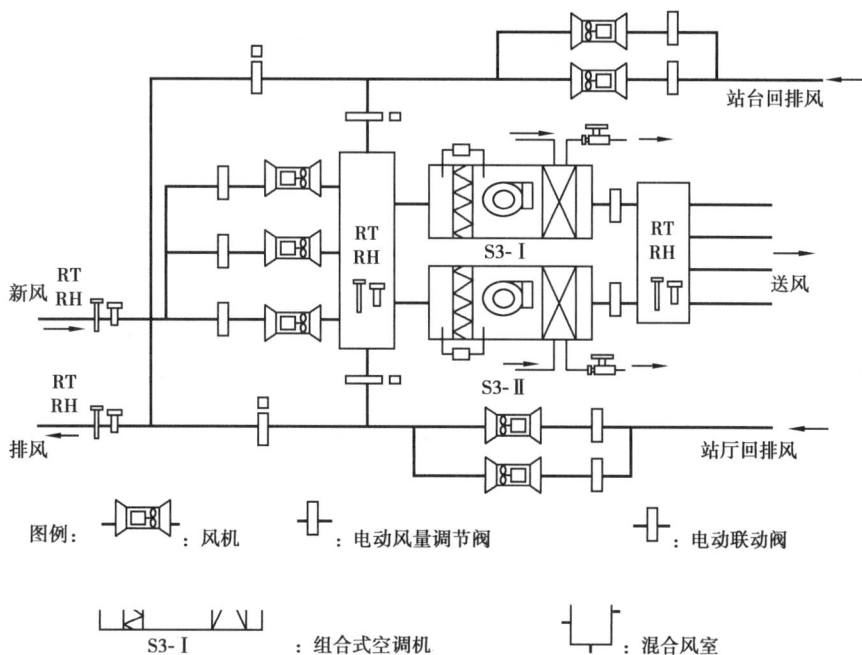

图 7-21　车站大系统结构图

大系统主要设备一般集中、对称地分布于车站站厅层的环控通风房。机房内一般分别设置一台或两台组合式空调机组,每台机组对应一台回排风机和一台排烟机,同时设置多台新风机及各种风阀。站厅的送风管、回排风管、排烟风管一般设置在站厅层的顶棚,称为"上送上回"。站台层送风管设于站台层顶棚,回排风管一般分别设置于顶棚和站台层地板下,称为"上送上下回"。车站大系统车站截面图如图 7-22 所示。

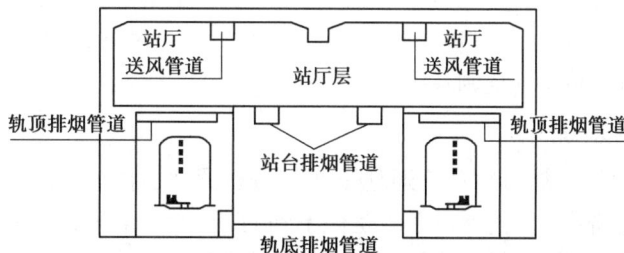

图 7-22　车站大系统车站截面图

车站大系统的设备原理根据车站的规模和结构不同,各类风机及空调机组的数量和布置位置略有不同,但原理基本相同。

2. 车站小系统

车站小系统指车站设备与管理用房的通风空调系统设备,同时兼作车站设备与管理用房区域的排烟系统。车站小系统将混风室送来的风在组合式空调机组中进行降温,再通过送风管道送到车站设备用房,再将设备用房使用过的气体通过回风管道流回混风室或排至车站外。车站小系统结构图如图 7-23 所示。

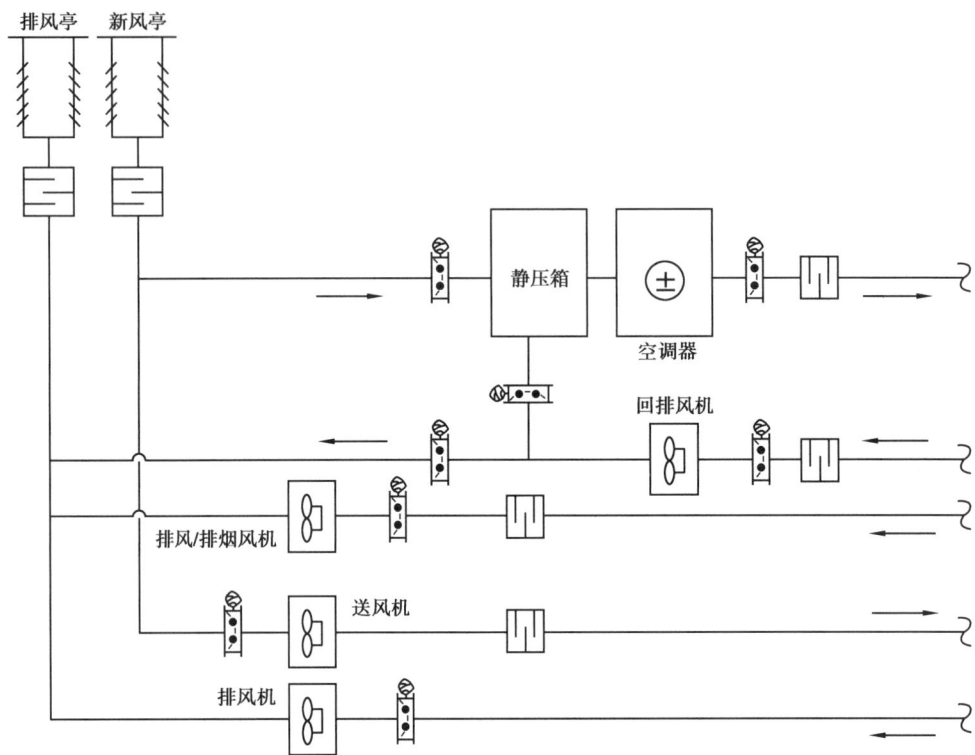

图 7-23　车站小系统结构图

车站小系统包括车站设备及管理用房的轴流风机、柜式(吊挂式)空调器及各种风阀,其作用是通过控制设备及管理用房的温度、湿度等环境条件,为工作人员提供舒适的工作环境,为各种设备提供正常的运行环境。在火灾发生时,通过机械排风方式进行排烟;在有灭火系统的房间,关闭送、排风管进行密闭灭火。

由于城市轨道交通暖通空调系统一般只在夏季进行制冷,冬季仅采用通风功能(不启动制冷或制暖供冷),对于对温度有特殊要求的设备用房,需要另外设置一套空调系统,如 VRV (Variable Refrigerant Volume)空调系统。

二、暖通空调系统

车站通风系统可以对城市轨道交通地下车站进行通风,输送新鲜空气。然而,要将地下车站的热量传输到车站外,仅凭通风系统是做不到的,还要结合车站空调水系统。

空调水系统的作用是使车站通风系统送给大系统和小系统的风在组合式空调机组中进行冷却,将热量通过水系统(冷却塔)排出车站。

空调水系统主要由组合式空调机组、风机盘管、冷水机组、水泵、冷却塔、水阀及管路设备组成。

空调水系统分为冷冻水系统和冷却水系统。

(一)空调冷冻水系统

空调冷冻水系统直接为空调大系统和小系统提供冷源,冷冻水系统的水量随负荷变化而变化。

如图7-24所示,冷冻水系统在水泵作用下,冷冻水从冷水机组流出,此时的温度约为7℃。车站内许多地方都要使用冷冻水,因此冷冻水从冷水机组流出后进入分水器,将冷冻水分成多条管道输送到各个地方的末端设备,如车站大系统的组合式空调机组(车站两端都有)、车站小系统的空调箱(车站两端都有)以及空调盘管等设备。经过这些末端设备将送风管中的空气冷却后(温度约为12℃),冷冻水进行回流,在集水器中汇合成,经过过滤后流入冷水机组。在此循环过程中,冷冻水可能会流失,因此需要设置补水装置。

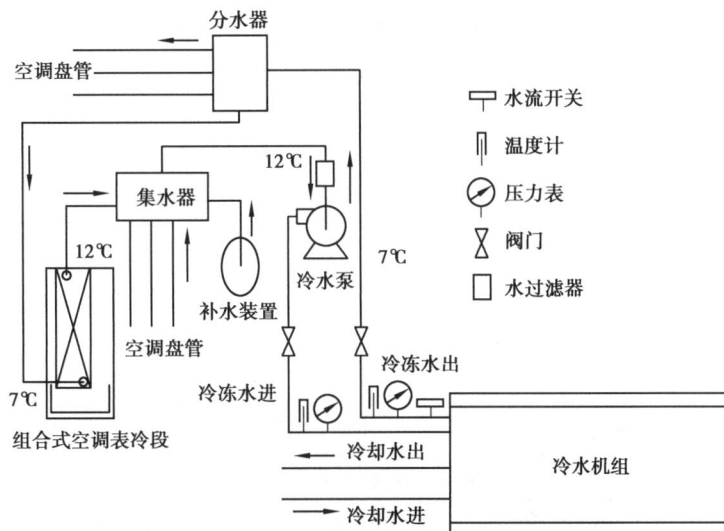

图7-24　冷冻水系统原理图

(二)空调冷却水系统

冷却水系统吸收从大小系统传来的热量,通过室外的冷却塔将车站的热量排出站外。冷冻水与冷却水系统结合完成制冷循环,实现制冷。

如图7-25所示,冷却水系统在水泵作用下,冷却水流进冷水机组,吸收从冷冻水传来的热量后再流出冷水机组,此时的温度约为37℃。冷却水再通过冷却水管流向位于车站外面的冷却塔,在冷却塔中进行风冷降温,将热量通过冷却塔传到车站外的空气中,温度降低至约32℃,再通过冷却水管流回冷水机组。冷却水在循环的过程中经过车站外的冷却塔水箱,可能携带杂质(树叶等),因此在进入冷却水泵前要先进行过滤。

冷冻水系统、冷却水系统和车站通风系统将车站的热量传递到站外,保证了车站温度的舒适性。温度较低的冷冻水是如何将热量传递给温度高的冷却水的呢? 实现这一过程的设备就是冷水机组。

冷水机组是空调水系统的关键部件,一般一个普通车站有两台或更多台冷水机组,分布在车控室一侧的环控设备房内,冷水机设备图如图7-26所示。冷水机组包括4个主要组成部分:压缩机、蒸发器、冷凝器和膨胀阀,实现机组的制冷效果。冷水机组一般分为风冷式冷水机和水冷式冷水机,国内地铁通常采用的是水冷式冷水机。

水冷式冷水机是利用壳管蒸发器使水与冷媒进行热交换,冷媒系统在吸收水中的热负荷,使水降温产生冷水后,通过压缩机的作用将热量带至壳管式冷凝器。在冷凝器中,冷媒与水进行热交换,使水吸收热量后通过水管将热量带出至外部的冷却塔散失(水冷却)。

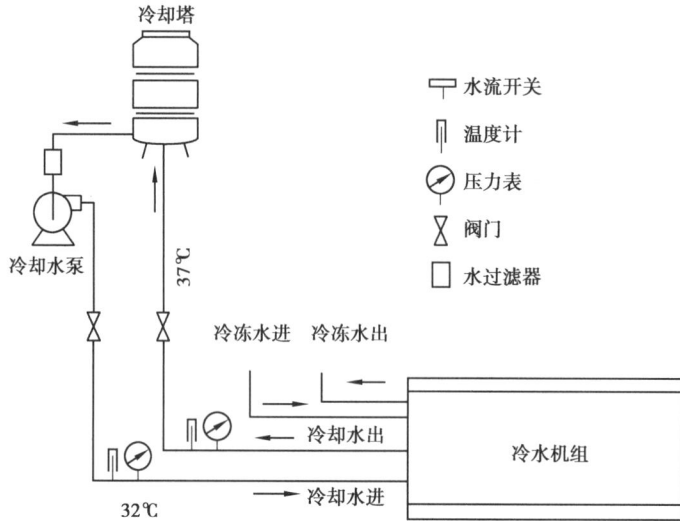

图 7-25　冷却水系统原理图

图 7-26　冷水机设备图

(三)冷水机组工作过程

第一步,冷水机组中气态的制冷剂经过压缩机加压后,进入冷凝器进行放热冷凝,将热量释放给冷却水,从而变为液态的制冷剂;第二步,液态的制冷剂经膨胀阀减压后进入蒸发器,吸收冷冻水的热量,从而变为气态的制冷剂。

如图 7-27 所示,开始时,压缩机吸入蒸发制冷后的低温低压制冷剂气体,然后将其压缩成高温高压气体送至冷凝器。高压高温气体经冷凝器冷却后,冷凝为高温高压液体。当高温高压液体流入热力膨胀阀时,经节流变为低温低压液体,流入壳管式蒸发器,吸收蒸发器内冷冻水的热量,使水温度下降。蒸发后的制冷剂再次被吸入压缩机,开始下一个制冷循环。

三、隧道通风系统

隧道通风系统分为区间隧道机械通风系统(兼排烟)和车站隧道排风系统两部分。

区间隧道活塞风与机械通风系统(TVF 系统),简称区间隧道通风系统(兼排烟、阻塞工况通风、早晚换气、排除空气异味、改善空气质量)。区间隧道通风系统由隧道风机、射流风机、消声器、风阀、喷嘴、活塞风道、风亭等组成。列车正常运行时,利用列车产生的活塞风与室外空气进行置换,排除区间隧道内的余热、余湿;列车阻塞(无法进站时)或火灾运行(区间隧道内发生火灾,疏散乘客)时,通过机械通风形成气流以及排烟。

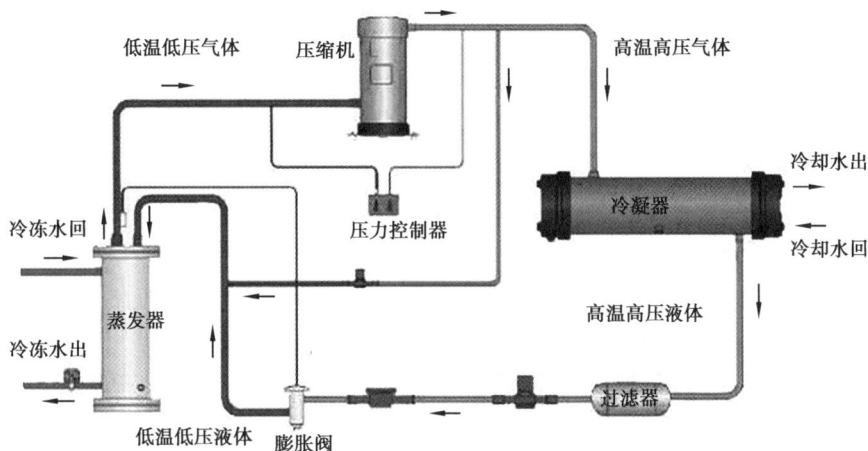

图 7-27　冷水机组系统图

区间隧道活塞风道的设计根据地区不同可能有所不同。一般来说,国内有两种方式,一种是双活塞风道,此方式在车站两端的上下行隧道分别设置了活塞风道(图 7-28);另一种是单活塞风道,此方式在双活塞风道基础上,每端取消列车进站端活塞风道,保留出站端活塞风道(图 7-29)。

区间隧道机械通风系统主要是通过隧道风机(TVF)实现的,和活塞风采用相同的通风亭(或风井)。如果是单活塞风道,那么车站一侧的机械通风道独立使用。

隧道风机(TVF)为双向可逆转大型轴流风机,一般设于车站两端的隧道通风机房内,用于区间隧道通风系统。当气流方向从风机叶片到电机,从车站向外排风时,称为正转;反之则为反转。

如图 7-30 所示,区间两端分别有上行和下行的活塞风道,且与机械通风道共用相同的风亭,需要启动机械通风系统时,先打开对应的风阀,再启动 TVF 风机。

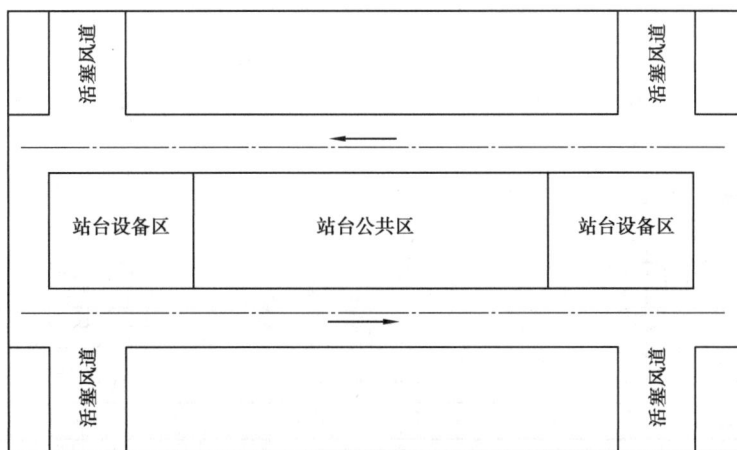

图 7-28　双活塞风道平面结构图

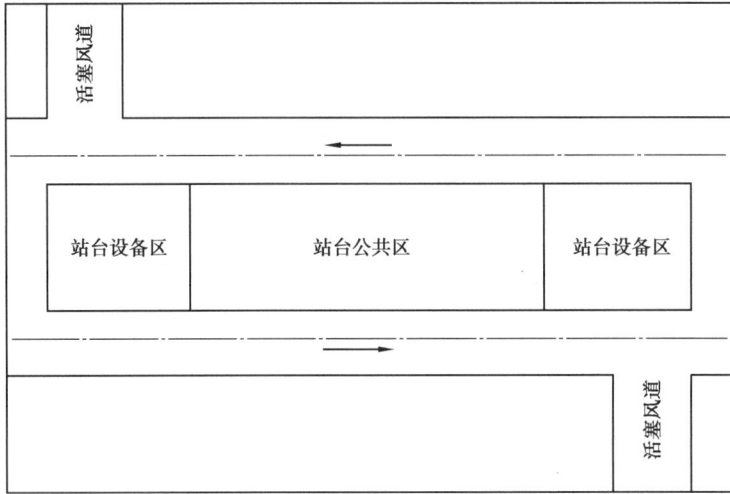

图 7-29   单活塞风道平面结构示意图

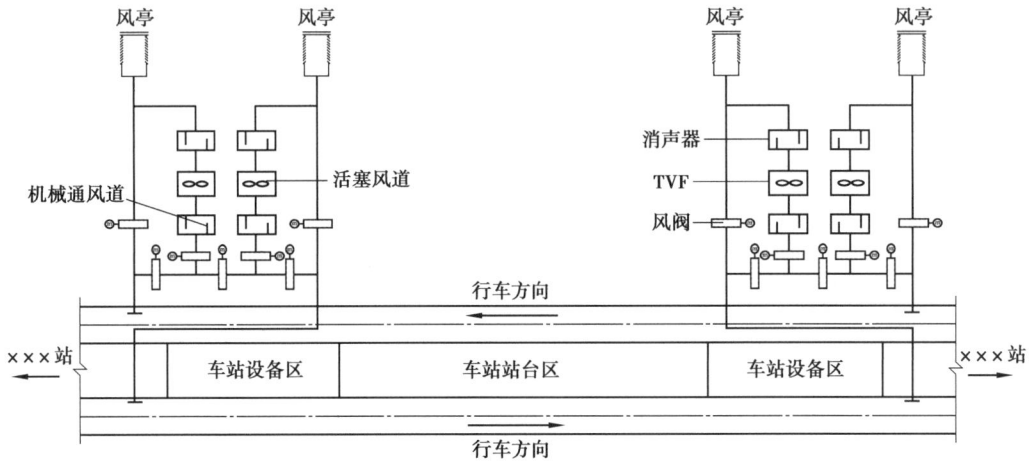

图 7-30   双活塞风道配置示意图

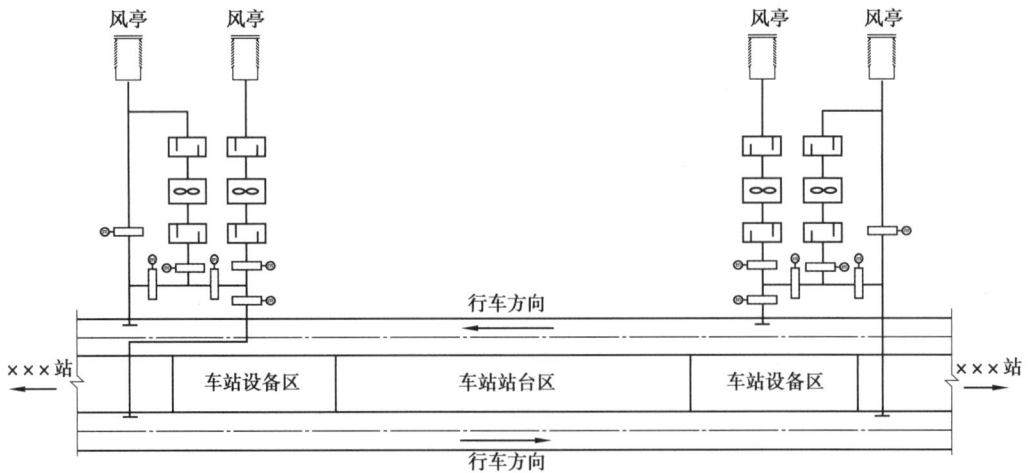

图 7-31   单活塞风道配置示意图

如图 7-31 所示,单活塞风道设计下,区间的两端没有列车进站的活塞风道,但有列车进站的机械通风道。因此,列车进站位置的区间隧道通风系统的机械通风道是单独的,列车出站位置的区间隧道通风系统和活塞风道共用相同的风亭。

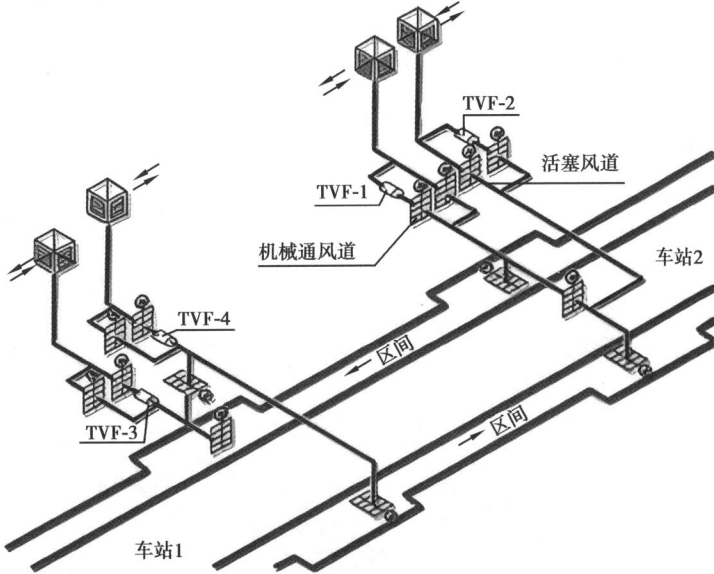

图 7-32　区间隧道通风系统结构模型图

如图 7-32 所示为区间隧道通风系统的结构(图中未画出消声器),这是一个双活塞风道的结构,区间两端列车上下行都有活塞风道,同时也有机械通风道。从图中可以看出,机械通风道和活塞风道本质的区别在于是否引入 TVF 风机。

车站隧道排风系统指车站范围内,全封闭式站台安全门外站台下排热系统和车行道顶部排热系统,简称 UPE/OTE 系统。列车正常运行时,利用机械排风与室外空气进行置换,排除车站隧道内的余热、余湿;列车阻塞(无法出站时)、火灾时(火灾列车停靠在车站、车站内站台火灾),通过车站通风系统和车站隧道机械排风形成气流并进行排烟。

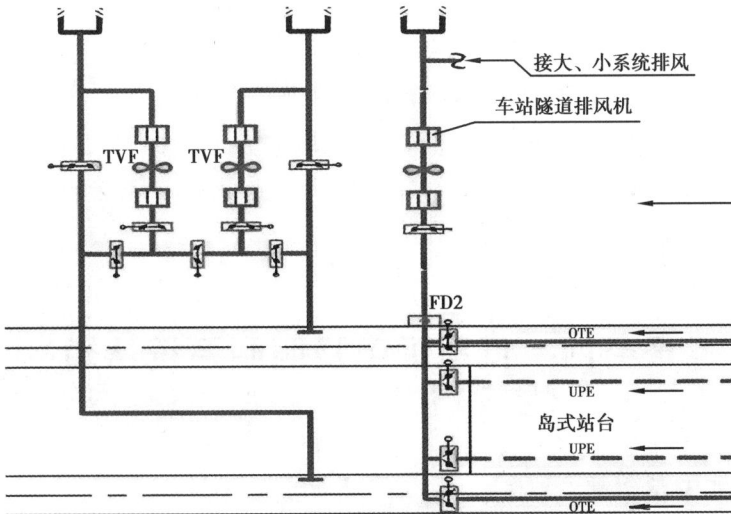

图 7-33　车站隧道通风系统结构模型图

如图 7-33 所示,左边部分是区间隧道通风系统,是双活塞风结构;右边部分是车站隧道排风系统,与车站大系统、小系统的排风道相连通,共用排风亭。车站隧道排风系统和区间隧道机械通风系统类似,由车站隧道排风机、消声器、风阀、排风道、风亭等组成,对车站隧道进行机械排风、排烟。

车站隧道排风系统和区间隧道机械通风系统有一个本质的区别:车站隧道排风系统只有"启动"和"停止"两种工作状态,启动时进行排风;区间隧道机械通风系统有"正转""反转""停止"三种工作状态。

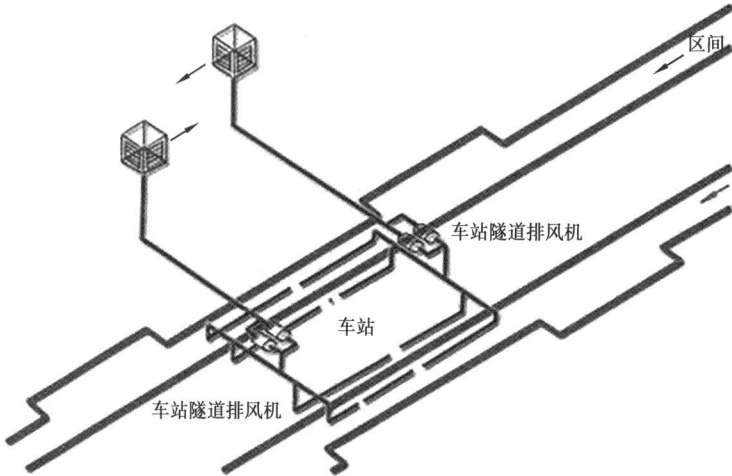

图 7-34　车站隧道排风系统结构模型图

如图 7-34 所示为车站隧道排风系统的主要结构,该系统风机在车站两端对称布置,正常工作时,风机同时运行。

图 7-35　车站隧道排风系统横截面示意图

以上是车站通风系统、暖通空调系统和隧道通风系统的总体概述,这几大系统的协同工作,使城市轨道交通能为乘客和工作人员提供舒适的环境,因此环控系统是城市轨道交通的重要系统之一。

任务四　低压配电及照明系统认知

一、低压配电系统

低压配电系统是电力系统中的一个组成部分,通常用于将电能从变压器输送到各个用电设备,以满足不同的用电需求,其电压一般在 250 V 以下。低压配电系统主要由环控电控柜、应急照明电源装置、照明配电箱、动力配电箱、车站导向系统、区间维修电源箱、区间照明、防淹门、卷帘门以及照明设备等组成,其功能是为上述低压用电设备供电并进行控制。低压配电与照明系统采用三相五线制配电方式,并采用 TN-S 型接地保护系统,电压等级分为两级,交流 380/220 V 用于配电和照明,交、直流 24 V 用于安全低压照明。

(一)低压配电系统的组成

低压配电系统是指在电能分配至终端用户前,采用低电压的电力配电系统,其主要包括以下组成部分。

1. 低压主配电柜

低压主配电柜(图 7-36)主要用于对电源进行分配,为配电箱和用电设备供电。

图 7-36　低压主配电柜

2. 配电箱

配电箱(图 7-37)的主要作用是将电源电路的电能分配到不同的用电设备上。根据不同的使用需求,配电箱可分为普通配电箱和多功能配电箱。

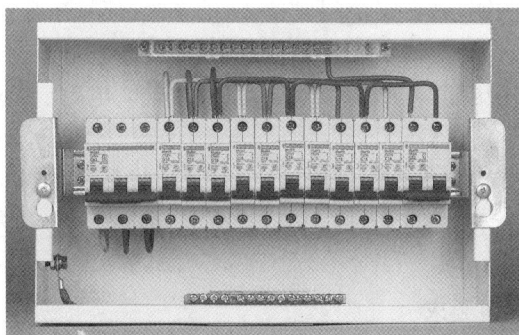

图 7-37　配电箱

3. 漏电保护器

漏电保护器主要用于保障用户的安全,是检测电源输出是否存在漏电等安全问题而设置的保护装置。

4. 终端用电设备

低压配电系统的终端是各种用电设备,例如自动售票机、自动检票机、闸机、电梯、自动扶梯、照明设备等。

以上是低压配电系统的主要组成部分。在实际应用过程中,还需根据具体的场所和需求,配置相应的元器件和设备,如电源线、电缆等。

（二）低压配电系统的特点

低压配电系统主要包括输电线路、低压开关柜、保护设备等,其主要特点如下:

1. 安全可靠

低压配电系统的电压较低,通常采用安全可靠的绝缘材料和安全措施。同时,低压配电系统还采用多种保护措施,如过载保护、短路保护等,确保整个系统的安全可靠性。

2. 灵活性高

在低压配电系统中,各个用电设备可以独立控制,具有很高的灵活性,在不同的电力需求下可以进行调整和切换,满足不同用电场合的需要。

3. 易于维护

低压配电系统的结构相对简单,因此易于维护。通常使用的设备和组件可以单独更换、保养和维护。

4. 经济性高

低压配电系统的成本相对较低,因此广泛应用于建筑物和工业企业等场所,有助于降低能源和电力成本。

总之,低压配电系统是电力系统中非常重要的一部分。其结构简单、灵活性高,并且具有安全可靠、经济性高等特点,已广泛应用于各个领域,成为现代社会必不可少的基本设施之一。

（三）负荷等级

低压配电与照明系统的用电负荷按其不同的用途和重要性分为一级、二级、三级负荷。

一级负荷:火灾自动报警系统(FAS)设备、消防水系统设备、消防用风机、防火卷帘门、消防疏散用自动扶梯、应急照明、站台安全门设备、通信系统、信号系统、综合监控系统(ISCS)设备、门禁系统(ACS)设备、自动售票系统(AFC)设备、环境与设备监控系统(BAS)设备。

二级负荷:设备管理用房照明、不用于疏散的自动扶梯、电梯、普通风机、重要设备机房的空调、检修电源等。

三级负荷:公共区及非重要设备管理用房空调系统(包括冷水机组、冷冻水泵、冷却水泵、冷却塔、风机等)、广告设备、电热设备、清扫电源及其他不属于一、二级负荷的用电设备,停电后不影响轨道交通正常运行。

（四）不同级别负荷供电要求

一级负荷,如一级火灾自动报警系统设备、变电所操作电源、民用通信、公安通信、站台安全门、火灾自动报警系统、消防水系统设备、消防用风机及相关阀门、用于疏散的自动扶梯等,由两路来自不同变电所的低压负荷母线电源供电,一用一备在末端配电箱处自动切换。

综合监控系统(ISCS)设备、门禁系统(ACS)设备、自动售检票系统(AFC)设备、环境与设备监控系统(BAS)设备由 UPS 电源系统提供交流 220/380 V 电源。

　　应急照明是一级负荷中特别重要的负荷,其备用照明采用双电源加 EPS 的配电方式。疏散照明和疏散指示由"消防应急照明和疏散指示系统"的集中电源配电。公共区照明由变电所两段低压母线分别供电,各带约一半的照明负荷,设置双切电源切换箱。二级负荷由变电所低压负荷母线提供一路电源供电,当变电所只有一路电源时,由低压负荷母线分段开关切换保证供电。三级负荷仅由变电所的低压负荷母排提供一路电源供电,当供电系统一路电源失电时,自动或手动切除该负荷。

　　以上配电论述,如图 7-38 所示。

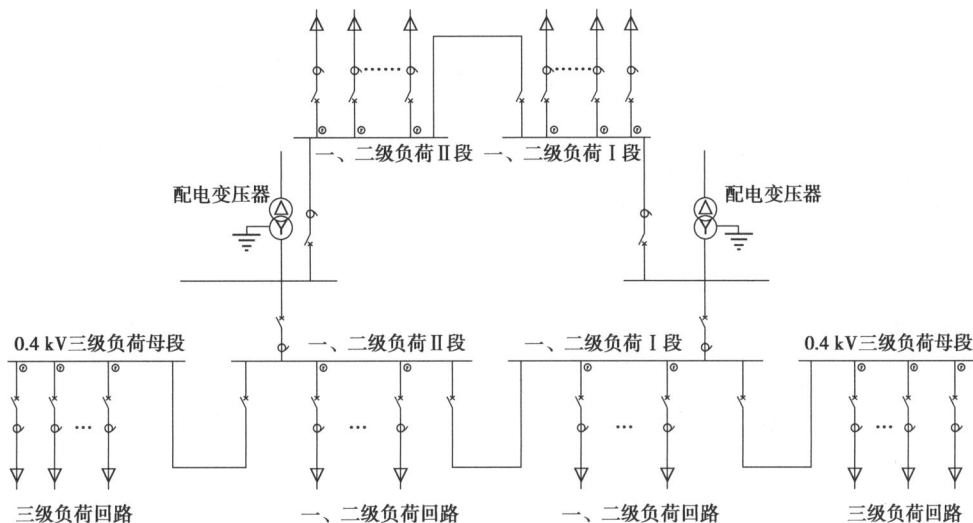

图 7-38　轨道交通配电系统图

　　在轨道交通配电系统中,我们把负荷分为了三级。其中,一、二级负荷为一个母线段,从一、二级负荷母线段引出一个回路到三级负荷母线段,并经过一个开关,该开关在消防紧急情况下能切断所有三级负荷。在一、二级负荷母线段上,每个变压器负责一个母线段,以实现在一、二级负荷终端(双电源切换箱)的双回路供电(消防规范要求)。

　　在一、二级负荷中,末端负荷分配需要实现双电源的自动切换,以提高用电的可靠性。其双电源切换工作过程为:当一路电源掉电时,控制装置会自动切换到另一路电源,再进行负荷分配。

　　双电源自动切换箱(图 7-39)工作过程:当正常供电回路断电后,切换箱会自动切换到备用回路上,一旦恢复正常供电后,切换箱又自动切换回正常供电回路。

　　对于三级负荷分配,是从一、二级负荷母线段上引出一路到三级负荷母线段上,再进行负荷分配。在消防紧急情况下,能切断所有三级负荷。三级负荷为一般性负荷,配电箱(图 7-40)的空气开关根据用电回路的负荷大小而设置。配电箱中不仅有空气开关,还有 N 线接线母排和 PE 接线母排。

二、城市轨道交通照明系统

　　车站地面层、站厅层、附属楼各设置一个照明配电室,以车站中心线为界,车站工作照明、应急照明、广告照明、疏散指示照明、导向照明等分别由本侧照明配电室、应急照明电源室供电。

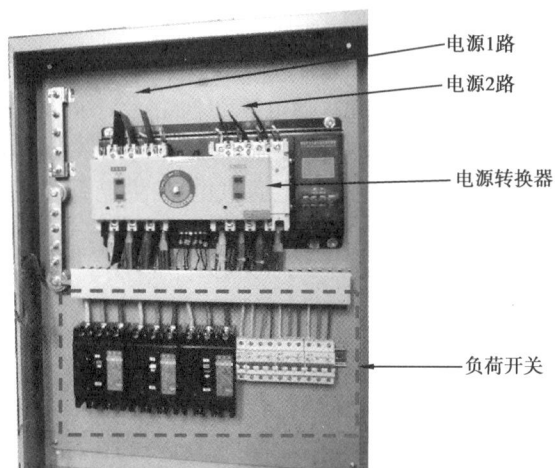

图 7-39　双电源自动切换箱 　　　　　　图 7-40　配电箱

标注文字：电源1路、电源2路、电源转换器、负荷开关

（一）城市轨道交通照明系统的功能

城市轨道交通照明系统的主要功能是满足站内环境的舒适性，保障特殊和危险时刻的安全和疏散要求，城市轨道交通照明系统还应体现文化内涵。

（二）城市轨道交通照明系统的设计原则与要求

1. 城市轨道交通照明系统的设计原则

①避免使出入城市轨道交通的人员感受过大的亮度差异。

②保障停留在城市轨道交通内人员的安全和舒适。

③光源的光色和灯具的安装位置不能与信号图像相混淆。

2. 城市轨道交通照明系统设计要求

在城市轨道交通系统中，灯具主要采用的是日光灯具，其形式包括光带（图 7-41）、格栅灯（图 7-42）、灯箱（图 7-43）。其光源尽量采用冷光源，个别地方可以采用白炽光源。随着科技进步，由于 LED 光源（图 7-44）具有寿命长、节能的优点，越来越多的企业采用 LED 光源。在照明方式上，根据视觉工作程度、照度、显色性、配光及布置方式等因素进行选择；在照明光源选择上，根据发光机理等因素进行选择。

图 7-41　光带 　　　　　　　　　　　　图 7-42　格栅灯

图 7-43　灯箱

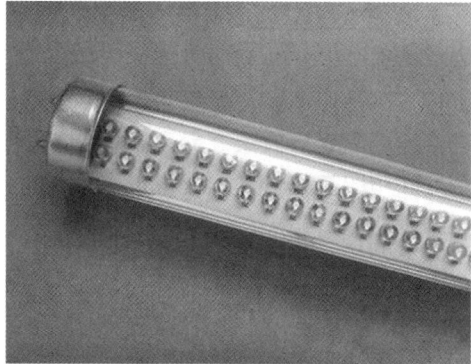

图 7-44　LED 光源

3. 照度标准

城市轨道交通车站照明系统的照度情况见表 7-1。

表 7-1　照度情况表

位置	照度/lx	度量位置
车站控制室	300 ~ 500	工作面
出入口（有篷）	300	地面
站长室	300	桌面
客务中心	300	桌面
公安值班室	300	桌面
装置及设备室	300	桌面
会议室	300	桌面
站台值勤室	300	桌面
自动扶梯两端	250	地面
楼梯间	200	地面
站台边缘	200	地面
站厅一般范围	180	地面
票闸范围	180	地面
售票机范围	180	地面
通道	180	地面
自动扶梯（不含广告）	150	地面
站台一般范围	150	地面
AFC 票务室	150	地面
装置及设备房	150	地面

4. 光源选择

城市轨道交通车站照明系统的光源选择通常有如下要求：

①地下车站照明以荧光灯为主。

②事故照明采用白炽灯。

③区间照明、站台下照明、折返线检查坑内的照明、车辆段检查坑内的照明采用白炽灯。

5. 灯具布置

为保证乘客安全，满足城市轨道交通车站照明要求，对灯具的布置通常有如下要求：

①应保证灯具照度充足且均匀。

②灯具需便于维修且安全。

③灯泡安装容量小。

④灯具布置应尽量整齐美观。

⑤车站所使用的灯具应与建筑空间相协调。

⑥光线射向适当，无眩光、无阴影。

（三）城市轨道交通照明系统分类

由于低压配电与照明系统的用电负荷分为一级、二级、三级负荷，在照明系统中，根据照明设备的重要性，一级负荷的设备主要包括事故照明、应急照明、节电照明、疏散诱导指示照明；二级负荷主要是一般照明和标志性照明；三级负荷主要是广告照明等不重要的设备照明。

任务五　站台安全门系统认知

一、站台安全门系统概述

城市轨道交通站台安全门系统（图 7-45）是安装在站台靠轨道侧边沿，将站台区域与轨道区域相互隔离开来的设备。设置站台安全门系统的主要目的是防止人员跌落轨道引发意外事故，降低车站空调通风系统的能耗，同时减少列车运行噪声和活塞风对车站的影响，为乘客提供一个安全、舒适的候车环境，提升地铁的服务水平。

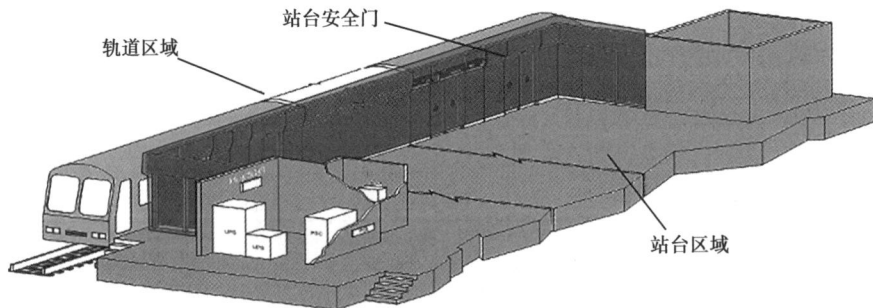

图 7-45　站台安全门系统

（一）站台安全门系统的类型

1. 全封闭式站台安全门

全封闭式站台安全门（图 7-46）是一道自上而下的钢化玻璃隔离墙和活动门，沿着车站站台边缘和两端头设置，将站台候车区与列车进站停靠区完全隔离。这种站台安全门系统的主要功能是增加安全性、节约能耗以及降低噪声等。

图 7-46 全封闭式站台安全门

2. 半封闭式站台安全门

半封闭式站台安全门是一道上不封顶的不锈钢玻璃门。与全封闭式相比，它的结构简单、高度低，空气可以通过站台安全门上部流通，造价也低，主要起隔离作用，提高站台候车乘客的安全性，同时它也能起到一定的降噪作用。

半封闭式站台安全门又分为全高安全门（图 7-47）和半高安全门（图 7-48）。

全高安全门一般用于地下站台，除保证乘客安全外，还具有隔断区间隧道内气流与车站内空调环境之间的冷热气流交换的功能。因此，要求站台安全门具有良好的气密性，以最大限度地减少车站与区间的热交换，达到节能的目的。门体高度一般为 2800～3200 mm，这种结构多用于设有空调系统的站台。

图 7-47 全高安全门

半高安全门主要安装在城市轨道交通的地面或高架车站,门体结构不超过人体高度,它是一种不具有密封性能的城市轨道交通站台安全门,其总体高度为 1.2 ~ 1.7 m。

图 7-48　半高安全门

(二)站台安全门结构

站台安全门一般由固定门、滑动门、应急门及端门等组成,如图 7-49 所示。滑动门在数量和位置上应与车辆门一一对应。两对滑动门之间是固定门,固定门不能打开。应急门是当列车进站的停车误差超过了设计范围而列车又无法调整位置时的疏散通道,也适用于列车未完全进出站时发生意外的情况。端门设置在站台两端,与站台安全门垂直连接,并与设备房外墙构成一个安全的屏蔽系统。

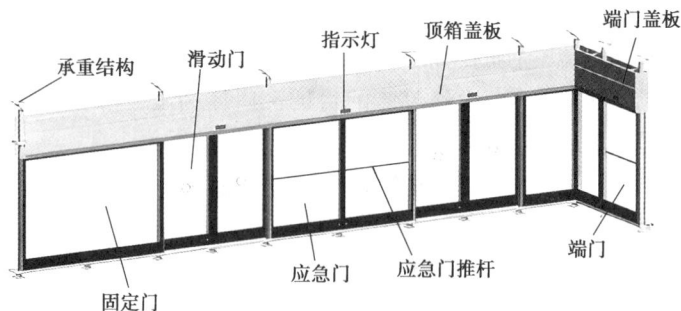

图 7-49　站台安全门结构

1. 固定门

固定门由门玻璃和铝制门框等组成,固定门是将车站与列车隧道隔离的屏障之一,所有固定门处于同一水平面内,从站台看不到支撑固定门的铝制门框,固定门框插入立柱上方的方形孔,门框与支撑柱之间有橡胶垫,可有效降低振动。

2. 滑动门

滑动门由门玻璃、门框、门吊挂连接板、手动解锁装置等组成。正常运行时,滑动门是乘客上下车的通道,也是车站隧道内发生火灾或故障时,列车到站后乘客的疏散通道。滑动门关闭时,锁紧装置可以防止门因外力作用被打开,采用开门把手或钥匙手动释放解锁装置可将门打开。滑动门能满足系统级控制、站台级控制和手动操作要求。手动操作要求作为优先级,当系统、站台级控制失败时,乘客可从导轨侧使用门把手将门打开,站台工作人员也可以用钥匙进行手动操作。

3. 应急门

应急门用于列车进站停车后,列车门无法对准滑动门时,至少有一道应急门对准列车门作为乘客疏散通道。应急门中部装有手动推杆解锁装置,应急门不会因列车活塞风压、隧道通风系统风压影响而自动开启。在导轨侧,乘客只能推压推杆,推杆带动门框内的解锁机构从而将门打开。在站台侧,工作人员也可以用钥匙打开应急门。

4. 端门

端门是区间隧道发生火灾或故障时,列车停在隧道内,乘客从列车下到隧道后疏散到站台的通道,也是车站工作人员进出隧道进行维修的通道。

(三)站台安全门的安全设计

1. 安全回路

为了保证站台安全门关闭和锁定状态的安全检测,采用一个串联式连线回路,沿车站站台穿过所有的滑动门与应急门,当回路闭合时,向信号系统发出"所有滑动门、应急门关闭和锁定"的信号。当回路闭合时,才能授权列车离开车站;当回路断开时,禁止列车离开或进入车站。

2. 防夹设计

由于列车车门与滑动门之间有一定的空间,乘客可能因某种原因被夹于列车门与滑动门之间,从而造成危险。为了减少这种危险,目前采用红外线检测装置,门自带偏转装置,可以鉴别是否有人或物被夹在其中。

3. 门材质选择

站台安全门直接面对乘客,是地铁车站中面积最大且最醒目的设备之一。因此,对站台安全门外观装饰及制造工艺应有严格的要求。站台安全门通常采用铝合金挤压型材,外加表面处理或直接使用不锈钢板等金属件。对于铝合金型材,一般采用可热处理的强化型变形铝合金,具有密度小、强度高、导电性能良好等特点。

(四)站台安全门的优缺点

1. 站台安全门的优点

(1)安全性

城市轨道交通逐渐成为广大市民出行的主要方式,越来越多的人涌向城市轨道交通车站。站台安全门将轨道线路、站台和乘客完全分隔开,只有当列车停靠站台,并且车门与站台安全门完全对正时,站台安全门才会打开供乘客上下车,避免了乘客探头张望列车到来和随车奔跑的现象,也避免了候车人员及物品掉落站台轨道的危险,同时防止意外伤亡和自杀事件。此外,站台安全门上还安装了探测障碍物的传感器,一旦有障碍物存在,传感器会发出信号,使站台安全门的开、闭机构动作,从而有效减少车门夹人、夹物的情况。由于城市轨道交通列车在隧道内运行时产生强烈的活塞效应,站台安全门系统可以有效防止列车进入站台时因活塞风给乘客造成的吹吸危险。

(2)节能

城市轨道交通中地下车站和区间隧道是长条形的地下建筑,除车站的出入口、通风口和隧道洞口与室外连通外,其他部分均与大气隔离,因此需要空气和温度调节来确保乘客安全、舒适,以及延长设备使用寿命。设置全封闭式站台安全门后,车站空间与列车运行空间完全隔开,避免了大量空调冷气进入隧道,减少了列车刹车时所散发的热量进入候车区,并减少站台出入口由于列车活塞作用吸入大量自然风形成的冷负荷,大大减少了冷量消耗,站台安全门减少车站冷气通过隧道流失,节约了20%空调通风的电能。

(3)降低人工成本

城市轨道交通通常在接发车站设置站台接发车值班人员,安装站台安全门后,可以减少甚至取消站台接发车人员,从而显著降低地铁日常运营管理费用。

(4)环保

列车运行时会产生噪声,安装站台安全门,尤其是安装全封闭式站台安全门后,站台安全门在站台和轨道之间形成一个物理屏障,可以大大降低站台中的噪声,为乘客提供良好、舒适、安静的乘车环境。列车产生的活塞风经常把轨道上的垃圾和灰尘带至站台,设置站台安全门后可将垃圾和灰尘拒之于站台安全门外,保持站台的舒适度和清洁度。

2. 站台安全门的缺点

全封闭式站台安全门系统的缺点首先是投资成本高,一个城市轨道交通车站的站台安全门系统的成本约为800万元,一条线路一般超过1亿元,设备投资较大。其次,全封闭式站台安全门系统维护成本高,一般每个站台安全门年维护费用为造价的10%左右,约80万元。安装站台安全门系统后,为了保持站台的通透性、舒适性,不允许在站台安全门上张贴广告,因此无法通过广告回收设备成本。安装全封闭式站台安全门扩大了列车在隧道内行驶的活塞效应,导致机车功率消耗增大。再次是缺少人性化设计,在侧式站台安装站台安全门系统会使站台变得狭小,乘客候车时感觉压抑,站厅舒适度下降。

半封闭式站台安全门与全封闭式相比,最大的优点是造价低,可根据不同情境安装站台安全门系统。半封闭式站台安全门的单个站台造价为600多万元,高架站台造价为400多万元,仅只有同类产品造价的1/3,单个站台节省200多万元的人民币。其次维护成本明显低于全封闭式站台安全门,同时也不影响广告等设备投入。

二、站台安全门系统的控制模式

站台安全门控制系统是安全门的中枢神经,滑动门开/关动作的准确性与及时性都必须由安全门控制系统来保证。控制系统要将ATC发来的指令准确无误地发送到各个门控单元上,并能采取有效措施保证在各种紧急情况下乘客的安全。安全门系统的控制模式一般设置有系统级、站台级、人工操作(或称手动操作)三种正常控制模式,还有发生火灾等紧急情况下的紧急控制模式。其控制优先级从高到低依次是人工操作(或称手动操作)、紧急控制模式、站台级控制模式、系统级控制模式。安全门的信号源、执行单元、控制等级与安全等级如图7-50所示。

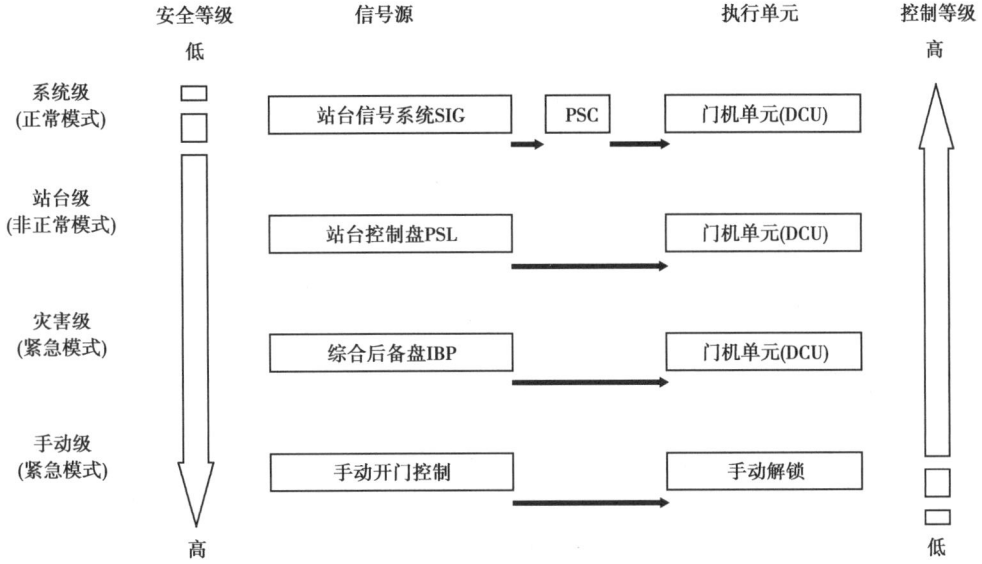

图 7-50　安全门的信号源、执行单元、控制等级与安全等级

1. 系统级控制

系统级控制是在正常运行模式下由信号系统直接对安全门进行控制的方式。在系统控制方式下,列车到站并停在允许的误差范围内时,列车信号系统向安全门发送列车占轨信号后,并发出开/关门指令,控制指令经信号系统发送至安全门中央控制盘。中央控制盘(PSC)通过门控单元对滑动门开/关进行实时控制,实现安全门的系统级控制操作,如图 7-51 所示。

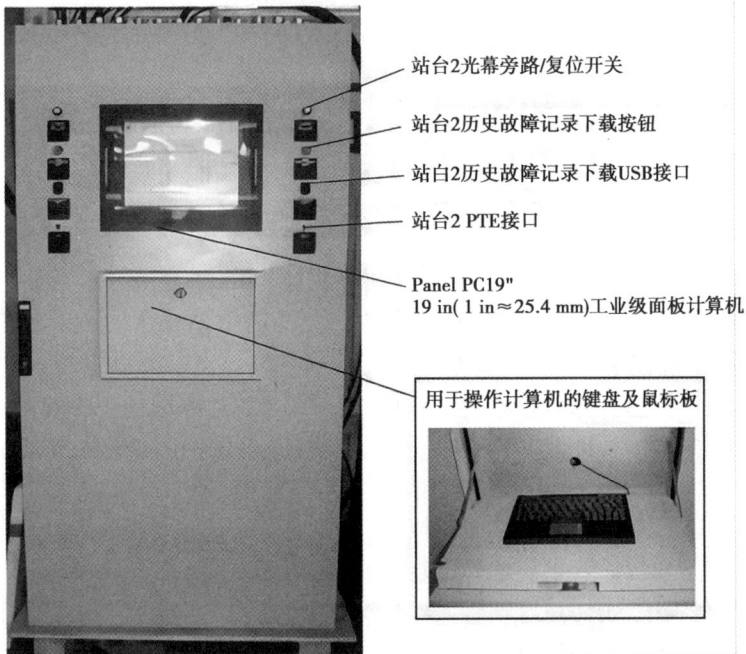

图 7-51　中央控制盘(PSC)

PSC 是站台门控制系统的核心,每个车站的站台门设备室均设置了一套 PSC,用于控制上下行两侧站台门。中央控制盘 PSC 由两套相同、相互独立的子系统组成,每个子系统包括一套站台门控制器 PEDC 和一套监控主机 PLC。

PSC 还包括与信号系统连接的硬线接口、与综合监控系统连接的 RS485 串行接口、与操作指示盘 PSA 和 PSC 显示终端液晶显示器连接的 RJ45 以太网接口、接线端子排及柜体面板上的相关按钮开关、指示灯和维修插口等。

2. 站台级控制

站台级控制是在系统级控制出现故障时,可进行站台级操作。站台级控制是由司机或站务人员在 PSL 上对安全门进行开/关的控制,实现安全门的站台级控制。每侧站台头、尾部有站台安全门控制器,即就地控制盘(PSL)控制整侧滑动门打开或关闭。就地控制盘(PSL)如图 7-52 所示。

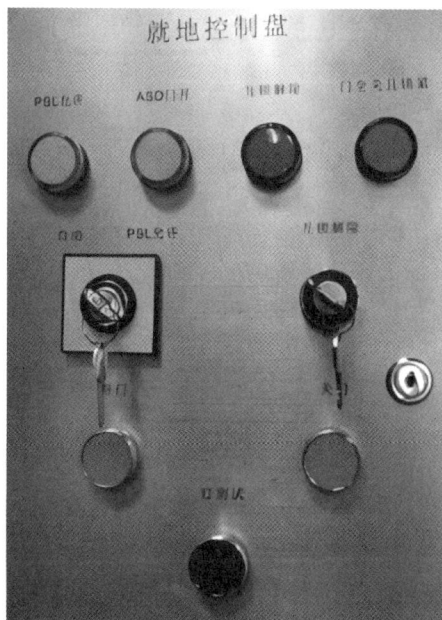

图 7-52　就地控制盘(PSL)

正常运营情况下,每座车站每侧站台门设置 1 套 PSL;根据特殊运营要求,需要站前折返的车站和首末站,每侧站台门设置 2 套 PSL(简称"双 PSL")。系统可以监视到 PSL 开、关门钥匙开关与互锁解除钥匙开关的状态,并进行显示和记录。PSL 操作开关的操作如下:

①打开操作:将就地控制盘 PSL 钥匙插入使能/禁止位,转动钥匙到使能位操作开门按钮。

②关闭操作:重复以上操作,操作关门按钮。

③转动钥匙到禁止位后取出钥匙并带走,操作完毕。

注意:在关闭过程中,密切注意站台人群情况,以防夹人。

当就地控制盘 PSL"门关闭"灯不亮,整侧站台安全门未关闭或未锁紧时,需操作互锁解除开关,强行给出滑动门互锁已解除的信号,让列车继续前行或进入车站,此操作由司机或站务人员进行。PSL 控制面板如图 7-53 所示。

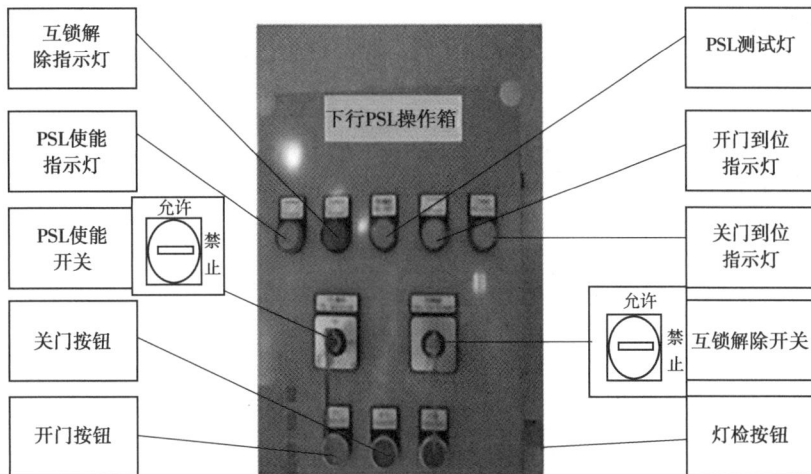

图 7-53 PSL 控制面板

3. 紧急控制

紧急控制即 IBP 盘紧急控制。在车站控制室或车站服务中心有站台安全门紧急控制模式（包括火灾控制模式）装置 IBP 盘,在车站两侧可进行单独控制。

在发生火灾或其他紧急情况下,可进行紧急开门操作,以配合站台火灾排烟模式。需要紧急控制时,站务人员用钥匙打开 IBP 盘进行操作,允许开关对安全门进行开/关门控制,实现安全门的紧急控制,其操作步骤如下:

①将钥匙插入安全门控制开关。

②转到打开位置,两侧安全门将打开。

③转到关闭位置,两侧安全门将关闭。

4. 手动操作

手动操作是站台工作人员或乘客对安全门进行操作。当系统电源或个别安全门操作机构故障时,站台工作人员可在站台侧用钥匙开/关安全门,或者乘客可在轨道侧操作安全门开门把手打开安全门,从而实现安全门的手动控制。

每组滑动门上方有就地控制盒 LCB(图 7-54),需用专用钥匙打开或关闭滑动门。就地控制盒 LCB 的安装位置在滑动门门楣右下方,钥匙开关及按钮的安装位置方便站台侧工作人员通过钥匙进行模式转换。

图 7-54 就地控制盒 LCB

LCB 钥匙开关通过专用电缆与 DCU 接口单元连接,且由铝盒密封,接线端子不外露、安全防尘。每个门单元中无论发生网络通信故障,还是电源故障、DCU 故障、门机故障及其他故障,均可通过就地控制盒 LCB 切断该道滑动门 DCU 的电源,从而使此故障单元从整个系统中隔离,不影响整个系统的正常工作。就地控制盒 LCB 有四种模式可供选择:

(1)隔离模式

当某个滑动门有故障时可以将它隔离,此门将不会对系统发出的开或关的命令有所反应,安全回路被旁路,该门单元上方的声光报警装置灯闪烁。

隔离,即切断该门的正 100 V 电压,此时安全回路被旁路,邻近 DCU 门控单元向 PSC 车站中央级控制处理器传递该扇门隔离信息。

(2)自动模式

自动模式下,滑动门将接收来自系统级的控制命令,对门进行开/关门操作。

当需要隔离某个有故障的滑动门时,站务人员具体操作如图 7-55 所示。

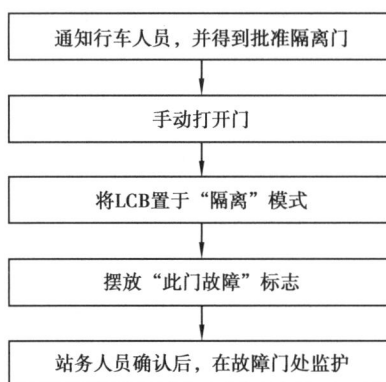

```
┌─────────────────────────────┐
│  通知行车人员,并得到批准隔离门  │
└─────────────────────────────┘
              ↓
┌─────────────────────────────┐
│           手动打开门           │
└─────────────────────────────┘
              ↓
┌─────────────────────────────┐
│     将LCB置于"隔离"模式        │
└─────────────────────────────┘
              ↓
┌─────────────────────────────┐
│       摆放"此门故障"标志        │
└─────────────────────────────┘
              ↓
┌─────────────────────────────┐
│   站务人员确认后,在故障门处监护  │
└─────────────────────────────┘
```

图 7-55　操作步骤

(3)开门模式

钥匙打至开门模式将打开本扇门。

(4)关门模式

钥匙打至关门模式将关闭本扇门。

三、应急操作

1.滑动门手动操作

当系统级控制和站台级控制均不能操作安全门时,在站台侧由站台工作人员用钥匙打开滑动门;在轨道侧由司机通过车内广播通知乘客使用滑动门上的手动解锁把手自行开启安全门。

2.应急门的手动操作

当系统级控制和站台级控制均不能操作安全门时,站台工作人员在站台侧用钥匙打开应急门;在轨道侧由列车司机通过广播指导乘客按压推杆锁打开应急门。

3.端门的手动操作

当列车未能停靠站台时,乘客可在端门外侧(轨行区)按压推杆锁打开端门;站台工作人员在站台侧用三角钥匙打开端门;

注意:为保证安全,列车进出站时,尽量不要打开端门。

4.站台安全门故障处理原则

为保证乘客安全,在处理站台安全门故障时应遵循如下原则:

①发生站台安全门故障时,应坚持在确保安全的前提下,遵循"先通后复"的原则。车站人员要及时处理,确保安全后及时向司机显示"好了"信号(显示地点原则上在事故发生点就近向司机显示);司机在确保安全的情况下,按时刻表要求行车,确保客车准点运行。

②列车到站(停车标±300 mm)停稳后,发生站台安全门与车门联动功能故障时,必须按照"先开站台安全门后开车门,先关站台安全门后关车门"的顺序,在PSL上手动操作站台安全门的打开或关闭。

③运营期间,如因故障需保持站台安全门常开,车站应做好防护。对不能关闭的单档或多档滑动门,必须安排专人看护。专人看护时,原则上每个人可监护六档相邻站台安全门。

④当运营中站台安全门发生异常情况时,车站人员、司机要及时进行处理,做好行车组织的同时做好乘客广播、引导等客运组织工作。

⑤滑动门的各种功能模式同时作用于相邻的应急门。

⑥故障站台安全门修复后,经行调同意,维修人员利用行车间隔对相应侧站台安全门进行开/关试验,车站和司机做好配合。

⑦运营期间,检修人员在对故障门进行检修时,必须严格保证故障门处于旁路状态。若不能保持站台安全门处于旁路,则须及时向车站人员说明,车站人员应操作互锁解除接发列车(车务建议司机操作互锁解除)。

⑧使用互锁解除接发列车时,首列车发车须经车站值班站长同意并及时报行调,其他情况下使用互锁解除均需行调同意。

⑨发生站台安全门故障,车站确认后,由行车值班员将故障现象向行调、维修调度报告。

任务六　自动售检票系统认知

一、自动售检票系统概述

自动售检票系统(AutomaticFare Collection System,AFC)是通过对计算机、统计、财务等专业知识的综合运用,实现轨道交通的售票、检票、计费、收费、统计、清分结算和运行管理等全过程的自动化系统;是票务系统的一种体现和实施方式;是乘客直接面对和使用的一套系统,一定程度上代表着运营企业的形象。

自动售检票系统以磁卡、接触式IC卡或非接触IC卡为车票介质,利用自动售票机、半自动售票机、进出站闸机等终端设备,通过计算机网络实现城市轨道交通运营中的自动售票、自动检票、自动收费、自动统计的封闭式票务管理自动化系统。

在自动售检票系统中,常使用简称,本系统常用简称的归纳见表7-2。

表7-2　自动售检票系统中的简称

序号	简称	专用名词	备注
1	AFC	自动售检票系统	
2	ACC	轨道交通自动售检票清算管理中心	

续表

序号	简称	专用名词	备注
3	LC	线路中心/线路计算机	
4	SC	车站计算机	综控室、AFC 票务室
5	TVM	自动售票机	站厅(非付费区)
6	AG/AGM	闸机(自动检票机)	站厅(划分付费区与非付费区)
7	AVM	自动充值机	站厅(非付费区)
8	BOM	半自动售/补票机	售/补票室
9	PCA/PVU	便携式检票机	AFC 票务室
10	EQM/TCM	自动查询机	站厅(非付费区)

自动售检票系统的总体结构分为四层(图7-56):第一层(也是最高层)是清算管理中心系统(ACC),负责城市轨道交通所有线路的清算管理;第二层是线路中心系统(LC),负责每条线路的清算管理;第三层是车站计算机系统(SC),负责本车站的清算管理;第四层(也是最底层)车站终端设备,是乘客所能接触到的一层。

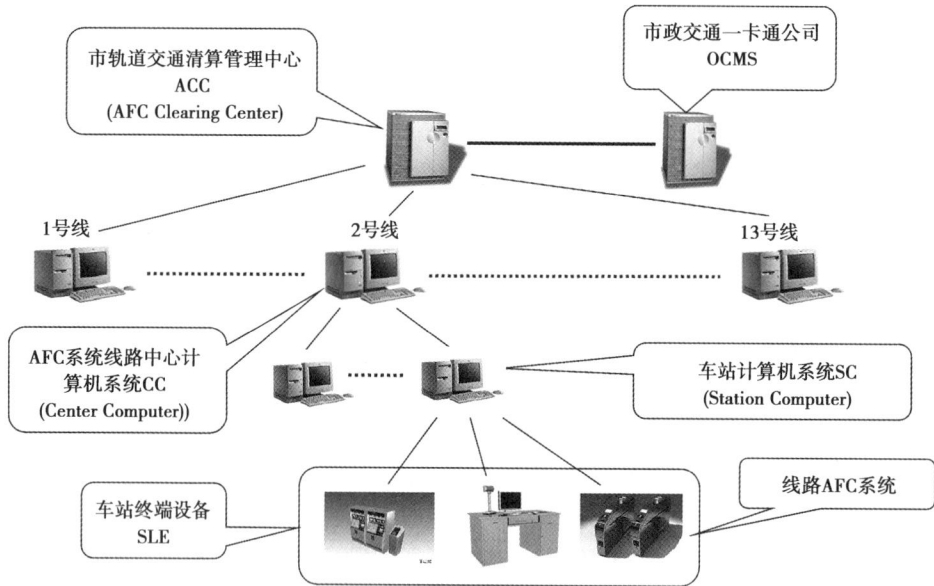

图 7-56　自动售检票系统

二、自动售票机(TVM)

自动售票机(Ticket Vending Machine,TVM)设置在非付费区,具备发售城市轨道交通车票、一卡通充值等功能,可进行硬币或纸币的识别、储存、找零。它能够按照城市轨道交通设定的票务规则对车票进行赋值发售,对收取的现金进行识别回收和找零,并将产生的交易数据实时发送给车站计算机。自动售票机如图7-57 所示。

图 7-57　自动售票机

（一）自动售票机的功能

自动售票机主要实现如下功能：

①接受乘客的购票选择，并在购票过程中给出提示信息及操作指导。

②可接受乘客投入的现金（或储值票、信用卡等其他付费介质）并自动完成识别，对无法识别的现金（或储值票、信用卡）予以退还。

③自动计算乘客投入的现金数量及购票金额，自动找零。

④自动完成车票校验、车票发售及出票。

⑤对各部件的工作状态进行自动监测，并向车站计算机系统上报工作状态。

⑥接收车站计算机系统下发的参数和控制命令，并执行相应的操作。

⑦存储并上传交易信息。

⑧对本机接收的现金及维护操作进行管理。

（二）自动售票机结构组成

自动售票机的核心部件是主控单元，主要负责控制内部模块的运行、接收来自各模块的信息反馈。自动售票机由乘客显示器、运营状态显示器、车票发行模块、充值卡座、纸币循环找零模块、硬币处理模块、票据打印机、维修打印机、维修模块、电源模块、UPS、主控单元模块等独立部件组成，各部件通过相应线缆进行连接。自动售票机内部结构如图 7-58 所示。

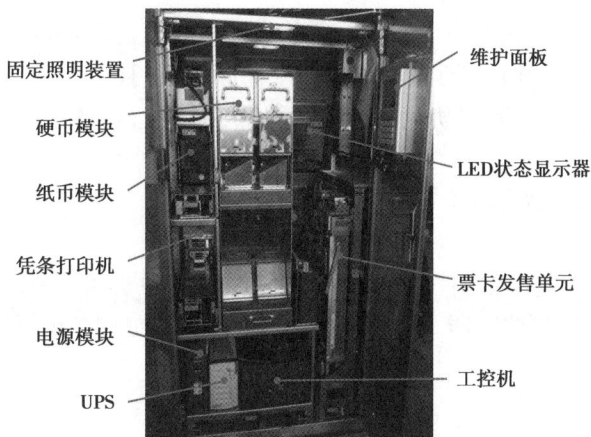

图 7-58　自动售票机内部结构

各模块接收主控器指令,实现各模块功能,并及时反馈执行结果,实现车票发售交易,实时记录车票交易信息、票务数据等信息,通过 AFC 局域网,实时上传交易信息与设备状态信息。自动售票机能够根据预先设定的运营模式,在每个运营日自动实现运营的开始与结束,减少人工的介入。

自动售票机外部结构的主要部件在乘客购票时使用,包括乘客显示屏、硬币和纸币投币口、运营状态显示器、找零取票口等。某城市轨道交通公司自动售票机外部结构如图 7-59 所示。

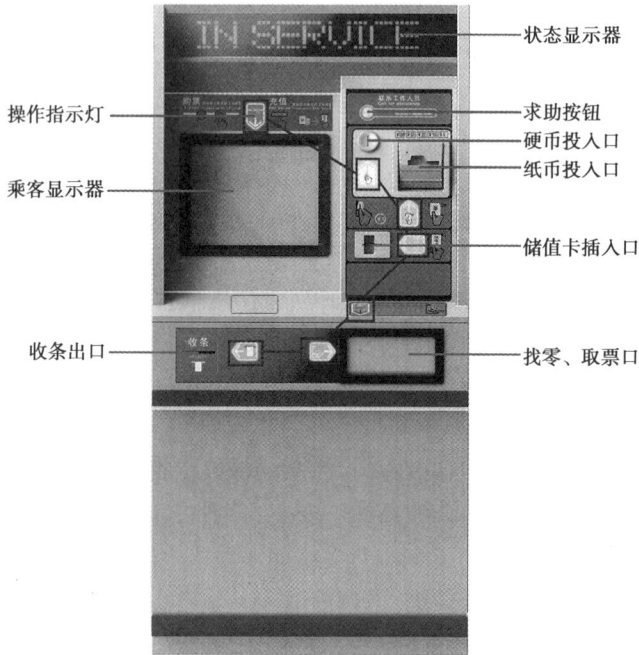

图 7-59 自动售票机外部结构

(三)自动售票机主要部件电路和信号连接

在配电柜中安装有漏电保护开关,同时每台 TVM 电源模块有一个漏电保护器,所有设备电源保护地线在配电柜端统一接地。

TVM 整机外壳与 TVM 供电电源(相线、零线、保护地线)的保护地线相连,保证 TVM 整机零电势,保护乘客安全;TVM 内部工作接地(直流电源负极)通过单点与保护地线相连,保证维修人员和站务员安全。TVM 整机电路连接如图 7-60 所示,TVM 主要设备与主机的信号连接如图 7-61 所示。

设备构成主要模块介绍如下。

1. 纸币循环找零模块

纸币循环找零模块由主控器控制,主要功能是在乘客购票和充值时进行纸币识别、收储及找零,并将信息反馈给主控制器。纸币循环找零模块外观如图 7-62 所示。

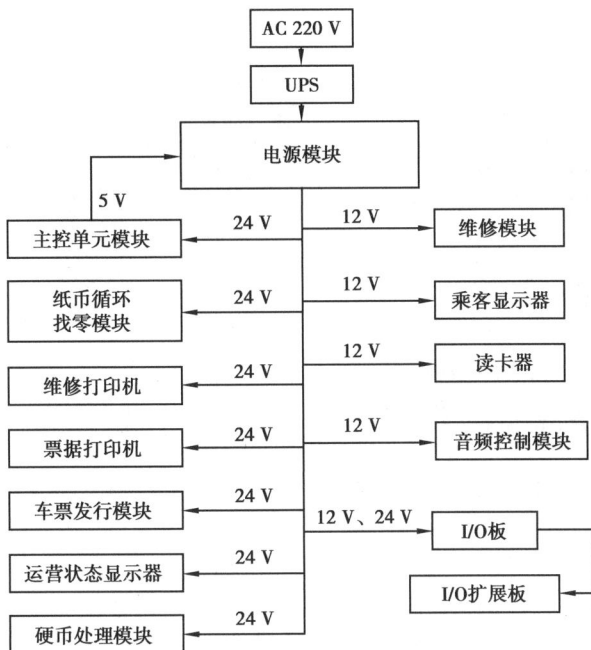

图 7-60　自动售票机整机电路连接

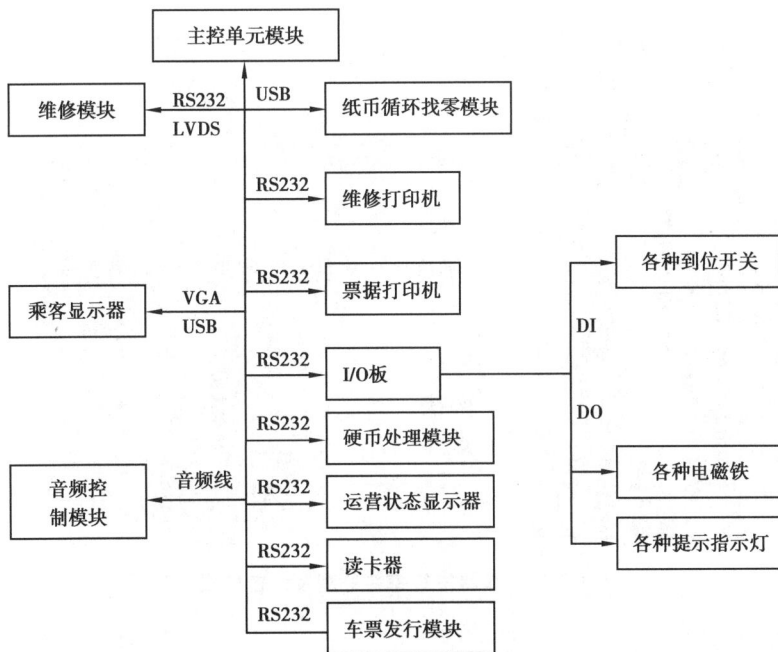

图 7-61　自动售票机主要设备与主机信号连接

2. 硬币处理模块

硬币处理模块用于硬币购票、硬币找零以及硬币清空,具有硬币识别、疑似假币或原币退还、硬币暂存、所投硬币在取消交易时将全部原币退还、硬币收入、硬币补充、硬币找零、硬币回收和硬币清空等功能,还有对硬币钱箱进行电子编号、设置钱箱机械锁等保护现金安全措施。硬币处理模块外观如图 7-63 所示。

图 7-62　纸币循环找零模块外观　　图 7-63　硬币循环找零模块外观

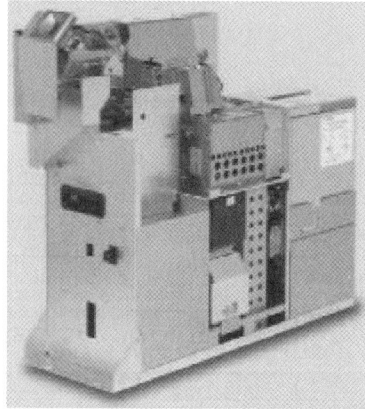

3. 单程票发售模块

目前国内城市轨道交通行业常用的单程票发售模块有两种,分别是代币式车票发行模块和票卡式发行模块。下面重点介绍票卡式发行模块。车票发行模块外观及设备构成如图 7-64 所示。

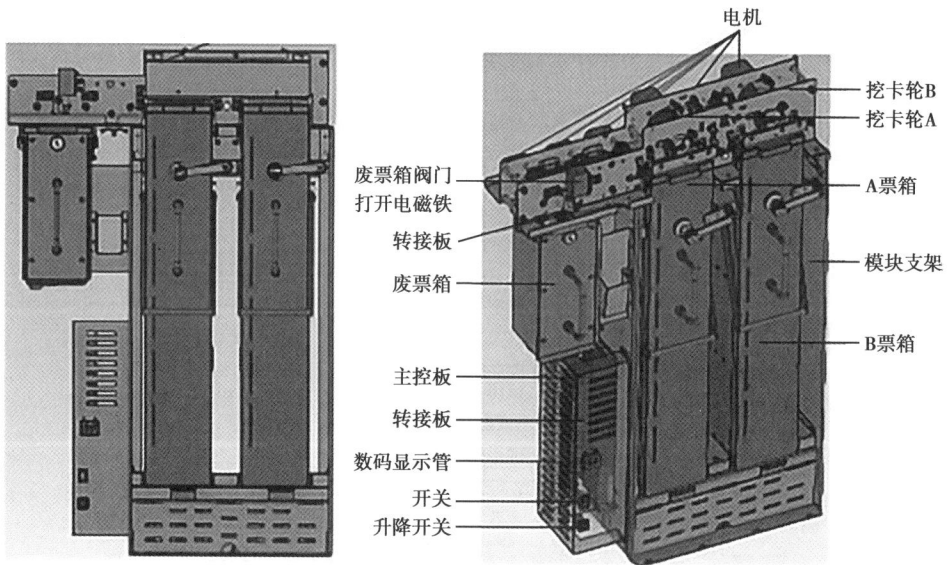

图 7-64　车票发行模块外观及设备构成

4. 主控单元模块

TVM 采用专用主控单元,主控单元起到至关重要的作用,控制着 TVM 内部所有设备。TVM 所要实现的购票、充值、数据上传等功能都由主控单元来控制完成。主控单元采用嵌入式工业计算机系统,特别适合智能交通 AFC 行业,采用标准化、模块化、系列化设计理念,产品功能丰富、扩展灵活、可靠性高,具有良好的抗振动、抗冲击、电磁兼容和防尘防潮能力,能保证整机 24 小时不间断稳定运行,并具备足够的能力提供指定的功能。

5.维修模块

维修模块用于站务员更换钱箱、票箱等业务操作,以及维修员查询信息和测试等操作,集成了操作键盘、显示屏及各设备状态灯。

6.电源模块

电源是自动售票机的核心部件之一,对整机的其他部件提供电压,能够提供交流 220V 电源、直流 24V 电源和直流 12V 电源,开关电源电气特性参数见表 7-3。

表 7-3　开关电源电气特性参数

项　目		参　数
输入电压	电源电压	AC 220 V(−15% ~ +10%)
	电源频率	50 Hz(±4%)
输出功率	DC 24 V(1)	50 W
	DC 12 V	150 W
	DC 24 V(2)	500 W
漏电保护电流		30 mA

三、自动检票机(AGM)

自动检票机(Automatic Gate Machine,AGM)又称闸机,布置于车站付费区与非付费区的交界处,通过检验车票对通行乘客进站、出站进行自动控制。

(一)自动检票机结构与功能

自动检票机的设计充分考虑了本地文化背景及人机工程学,在外观设计及人机界面设计上追求人性化(如符合大多数乘客右手持票的习惯),操作及维护追求简便化。同时,从设备安全角度考虑,具有防尘和防静电设计。某城市轨道交通公司自动检票机外观如图 7-65 所示,自动检票机内部模块布局如图 7-66 所示(双向检票机)。

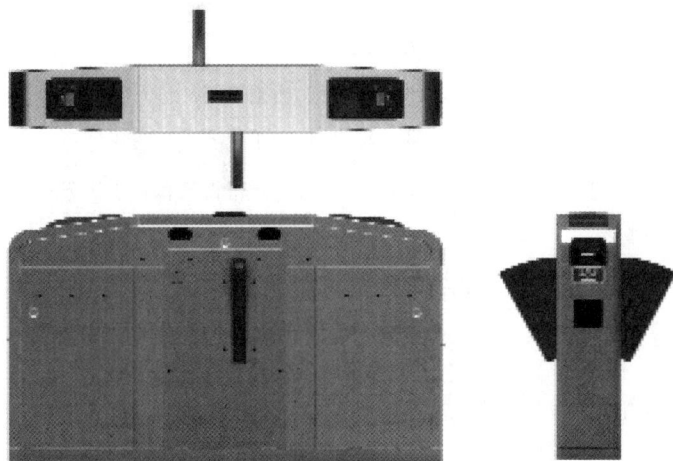

图 7-65　自动检票机外观

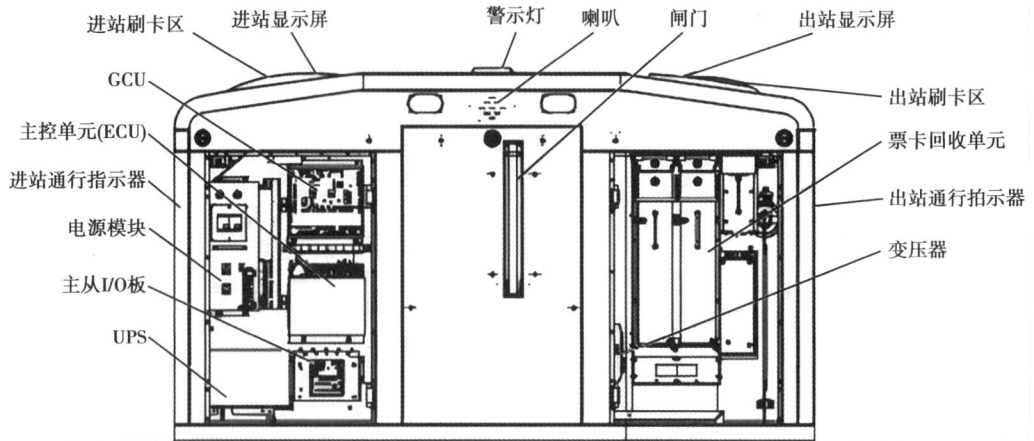

图 7-66　自动检票机内部模块布局

自动检票机模块功能说明见表 7-4。

表 7-4　自动检票机模块功能说明

序　号	名　称	功　能
1	主控单元（ECU）	主要负责运行控制软件,实现车票处理、通行控制、数据通信、状态监控功能
2	通行控制器（PCM）	负责乘客通行逻辑控制、方向指示器控制以及紧急放行控制
3	电源模块	为 AGM 内的各模块提供稳定的直流电源
4	扇门模块	控制乘客进出车站
5	通行传感器	检测乘客通行
6	主从 I/O 板	监控信号的输入、输出
7	票卡回收单元	回收乘客出站时的单程票
8	读写器	检测和读写各类车票
9	乘客显示器	用于为乘客提示各种信息,可以动态显示信息
10	维修门到位开关	检测维修门状态,当维修门被打开时 AGM 进入维护模式
11	维修门锁	用于锁定维修门,防止无关人员随意打开维修门
12	优惠票灯	显示车票的种类,对票箱将满和满的状态进行提示
13	蜂鸣器	对非正常操作进行报警
14	扬声器	对乘客操作进行语音提示
15	UPS	正常情况下为设备提供稳定电流,设备断电时为设备进行电力供应,保证最后一笔交易完成
16	二维码读头	识别二维码数据
17	蓝牙扩展板	广播蓝牙数据
18	手持维修灯	为维修提供照明

(二)自动检票机的类型

1.按配置分类

自动检票机由主机和从机构成一个通道,完成自动检票的功能。

①主机:提供整个通道电源、控制信号采集和驱动。

②从机:负责进站刷卡信息读取及乘客界面显示;根据主机控制执行门单元相应动作。

③中间机:从进站方向看,兼具左侧通道的从机功能和右侧通道的主机功能。

2.按功能分类

自动检票机根据使用功能,分为进站自动检票机、出站自动检票机和双向自动检票机。

①进站自动检票机:只提供乘客进站检票功能。

②出站自动检票机:只提供乘客出站检票功能。

③双向自动检票机:提供乘客进站和出站检票功能。双向自动检票机可设置为"进站""出站""双向"三种模式。

3.按通道宽度分类

自动检票机按通道宽度分为标准通道自动检票机和宽通道自动检票机。

①标准通道自动检票机:通道宽度适用于普通行人通行。

②宽通道自动检票机:通道宽度适用于坐轮椅的残疾人、携带大件行李或婴儿车的行人,两自动检票机之间的距离大于标准通道宽度。

4.按机型分类

根据站厅布局,自动检票机一般按组布置于站厅,按照安装位置可分为左边机、中间机、右边机。站在非付费区,面向付费区时,最左侧的设备为左边机,最右侧的设备为右边机,左边机与右边机之间的设备为中间机。左边机、中间机、右边机根据通道类型不同,其内部模块配置有所不同,必要时配备乘客显示器、车票回收单元、读卡器/天线等模块。自动检票机组示意图如图7-67所示。

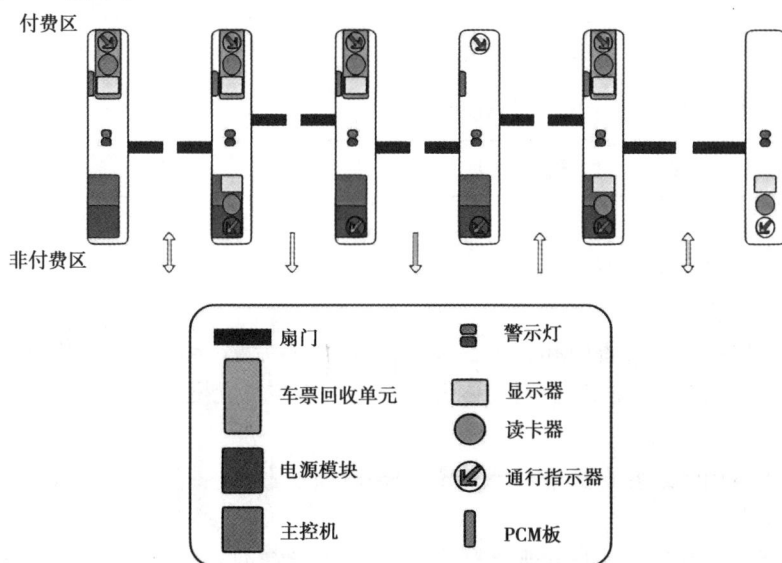

图 7-67 自动检票机组示例图

四、半自动售票机(BOM)

半自动售票机(Booking Office Machine,BOM)又称票房售票机,放置在车站售票室或票亭,根据位置不同,具有售票、补票和售补票功能。半自动售票机可由人工操作,提供对轨道交通专用车票和一卡通车票的售票、补票、充值、替换、退款、查询、车票分析、收益管理等功能。

(一)半自动售票机结构与功能

半自动售票机由主控单元模块、操作员显示器、乘客显示器、票据打印机、读写器、单程票发行模块、电源模块、UPS、二维码扫描枪、蓝牙扩展板等独立设备组成,各模块通过相应线缆进行连接,其模块功能说明见表7-5。

表 7-5　BOM 模块功能说明

序　号	模块名称	说　明
1	主控单元模块	主要负责运行控制软件,实现车票处理、通行控制、数据通信、状态监控功能
2	操作员显示器	显示设备的当前状态、基本情况、系统时钟信息
3	乘客显示器	显示必要的车票及现金信息
4	单程票发行模块	完成供票、赋值及出票的处理过程
5	票据打印机	主要打印乘客购票和充值票据
6	电源模块	为 BOM 内的模块提供稳定的直流电源
7	读写器	检测和读写各类车票
8	UPS	正常情况下为设备提供稳定电流,设备断电时为设备进行电力供应,保证最后一笔交易完成
9	二维码扫描枪	识别二维码数据
10	蓝牙扩展板	广播蓝牙数据

设备的主要模块介绍如下。

1. 主控单元模块

主控单元模块在整个设备中起到至关重要的作用,控制着半自动售票机内部所有设备。半自动售票机实现的购票、充值、数据上传等功能均由主控单元模块控制完成。

2. 操作员显示器

操作员显示器用于运营人员进行售补票等操作时使用。

3. 乘客显示器

乘客显示器用于在运营人员对乘客的车票进行票卡查询、售票、补票、充值等操作时,将处理和查询结果实时显示给乘客。

4. 票据打印机

票据打印机用于在运营操作人员进行售票、充值等操作时,为乘客打印单据。站务员也能用它打印维修单据。

5. 电源模块

电源模块为半自动售票机各个用电部件提供电源。半自动售票机整机机壳与供电电源机壳通过保护地线相连,确保半自动售票机电源机壳与整机机壳电势为零,保护乘客安全。半自动售票机电源模块主要技术参数见表7-6。

表7-6　BOM电源模块主要技术参数

规　格		参　数
输入电压		AC220 V(−15% ~ +10%)
频率		50 Hz(±4%)
漏电保护电流		10 mA
电源线性调整率		0.4%
输出功率	+24 V	50 W
	+12 V	150 W

(二)半自动售票机主要部件电路连接图

半自动售票机主要部件电源连接图如图7-68所示,主要部件电路信号连接图如图7-69所示。

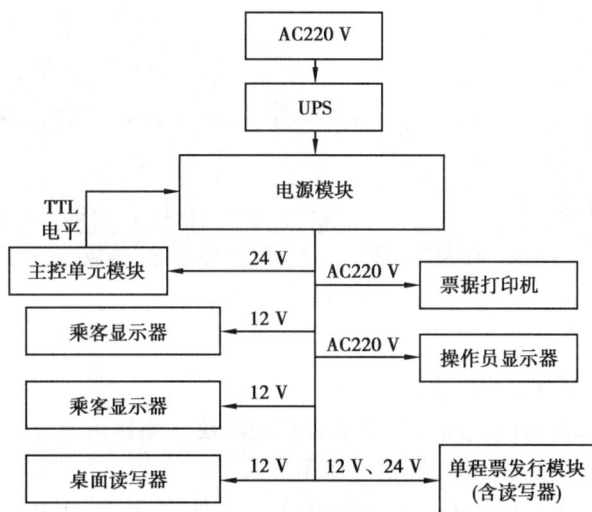

图7-68　主要部件的电源连接图

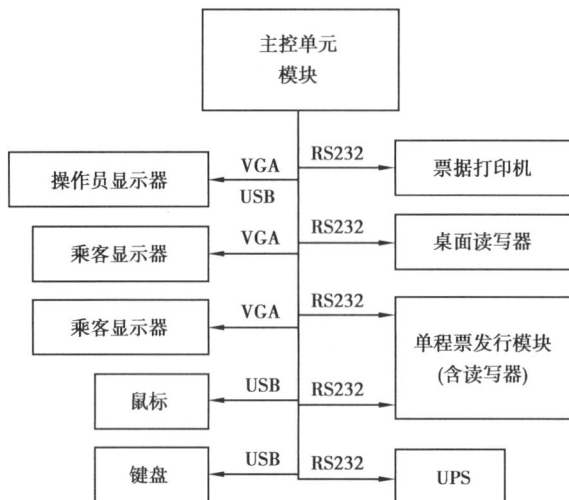

图 7-69　主要部件电路的信号连接图

📖 **拓展视野**

FAS 主机界面

FAS 主机界面如图 7-70 所示。

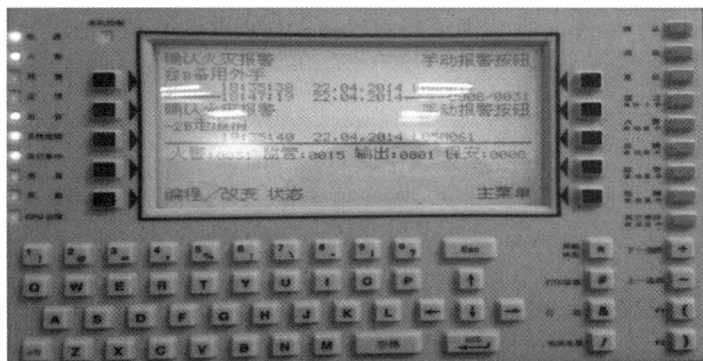

图 7-70　FAS 主机界面

功能键作用：

【确认】:确认系统中发生的新事件。

【消音】:按下这个键,可以关闭所有的消音控制模块。当禁止消音定时启动时,或者当水流指示类型的设备启动火警时,消音键不起作用。

【复位】:按下此键,可清除所有被锁定的火警和其他事件,同时关闭 LED 灯。系统复位之后,如果火警或非正常事件存在,将再次启动系统音响,LED 灯重新点亮。未确认事件不能阻止复位。禁止消音定时器运行时,系统复位键将不起作用。系统复位键不能立即对动作的输出设备进行消音。如果系统复位后,输出设备的事件控制编程条件不再适用,这些输出将会取消(本地控制器为 30 s,网络机为 60 s)。

【演习】:按下这个键并持续 2 s 后,激活所有的可消音输出线路。

【火警】:滚动显示火警事件。

【反馈】:滚动显示反馈事件。

【监管】:滚动显示监管事件。

【故障】:滚动显示故障事件。

【其他事件】:滚动显示其他事件。

【箭头】:按下此键,可以移动显示屏上的编程区域光标。

【回车】:按下此键,可以使显示屏上的编程区域光标换行。

【Esc】:按下此键,可退出当前区域且不保存输入。连续按两次可以取消在显示屏上的任何更改,并返回上级菜单。

【空格】:在编辑状态下输入空格。

【屏蔽恢复】:预留扩展功能,当前无功能。

【打印屏幕】:按下此键,可打印显示屏上所显示的内容。

【灯检】:按下此键,可测试键盘区左侧的 LED 状态指示灯和控制器电路 LED 灯,持续按下此键超过 5 s,显示屏上将显示软硬件的版本号。

【电池电量】:长按此键可显示电池电量。

【上一选择】:用此键可在显示屏的数据区域列表内进行滚动选择。

【下一选择】:用此键可在显示屏的数据区域列表内进行滚动选择。

【F1】:预留功能扩展,当前无功能。

【F2】:预留功能扩展,当前无功能。

复习与思考

一、选择题

1. 以下(　　)设备是给冷却水降温的。

　　A.蒸发器　　　　　B.冷凝器　　　　　C.冷却塔　　　　　D.压缩机

2. 以下(　　)是乘客上下车的通道。

　　A.滑动门　　　　　B.固定门　　　　　C.应急门　　　　　D.端门

3. 以下(　　)是车站工作人员进出隧道维修的通道。

　　A.滑动门　　　　　B.固定门　　　　　C.应急门　　　　　D.端门

4. 以下站台门的控制模式中,(　　)控制等级最高。

　　A.系统级控制　　　B.站台级控制　　　C.手动操作　　　　D.紧急控制模式

5. 自动售检票系统的总体结构中,处于最高层的是(　　　)。

　　A.车站终端设备　　B.车站计算机系统　C.线路中心系统　　D.清算管理中心

6. 以下(　　)不是车站暖通空调系统的设备。

　　A.空调机组　　　　B.灭火器　　　　　C.冷却塔　　　　　D.风管

7. 以下不属于一级负荷设备的是(　　　)。

　　A.排烟机　　　　　B.闸机　　　　　　C.应急照明　　　　D.广告照明

8. 自动检票机的(　　)是为乘客提示各种信息,可以动态显示信息。

　　A.乘客显示器　　　B.电源模块　　　　C.扇门模块　　　　D.二维码读头

9. 以下(　　)是半高安全门的高度。

　　A.1 m　　　　　　　B.1.5 m　　　　　　C.2 m　　　　　　D.2.5 m

10. ( )是火灾自动报警系统的简称。

　　A. BAS　　　　　　B. AGM　　　　　　C. FAS　　　　　　D. TVM

二、填空题

1. 排水系统分_____系统和_____系统。

2. 消防系统包括_____、_____、_____以及_____。

3. 车站通风空调系统包括_____、_____和_____。

4. 半封闭式站台安全门分为_____和_____。

5. 气体灭火系统主要包括_____灭火系统和_____灭火系统。

6. 冷却塔有_____、_____和_____。

7. 双向自动检票机可设置为_____、_____、_____三种模式。

8. 低压配电系统是电力系统中的一个 部分,通常用于将_____从变压器输送到_____以满足不同的用电需求。

9. 站台安全门一般由_____、_____、_____及_____组成。

10. 低压配电与照明系统采用_____配电方式。

三、判断题

1. 排污系统主要是解决生活用水的排放,其流量小,水中成分复杂,因此需要进行污水处理后,达到国家排放标准后,排入城市管网中。　　　　　　　　　　　　　　( )

2. 低压主配电柜主要用于对电源进行分配,为配电箱和用电设备供电。　　( )

3. 若设备用房发生火灾可以用自动喷水灭火系统进行灭火。　　　　　　( )

4. 全封闭式站台安全门是一道自上而下的钢化玻璃隔离墙和活动门。　　( )

5. 城市轨道交通照明系统的功能主要是为了满足站内环境的舒适性,满足特殊、危险时刻的安全和疏散要求。　　　　　　　　　　　　　　　　　　　　　　　　( )

6. 自动售票机放置在付费区里。　　　　　　　　　　　　　　　　　　( )

7. 惰性气体灭火介质取自于大气,属于环保型灭火剂。　　　　　　　　( )

8. 在发生火灾等紧急情况下,闸机要处于全开状态,以便乘客快速逃生。　( )

9. 如果站台层发生火灾,应向站台层送风。　　　　　　　　　　　　　( )

10. 自动检票机按照安装位置可分为左边机、中间机、右边机。　　　　　( )

模块八 城市轨道交通运营管理认知

📖 **情境导入**

　　智慧轨道交通车站以其先进的硬件设施、软件服务、安全保障以及广阔的发展前景，成为城市轨道交通智慧化发展的典范。智慧车站采用先进的信息技术，实现了车站的智能化、高效化和环保化。具体来说，智慧车站既能实现可触摸人机交互、智慧巡视、一键启停电扶梯、智能客流分析、智慧开关站、环境实时监测、应急处置、系统故障统计等功能，也能为乘客提供自动化检票、智能安检、智能照明、远程座席、智能导乘、智能客服等一系列智能化服务，可极大提高车站的运行效率和乘客的出行体验。图 8-1、图 8-2 所示为智慧车站智能化设备运用。

图 8-1　智慧车站智能客服中心

图 8-2　站台门综合显示屏

　　城市轨道交通运营管理是城市轨道交通生产组织的核心部分，是综合运用各种专业设备，组织协调运输生产活动的技术业务。在本模块中，我们将学习通过运行组织、调度指挥、安全管理和客流组织，为乘客提供安全、快速、便捷的运输服务。

📖 **学习目标**

　　1. 能描述城市轨道交通行车组织的特点。

　　2. 能阐述列车运行图的意义、概念、要素，会识读列车运行图。

　　3. 能区分客流组织与客运服务的相关概念，列举客流的特征。

　　4. 能列举票务管理的内容与自动售检票系统的组成。

5.能分析城市轨道交通安全的影响因素,并根据标准进行安全事故分类。

6.能描述城市轨道交通网络化运营的作用和条件。

7.具备严格遵守操作规范、安全第一的意识,严谨细致的工匠精神,对行业发展前沿的职业自豪感,以及乘客至上的服务意识。

📖 **学时建议**

10 学时

任务一　城市轨道交通行车组织认知

一、城市轨道交通行车组织概述

(一)城市轨道交通行车组织特点

城市轨道交通行车组织工作是城市轨道交通的核心工作,是指在运输生产过程中,为完成运送乘客的任务所进行的一系列与运输有关的工作。它担负着指挥列车运行、保障行车安全、提升运输效率的重要任务。城市轨道交通行车组织工作是城市轨道交通系统运营的核心。

城市轨道交通行车组织具有如下特点:

①城市轨道交通系统仅开展客运业务,不涉及货运业务,且运输距离相对较短。

②城市轨道交通系统均采用双线运行,即上下行分线运行。列车编组相对固定,一般为6~8节编组。

③城市轨道交通车辆自带动力装置,列车折返无须进行掉头作业。

④全日客流分布在时间上有较为明显的高峰(早、晚高峰)和低谷之分。高峰时段客流量集中,时间性强。

⑤列车运行间隔短,发车密度高。

⑥在全日运营时间内无法实施设备维护保养,需要在运营结束后统筹安排施工检修计划。

⑦运行指挥集中,设备先进,涉及的部门较多。

(二)城市轨道交通行车指挥机构

为确保行车组织工作中各环节紧密配合、协调工作,保证列车安全、正点运行,必须坚持安全生产的方针,贯彻高度集中、统一指挥、逐级负责的原则。城市轨道交通系统设立调度控制中心,调度控制中心实行分工管理,按业务性质划分为若干部分,设置不同的调度工种,如行车调度、电力调度和环控调度等工种。城市轨道交通行车指挥机构层次图如图8-3所示。

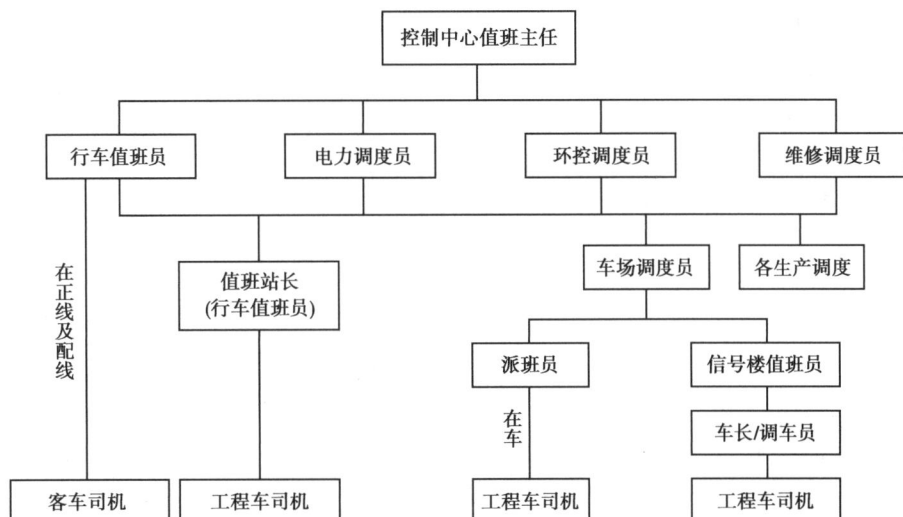

图 8-3　城市轨道交通行车指挥机构层次图

二、列车运行图

在城市轨道交通行车组织工作中,一般根据城市人口上班(学)等客运流量、流向的实际情况,在基本列车运行图中编制出早、晚客流高峰时段密集开行列车的阶段运行计划。同时,还编制出适用于周末、节假日、春运等特殊时段的列车运行图,以最大限度地满足城市居民对轨道交通出行的需要。

(一)列车运行图的作用

列车运行图既是轨道交通行车组织工作的综合性计划,也是城市轨道交通行车组织工作的基础。它规定了各次列车占用区间的顺序和时间,列车在各站的到发及通过时刻、区间运行时分、停站时分、折返站列车折返作业时分、列车出入车辆段时分,以及设备保养维修时间和司机作息时间等。列车运行图不仅把沿线各车站、线路、供电、车辆、通信信号等技术设备的运用整合成一个统一的整体,而且把所有与行车有关的部门和单位都组织起来,严格按照一定程序有条不紊地进行工作,从而保障列车安全、正点运行。

(二)列车运行图的定义

列车运行图是基于坐标原理表示列车运行的一种图解形式,如图 8-4 所示。

(三)列车运行图的图解表示要素

①横坐标:表示时间,按一定的比例进行划分。一般采用 1 分格或 2 分格,即每一格表示 1 min 或 2 min。

②纵坐标:表示距离,根据区间实际里程采用规定的比例,以车站中心线所在位置进行距离定点。

③垂直线:是一簇平行的等分线,表示时间等分段。

④水平线:是一簇平行的不等分线,将纵轴线按一定比例划分。车站中心线用细线表示,换乘站、折返站和终点站中心线用粗线表示。

⑤斜线:表示列车运行轨迹(路径)线。一般上斜线表示上行列车,下斜线表示下行列车。

⑥时刻:列车运行图中,列车运行线与车站的交点即表示该列车到达、出发或通过时刻。

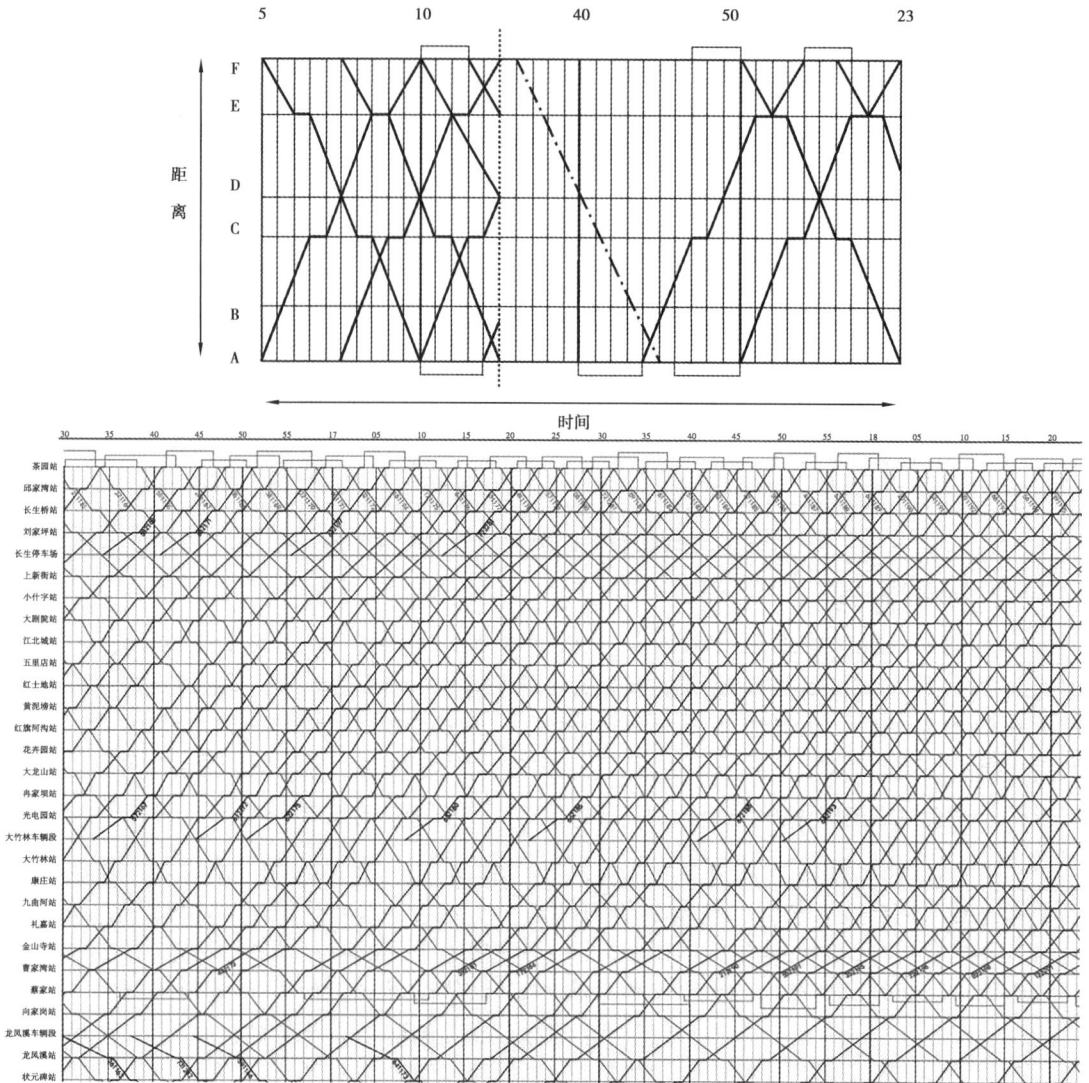

图 8-4　列车运行图

⑦车号与车次:一般按列车类别、发车顺序、信号设备要求确定。每列列车都有唯一的车号和车次。按不同列车类别规定代号或列车号,如专运列车、施工列车等;按发车顺序编列车车次,上行采用双数,下行采用单数。

(四)列车运行图的格式与分类

1.按区间正线数分类

①单线运行图:在单线区段,上下行方向列车在同一正线上运行(仅在非正常情况下的列车运行调整期间使用)。

②双线运行图:在双线区间,上下行方向列车在各自的正线上运行。

③单双线运行图:在有部分双线的区段,单线区间和双线区间各按单线运行图和双线运行图的特点铺画运行线(仅在非正常情况下的列车运行调整期间使用)。

2. 按列车运行速度差异分类

①平行运行图：在同一区间内，同一方向列车的运行速度相同，且列车在区间两端站的到发或通过方式相同。

②非平行运行图：在运行图上铺画有各种不同速度的列车，且列车在区间两端站的到发或通过方式不同。

3. 按上下行方向的列车数分类

①成对运行图：上下行列车数相等的运行图。

②不成对运行图：上下行列车数不相等的运行图。

4. 按同方向列车运行方式分类

①连发运行图：同方向列车的运行以站间区间为间隔，单线区间采用。

②追踪运行图：同方向列车的运行以闭塞分区为间隔，在装有自动闭塞的单线或双线区段上采用。

此外，按时间轴的刻度可划分为一分格运行图、二分格运行图、十分格运行图和小时格运行图；按使用范围分可分为日常运行图、节假日运行图及其他特殊运行图。城市轨道交通系统的列车运行图因其系统特征所致，一般均为双线成对追踪平行运行图。

（五）列车运行图的编制原则

①在保证安全可靠的条件下，提高列车的运行速度，缩短列车的运行时间。

②尽量方便乘客。

③充分利用线路的能力和车辆的能力。

④在保证运量需求的条件下，尽量减少运营车辆。

三、行车调度工作

城市轨道交通行车调度工作由调度控制中心实施，实行高度集中的统一指挥，以使各个环节紧密配合、协调工作，保证列车安全、正点地运行。

（一）城市轨道交通行车调度工作的任务

城市轨道交通行车调度工作的基本任务有：

①组织指挥：组织并指挥各站及相关行车部门，严格按照列车运行图的要求进行行车。

②监控列车运行：实时监控列车的到达、出发及途中的运行情况。当列车出现晚点或遇到突发事件时，及时采取运营调整措施，迅速恢复列车正常运行。

③应急处理：指导施工或工程列车等上线车辆的调度指挥。当发生行车事故时，应及时汇报给上级主管部门，并采取措施防止事故扩大，积极参与救援工作的指挥。

④客流管理：密切注意客流动态，协同有关部门根据客流变化采取相应的组织方案。

⑤记录与报告：建立并维护运营生产、调度指挥等各项原始记录台账及统计报表。

（二）行车调整方法

行车调度员应严格按列车运行图指挥行车，在列车不能按运行图运行而需要调整时，应考虑列车运行的安全，做到恢复正点和行车安全兼顾。行车调度员可采取的行车调整方法如下：

①始发站提前或推迟发出列车。

②加开或停运列车，备用列车替换和变更列车运行交路。

③组织列车加速运行,恢复正点。

④组织车站加速作业,压缩停站时间。

⑤组织列车不停车通过某些车站。

⑥组织列车在具备条件的中间站折返运行。

⑦组织列车反方向运行。

⑧扣车。

⑨调整列车运行时间间隔。

行车调度员对列车行车调整方法的选择,取决于列车运行的具体情况。实际工作中往往可以将几种方法结合运用。调度员在组织、指挥日常运输工作中,有权发布与运输组织有关的调度命令,站段以及与行车有关人员必须坚决执行。

为保证行车调度工作的连续性和严肃性,必须遵循基本工作制度,如交接班制度、标准化制度、安全生产制度以及调度工作分析制度等。其中,行车调度分析具有特别重要的意义。

(三)行车调度工作的主要设备及功能

随着城市轨道交通运行控制设备正逐步向自动化、远程化、计算机化的方向发展,行车调度工作也从人工电话指挥的方式向电子调度集中和计算机调度集中控制设备的方向发展。

1. 人工调度指挥系统(电话闭塞法)的设备组成情况

①调度控制中心设备:调度电话、无线调度电话、传输线路。

②车站设备:调度电话分机、传输线路。

③列车上设备:无线调度电话。

该系统主要由行车调度员通过电话向车站值班员直接发布命令,由车站值班员安排列车进路。通过值班员报点,调度员掌握列车到达、出发信息,下达列车运行调整命令,并通过无线电话呼叫列车司机,发布调度命令。在该阶段,由调度员人工绘制列车运行图。

2. 电子调度集中设备

①调度控制中心设备:调度集中总机、运行显示屏、运行图描绘仪、传输电路等。

②车站设备:调度集中分机、传输线路等。

③列车上设备:无线调度电话。

电子调度集中设备实现了运行调度指挥的遥信与遥控两大远程控制功能(尚缺遥测这一基础功能)。调度员可直接安排列车进路,直接指挥列车运行调整,并通过显示屏监督列车运行情况。在必要的时候,可将列车运行进路排列工作下放至车站,由值班员执行。

3. 计算机控制的自动调度(ATC 系统与 CATS 系统)设备

它通常由列车自动防护系统(ATP)、列车自动驾驶系统(ATO)、列车自动监控系统(ATS)组成。

目前,ATC 系统已经被越来越多的城市轨道交通系统采用。CATS 系统是 ATC 系统运营控制中心(OCC)中的调度指挥系统,是一个实时控制系统,由调度控制和数据传输电子计算机、工作站、显示盘和绘图仪等构成,电子计算机按双机备用。

如图 8-5 所示为重庆 OCC 调度指挥系统。

图 8-5　OCC 调度指挥系统（重庆）

四、列车运行组织

列车运行组织是城市轨道交通运营管理的中心工作。城市轨道交通通常被称为是一个大的联动机，因为它是集行车、车辆、机电、通信、信号、工务等各工种、技术一体化运转的系统。系统中任一环节出现问题，都可能给整个系统的正常运输带来严重的后果，而整个系统的正常运转则集中体现在列车的运行组织工作中，它是保证将乘客由出发站安全、准时、快捷地运送到目的地的关键。

（一）运行方式

目前，城市轨道交通的运行方式有如下两种：

1. 独立运行

独立运行是指一条轨道交通线路自成系统，独立组织列车在本线路上运行，与其他轨道交通线路间只有乘客的换乘，无列车的跨线运行。在国内外的轨道交通运营中，大多数线路采用独立运行方式。

2. 共线运行

共线运行是指在相邻的两条或多条轨道交通线路中，运营列车交路从一条线路跨越到另一条线路，存在着两条或多条列车交路共用某一区段的情况。

（二）列车交路计划

列车交路计划是根据运营组织的要求及运营条件的变化，按运行图或由调度指挥列车，按规定的区间运行和折返的列车运行计划。列车交路计划的确定应从经济合理的角度出发，既要保证满足乘客需求，又要考虑如何利用运能，以提高经济效益。

1. 列车折返

列车通过进路改变、道岔的转换，经过车站的调车进路从一条线路至另一条线路称为列车折返。具有折返能力的车站称为折返站。

2. 列车交路分类

列车交路分为长交路、短交路和长短交路 3 种，如图 8-6 所示。

长交路是指列车在两个终点站进行折返运行；短交路是指列车在指定的折返站折返，在一区间内运行；长短交路是指列车在线路运行中结合了长交路和短交路两种情况的运行模式。

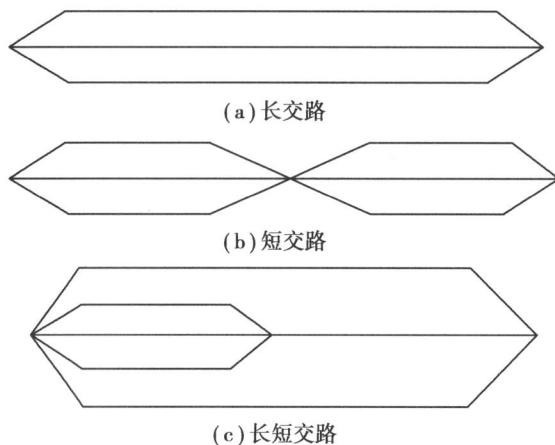

（a）长交路

（b）短交路

（c）长短交路

图 8-6　列车交路示意图

通常情况下,城轨交通都采用长交路的列车运行方式。长短结合交路的列车运行方式则是在全线某一端的半程客流较大又比较集中的情况下,并且折返中间站具备折返设备时采用,这种方式可降低运输成本、提高列车车组的利用率;短交路一般不单独采用,除非在城轨线路中部的某处由于某种原因不能通车,且不能通车地点的两边车站具有折返条件的情况下,为了维持通车才单独采用。

（三）车站行车组织工作

车站行车组织工作是在调度控制中心的统一指挥下,合理运用车站的各项技术设备,负责车站行车控制指挥、施工及其他作业,包括车站列车运行控制、车站施工组织、接发列车组织等工作。如图 8-7 所示,车站控制室是车站主要的行车组织工作开展地点。

图 8-7　车站控制室

车站的列车运行控制是由整个系统的列车运行控制方式所决定的。

①在调度集中控制方式下,车站行车组织的主要工作是监护列车运营状态,行车值班员可兼做其他工作。

②在自动运行控制方式下,车站在对列车的运营状态进行监护的同时,若中央因故放权由车站进行控制,则应由有集中控制设备的车站负责进行列车的折返、进路排列等人工作业。

③在非正常情况下,车站应根据调度指令,按规定的作业办法,负责列车在车站接发、调车等作业。

任务二　城市轨道交通客运组织认知

客流是指交通运输线在单位时间(通常为1 h)内,某地与某地之间朝着某一方向旅行的乘客人数。它是动态变化的,随时间、地点的变化而改变,这种变化是城市社会经济活动、生活方式以及轨道交通系统本身特征的反映。城市轨道交通系统的客流量随时间段不同具有明显的高峰与低谷特性,且这种不均衡性也与城市的产业布局、居民出行习惯有关。因此,有计划的客流组织与疏导难度较大,优质高效的客运组织工作必须依靠科学管理。

一、客流的特征与调查分析

客流是规划轨道交通网络、安排工程项目建设顺序、设计车站规模和确定车站设备容量的依据,也是城市轨道交通系统安排运力、编制运输计划、组织行车和分析运营效果的基础。因此,相关人员要抓住客流变化的特征,通过调查分析,将得出的结果运用到工作中,不断地完善、不断地改进,使工作计划更贴近实际情况,取得最佳的效果,同时减少资源的浪费。

(一)客流的特征

1.客流时间分布特征

客流是动态流,它随天、时、地的变化而改变,这种变化是城市社会经济活动和生活方式以及城市轨道交通系统本身特征的反映。

(1)一日内各小时的客流变化

小时客流随人们的生活节奏和出行特点而变化。一般清晨与夜间的乘客最少,上班和上学时段客流达到最高峰,高峰过后逐渐进入低谷,傍晚下班和放学时段客流进入次高峰,午夜客流逐渐趋于平稳。

(2)一周内每日客流的变化

由于人们的工作与休息是以周为循环周期进行的,这种活动规律性必然反映在一周内每日客流的变化上。例如在双休日,上下班的两次高峰不明显,全日客流往往有所减少。而在连接商业网点、旅游景点的轨道交通线路上,双休日的客流又往往会有所增加。另外,周一与节日后的早高峰小时客流量,以及周末与节日前的晚高峰小时客流量,通常比一般工作日早、晚高峰小时客流量要大。

(3)季节性或短期性客流的变化

客流还存在季节性的变化。例如每年6月及学生复习迎考时期,客流通常是全年的低谷。另外,在旅游旺季,城市中流动人口的增加会使轨道交通线路的客流随之增加。而短期性客流的激增,常是因举办重大活动或天气突变引起的。

2. 客流空间分布特征

除了从客流的时间分布上找到客流的特征外,还可以从空间分布上发现客流的特征。

（1）各条线路客流的不均衡

各条线路客流的不均衡包括现状客流分布的不均衡和客流增长的不均衡两个方面,它们构成了整个轨道交通网客流分布的不均衡。

（2）各个方向客流的不均衡

在轨道交通线路上由于客流的流向原因,各个方向的客流通常是不相等的。在放射状的轨道线路上,早、晚高峰时间的各个方向客流的不均衡尤为明显。

（3）各个断面客流的不均衡

在轨道交通线路上由于各个车站乘降人数不同,不可避免地会出现线路单向各个断面的客流不均衡现象。

（4）各车站乘降人数的不均衡

在少数线路上,全线各站乘降量的大部分往往集中在少数几个车站。此外,新的居民住宅区形成规模和新的轨道交通线路投入运营,也会使车站乘降量发生较大的变化,并加剧或形成新的不均衡现象。

（二）客流的调查分析

虽然客流是动态变化的,但这种动态变化又是有规律的,可以在实践中了解它、掌握它,并根据客流的动态变化,及时配备与之相适应的运输能力,以给乘客提供良好的服务。在运营过程中,要掌握客流在时间、空间上的动态变化规律,必须经常进行各种形式的客流调查。

客流调查问题涉及客流调查的内容、调查地点和时间的确定、调查表格和设备的选用以及调查方式的选择等。根据不同的情况和不同的需要,城市轨道交通系统的客流调查种类主要有:

（1）全面客流调查

全面客流调查是对全线客流的综合调查,通常也包括乘客情况抽样调查。这种类型的客流调查时间长,工作量大,需要较多的调查人员。但通过调查及对调查资料进行整理、统计和分析,能对客流现状及出行规律有一个全面清晰的了解。

（2）乘客情况抽样调查

乘客情况抽样调查通过问卷的方式开展,内容包括乘客构成情况调查和乘客乘车情况调查两项。乘客构成情况调查在车站进行,被调查人数为全天在车站乘车人数的一定比例,调查表内容包括年龄（老、中、青）、性别（男、女）、居住地（本地、外地）、出行目的（工作、学习、购物、游览、访友、就医、其他）等。该项调查的时间可选择在客流比较正常的运营时间段。

某类乘客乘车情况调查可在月票发售点或其他地点开展,如对持月票乘客进行调查。被调查人数为某类乘客总数的一定比例,调查内容包括年龄、性别、职业、家庭住址、到达车站的方式（步行、骑自行车、乘电汽车）和时间、上下车站、下车后到达目的地的方式（步行、骑自行车、乘公交车）和时间、乘坐轨道交通比过去乘坐公交车节省的时间等。

（3）断面客流目测调查

断面客流目测调查是一种经常性的客流抽样调查,可根据需要,选择一个或两个断面进行调查,一般是对最大客流断面进行调查,调查人员目测估计各车辆内的乘客人数。

（4）节假日客流调查

节假日客流调查是一种专题性客流调查,重点对春节、元旦、国庆节、双休日以及若干民间节日期间的客流进行调查。调查的内容包括机关、学校、企业等单位的休假安排,都市旅游业、娱乐业的发展程度,城市居民生活方式的变化等。该项调查一般通过问卷方式进行。

二、车站客运组织

轨道交通线路的走向一般都是客流集中的交通走廊,连接着重要的客流集散点,如火车站、汽车站、航空港、航运港等交通枢纽,大型商业经济活动中心、体育场、会展中心、大剧院等重要文体活动中心,以及规模较大的住宅区等。正因为如此,某些特殊车站会不定期地遇到大客流。为了保证乘客的安全和正常的运营秩序,这些车站在客流组织方面应具备完善的运营组织方案和措施。在一定程度上,这些方案措施可弥补硬件设施的不足。

（一）大客流的定义

大客流是指车站在某一时段集中达到、客流量超过正常客运设施或客运组织措施所能承担的流量时的客流。大客流一般在大型文体活动散场时或重要枢纽站的节假日期间发生。

（二）大客流的组织

大客流的组织应在保证疏散客流安全的前提下,尽快地疏散客流,其主要措施包括:

①增加列车运能。

②增加售检票能力。在地面、通道、站厅增加临时售票点,增设临时检票位置来疏散大客流。

③采取临时疏导措施。主要包括出入口、站厅、站台扶梯以及站台的疏导。疏导措施包括设置临时导向标志、设置警戒绳和隔离栅栏,采用人工引导以及通过广播宣传引导等。

④关闭出入口或进行进出分流。通过关闭出入口或限制某部分出入口的乘客进入,以减少客流或延长大客流疏散时间。

三、客运服务

城市轨道交通工具作为一种现代化的交通工具,是一个庞大和复杂的系统,最能反映其运营管理水平的就是城市轨道交通的客运服务工作,这也是体现城市文明程度的一个窗口。

（一）城市轨道交通客运服务的基本要求

城市轨道交通经营单位应为乘客提供以下服务:

①提供安全、准时、便捷、舒适、文明的服务,并持续改进。

②符合服务规范的服务设施、候车环境和乘车环境。

③规范、有效的乘客信息。

④在非正常情况下,为乘客提供必要的安全信息和指导信息。

⑤向残障乘客等特殊人群提供相应的服务。

⑥为乘客提供的公益或商业服务应以方便乘客、提高服务质量为目标,保证客运服务质量不受影响。

（二）城市轨道交通客运服务的分类

城市轨道交通企业的服务按照客运服务流程可分为导乘服务、问询服务、票务服务、行车服务、特殊服务、应急服务、服务承诺与监督几大类别。

1. 导乘服务

导乘服务主要是指通过轨道交通车站的导向标志、各种导乘广播、各种信息的发布等为乘客提供的导向服务。

如在车站出入口外周边500 m范围内的道路上设置导向牌,以引导乘客到车站乘车。导向牌上须注明离车站的距离与方向,还应有轨道交通企业的形象标志,以便给乘客更直观的印象,如图8-8所示。

图8-8　导向标志

在车站的出入口应设置出入口标志,注明车站名称及出入口编号,以便于乘客辨认,如图8-9所示。

在车站出入口、售票处的醒目位置应公示本车站的首、末班车时间,列车间隔时间以及各站运行时间等信息,以便乘客合理安排出行,如图8-10所示。

图8-9　轨道交通车站出入口标志

图8-10　出入口服务时间标志

在车站出入口通道、站厅等醒目位置应设立乘客公告栏,公布乘车常识和注意事项,如线路图、票价表、主要票务政策、车票购买及使用说明、城市轨道交通内禁止的行为等,如图 8-11 所示。必要时,应通过广播等方式向乘客宣传乘车的常识和注意事项。

图 8-11　严禁携带危险品进站标志

车站应在出入口、进闸处等处提供及时、准确、有效的乘车信息,以及公告、告示等服务信息。

车站应在站厅各出入口通道分岔处、站厅醒目位置公布车站出入口周边街区图、公交线路、地面道路、建筑物等信息,以便乘客离开轨道交通车站后能顺利换乘其他交通工具或到达目的地,如图 8-12 所示。车站站务员应熟悉轨道交通沿线的标志性建筑物、商业场所、旅游景点、体育场所等地点,以便给乘客提供问询服务。

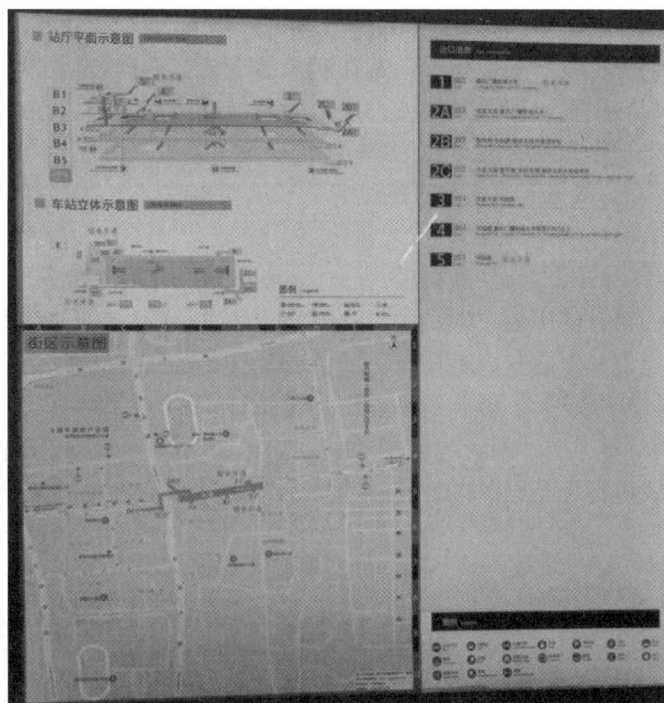

图 8-12　街区示意图、出口信息、公交信息公告栏

车站应在站厅醒目位置设置站内设备的指引牌,指引乘客到相关设备区域进行购票或进站乘车等,如图 8-13 所示。

图 8-13　售票、加值处指引牌

此外,车站应在站内设置提醒及警示标志,引导乘客文明乘车。

车站及列车上应向乘客提供列车运行方向、到站、换乘等清晰的广播或图文信息,如图 8-14 所示。

图 8-14　乘客信息系统

因列车运营计划变更或列车运行不正常而对乘客造成影响时,车站应及时通知乘客,必要时采取有效措施疏导乘客。如因系统或设备故障造成列车晚点时,应在列车上、车站内及出入口通过广播及告示告知乘客晚点原因、进展及相关车票处理办法等信息,以便乘客掌握列车运营及故障等情况,并据此决定是否继续等待或退票出站。

2. 票务服务

凡是涉及车票、票务政策等票务内容的服务,一般都可视为票务服务。一般情况下,售票机上或其附近应有醒目且明确的车票种类、票价、售票方式、车票有效期等信息,以方便乘客购票;自动售票机、充值机上或其附近应有醒目、明确、详尽的操作说明;在人工售票、充值或售卡过程中,站务员应唱收唱付,做到准确、及时、规范;对符合免费乘车规定的乘客,应验证其有效证件;自动检票机上或其附近应有相应的标志或图示,以方便乘客检票;必要时,应及时采取人工检票方式进行补充服务,如在特殊情况下及时采取有效措施为乘客提供必要的票务处理。

3. 行车服务

城市轨道交通的运营时间应根据当地居民的出行规律及其变化来确定和调整,调整前应及时公示。如遇节假日及大型社会活动,应适当延长服务时间,并根据客流特点调整行车间隔。一般情况下,周一至周五的上下班的高峰期行车间隔应最小,周六、周日则应保证乘客外出休闲购物高峰时段的行车间隔最小。

城市轨道交通应根据列车运行图组织列车运行,并根据客流变化合理调整,调整后应及时通过公告牌、广播、公众号等向乘客公布。

列车行驶应平稳,到站时适时开关车门。当列车运行发生故障时,应视情况采取救援、清客或继续运行到目的地等处理措施。

4.问询服务

为了方便乘客对城市轨道交通进行了解,应加强乘客与轨道交通企业之间的沟通,城市轨道交通经营单位应在互联网上开通官方网站,公布相关行车信息、票务政策,开设乘客信箱;应设有乘客服务中心,开通咨询、投诉热线,安排专人接听电话,解答乘客问题,处理乘客投诉事件;在车站票务处、站厅等场所安排人员提供现场问询服务。

5.特殊服务

城市轨道交通应承担一定的社会公益责任。因此,在为老、幼、病、残、孕等特殊群体服务时,应完善相关服务设备和设施(图 8-15),制定相关政策及特定服务措施,提高服务质量。

图 8-15　无障碍电梯

6.应急服务

应急服务应以保障乘客人身安全为首要目标。城市轨道交通管理单位应针对运营事故、突发客流、重大活动、事故灾难、恶劣天气、乘客伤亡、政府管制等影响城市轨道交通系统正常运营的突发事件制定应急服务预案,并及时启动。当发生突发事件而影响城市交通系统正常运营时,应及时通过电子屏告示、广播等方式告知乘客,并提供退票等服务。如果城市轨道交通中断运营的时间过长,还应联系地面公共交通系统,为乘客提供免费公交接驳服务。

7.服务承诺与监督

城市轨道交通应就其服务内容及质量向乘客做出服务承诺,并通过多种方式向乘客和社会公布。服务承诺至少应包括服务质量、服务行为、服务设施以及服务环境。服务应接受乘客和社会的监督,并提供与乘客交流的有效途径。如开设服务热线、开通官方网站、定期召开与乘客的座谈会、设置乘客留言信箱等。

任务三　城市轨道交通票务管理认知

一、票务管理概述

城市轨道交通运营的主要收入来源是票务收入,票务管理工作包括制订票价、确定票制以及售票和检票等。

（一）票制

票制，是票价制式的简称，城市轨道交通票制有两种形式：单一票价制和计程票价制（分级票价制）。

目前，世界各国采用单一票价制的城市或线路约占 57%，采用计程票价制的约占 43%。采用单一票价制时，全程只发售一种车票，优点是售票简单、效率高，进站检票，出站不检票，可减少车站管理人员；缺点是乘客支付的车费不够合理，无论路途远近都支付同样的车费，且给票价的制订带来了困难，既要为乘客的切身利益着想，又要保证城市轨道交通的运营效益。计程票价制可以克服上述缺点，但车票种类较多，进、出站均需检票，售检票手续烦琐，需要的检票人员多，必要时还需配置自动或半自动的售、检票设备。

一般在运营里程较短或乘客平均运距较长的线路上采用单一票价制，在运营里程较长而乘客平均运距偏短的线路上采用计程票价制。此外，在流动人口较多的旅游城市，还可采取平峰、高峰期间两票制，以提高经济效益并人为调节客流的时间分布。

（二）票价

城市轨道交通作为城市公共交通的一个组成部分，具有公益性质，不能单纯追求盈利，其票价不仅取决于运营成本，还受其他交通方式的票价水平、城市发展水平、市民生活水平、物价政策、企业交通补贴费用以及乘客承受能力等多种因素的制约。城市轨道交通的票价需经政府有关部门综合研究后确定。

（三）售、检票方式

城市轨道交通企业根据自身发展阶段及客流情况、设备采购等因素，采用不同的售检票模式，目前主要有自动售检票模式和人工售检票模式两种。

自动售检票模式是指通过自动售检票系统来实现对乘客的售票、进（出）站口检票等一系列活动的方式（图 8-16），适用于各种票制的轨道交通环境。

图 8-16　自动检票机

从国外的经验和发展趋势来看,实行计程票价制的绝大多数城市都相应采取自动或半自动售检票方式。虽然采用自动或半自动售、检票方式会增加设备投资,但优点十分明显,例如能高效准确地售检票,既节约时间,节省大量劳动力,又避免因人为误解产生纠纷,确保乘客迅速通过售、检票口。采用自动或半自动售检票方式还可以加强票务管理,减少人为因素的影响,尤其在客流调查方面,具有人工售检票无法比拟的优越性,它也是一个城市乃至一个国家综合技术水平和文明程度的象征。

人工售检票模式是指由人工操作完成对乘客的售票、进(出)站检票等一系列活动的方式。它一般适用于单一票价的管理模式,尤其适用于受站厅空间制约的车站,或在轨道交通新线开通初期且尚未按照自动售检票系统的线路上使用,通常使用纸票。

(四)车票种类

根据可使用次数限制,车票可分为单程票和储值票两类;根据车票载体不同,又可分为纸质车票、磁卡车票、IC 卡车票 3 类。

二、自动售检票系统

(一)自动售检票系统组成

自动售检票系统是由计算机集中控制的自动售票、自动检票和自动结算的自动化管理系统,是城市轨道交通综合自动化管理不可缺少的组成部分。它基于计算机网络和多种形式的车票技术,对车票数据进行处理,实现自动发售车票、自动计费功能;并将采集到的信息和数据进行存储、计算、分析,以便随时查看数据、及时了解运营情况并进行妥善管理。

目前,世界上运用于交通领域的比较成熟的自动售检票系统的基本构架可分解为 4 个部分:中央结算控制系统、车站监控系统、售检票终端设备和车票。

①中央结算控制系统主要提供系统控制、数据收集与统计、票务清算等功能,为每日的运行生成客流量、维修和营业额收入等报表信息。

②车站监控系统主要对车站所有 AFC 设备进行在线实时控制。

③售检票终端设备包括所有 AFC 前端设备,构成乘客与售检票界面的自动化操作,如自动售票机、检票机、半自动售票机等。

④车票是乘客与系统之间交互的媒介,可以制作成单程票、纪念票、储值票等多种形式。

(二)自动售检票系统的功能

基于计算机技术、网络技术、现代通信技术、自动化控制技术、非接触 IC 卡技术、大型数据库技术、机电一体化技术、传感技术、精密机械技术等多项高新技术于一体的自动售检票系统投入城市轨道交通运行后,实现了自动售票方式。

采用自动售检票系统后,可以实现购票、检票、计费、收费、统计的全过程自动化,减少票务管理人员,提高城市轨道交通系统的运行效率和效益;使乘车收费更趋合理化,减少现金流通,解决人工售检票过程中的各种漏洞和弊端;避免售票"找零"的烦琐,方便乘客;增强客流分析预测能力,合理调配车辆,提升运营公司的经营管理水平;为联网结算提供基础。

(三)主要票务设备

1. 自动售票机

自动售票机安装在车站非付费区内,由乘客操作,自动出售单程票。它主要包括主控单元(工业级计算机)、触摸式乘客显示屏、运行状态显示器、IC 车票读写器及天线、纸币处理单元、纸币找零模块、硬币处理单元、票卡发送装置及控制单元、维护面板/移动维护终端接口、打印机、电源模块(UPS)及机壳等部件。

2. 半自动售票机

半自动售票机由售票人员操作,向乘客发售各种类型的车票,并提供验票服务。

3. 自动检票机

检票机安装于车站付费区与非付费区的交界处,实现乘客自助式进/出站检票。检票机应能识别并接收轨道交通专用车票和公共交通卡,并满足乘客右手持票快速通过的需求。检票机主要由主控单元、乘客显示器、方向显示器、警示灯和蜂鸣器、读写器及天线、通道阻挡装置、票卡传送/回收装置、维护键盘/移动维护终端接口,电源模块(含 UPS 或电池)等组成。

4. 便携式检票机

便携式检票机由车站工作人员随身携带,对乘客所持车票进行核查,为及时解决票务纠纷提供帮助。

5. 自动加值机

自动加值机设置在车站非付费区内,接受纸币对票卡进行加值和对各种车票的查验。它主要包括主控单元、乘客显示器、触摸屏、IC 车票读写器及天线、纸币处理单元、微型打印机、维护面板/移动维护终端接口及电源模块(含 UPS 或电池)部件。

车站主要票务设备如图 8-17 所示。

图 8-17　车站主要票务设备

任务四　城市轨道交通安全管理认知

安全是指在生产活动中,将人或物的损失控制在可接受水平的状态。换言之,安全意味着人或物遭受损失的可能性是可以接受的。若这种可能性超过了可接受的水平,即为不安全。

城市轨道交通的安全性远高于其他交通方式,但仍应重视安全生产。安全是城市轨道交通运营管理的头等大事,运输必须安全,只有安全才能保障运输。

"安全第一,预防为主"是城市轨道交通企业永恒的主题。

一、城市轨道交通安全的影响因素

城市轨道交通安全的影响因素涉及面非常广,在运营生产工作中任何一个细小问题的出现,如果没能及时解决,都有可能导致一场严重事故的发生。从安全系统总体来看,影响运营安全的主要因素包括人、设备、环境和管理四个方面。

(一)人

人是指参与运输的工作人员和乘客。

城市轨道交通运营工作人员能否做到坚守工作岗位,做好本职工作,维持好运输秩序,确保运营安全,取决于人员本身的职业道德素质、业务素质、心理素质和生理素质4个方面。

乘客是城市轨道交通系统的服务对象。乘客在乘坐轨道交通过程中的一些不良行为也会对运输安全构成威胁,如随身携带危险物品、抢上抢下以及因好奇而乱动设备等,都可能导致事故的发生。因此,在城市轨道交通生产过程中,加强对运送对象的组织与管理也是保证安全的重要环节。

(二)设备

运输设备的良好状态是保证运输安全的重要条件。即使是先进的技术设备,也难免发生故障,而设备故障的发生如果没有被及时发现和排除,就有可能引发事故,危及安全。因此,及时发现故障、排除故障既是保证设备状态良好的关键,也是保证运输安全的关键。

(三)环境

环境包括工作环境和自然环境。

工作环境是指工作人员岗位的工作舒适状态,受噪声、温度、湿度、粉尘、光线以及空间大小等物理因素的影响。工作人员在恶劣的工作环境下容易产生生理、心理的不适应,从而引起操作失误,给安全运输埋下隐患。

自然环境则指外部环境,主要是指气候条件。恶劣的自然环境对列车运行安全也会产生很大影响,如雨天、雪天和雾天对通风度的影响,地震、洪水等对线路稳定性的影响,都会危及行车安全。

(四)管理

管理是指通过计划、组织、领导、控制等手段,合理配置人力、物力、财力、信息等资源,达到组织目标的过程。管理包括对人的管理(如工作制度以及班组结构、训练、教育、思想政治工作等)、对设备的管理、行车组织以及事故救援等。

二、城市轨道交通安全管理的对策

安全生产管理必须坚持"安全第一,预防为主,综合治理"的方针,这既是《中华人民共和国安全生产法》中的规定,也是城市轨道交通行业安全生产的指导思想。所谓"安全第一",就是在城市轨道交通运营生产活动中,要把安全工作始终放在首中之首、重中之重的位置。在任何情况下,都要坚定不移地把安全放在第一位,做到工作落实、责任到位、制度保证、设备可靠、作风扎实、常抓不懈、持之以恒。所谓"预防为主",就是把事故消除在萌芽状态,把潜在危险转化为安全因素,防止事故的发生,而不是事后处理事故。具体来说,"预防为主"就是在日常的生产管理中,对生产各个环节可能发生的问题进行提前预测,并根据预测的情况进行全面分析,并制定出相应的防范措施,把事故消灭在发生之前。

安全管理的具体对策如下:

①加强对职工和乘客的安全教育和管理,牢固树立安全第一的思想。

②建立健全安全法规,建立安全检查制度,做到安全生产有章可循、遵章执行。

③建立安全培训制度,制定应急预案和建立应急救援体系,增强应急处置能力。

④建立事故处理机制,落实责任追究制度。

⑤开展安全文化建设与达标建设,夯实安全管理基础。

三、城市轨道交通事故

世界各国的城市轨道交通在运营过程中,都曾发生过各类事故,造成了不同程度的财产损失和人员伤亡。因此,加强城市轨道交通的安全管理和防灾工作具有非常重要的意义。研究如何提高救援工作的及时性,尽量减少人员伤亡或减轻事故损失,并制订一套相应的行车事故处理规则,是城市轨道交通运输管理部门的重要工作。救援办法和事故后的调查分析制度等都是不可或缺的环节。

(一)事故的定义及分类

事故是指在运营过程中,因违反规章制度、劳动纪律、作业纪律或技术纪律,或因技术不良、设备不良及其他原因造成的人员伤亡、设备损坏、影响正常生产作业或危及安全生产的事件,且达到事故规则规定的标准。城市轨道交通事故按其内容分为行车事故、设备事故、职工伤亡事故、火灾事故、爆炸事故、地外伤亡事故;按照事故的程度和性质分为特别重大事故、重大事故、较大事故、一般事故、险性事故;按照事故责任分为责任事故和非责任事故等。以某城市轨道交通公司为例,按事故的程度和性质分类具体如下。

1. 特别重大事故

特别重大事故是指符合下列情形之一的事故:造成 30 人以上死亡;造成 100 人以上重伤;造成 1 亿元以上直接经济损失;单条运营线路正线双向中断运营 12 h 以上,或者单向中断运营 24 h 以上;两条及以上运营线路正线单向同时中断运营 12 h 以上。

2. 重大事故

重大事故是指符合下列情形之一的事故:造成 10 人以上 30 人以下死亡;造成 50 人以上 100 人以下重伤;造成 5000 万元以上 1 亿元以下直接经济损失;单条运营线路正线双向中断运营 6 h 以上 12 h 以下,或者单向中断运营 12 h 以上 24 h 以下;两条及以上运营线路正线单向同时中断运营 6 h 以上 12 h 以下。

3. 较大事故

较大事故是指符合下列情形之一的事故:造成 3 人以上 10 人以下死亡;造成 10 人以上 50 人以下重伤;造成 1000 万元以上 5000 万元以下直接经济损失;单条运营线路正线双向中断运营 2 h 以上 6 h 以下,或者单向中断运营 4 h 以上 12 h 以下;两条及以上运营线路正线单向同时中断运营 2 h 以上 6 h 以下等。

4. 一般事故

造成 3 人以下死亡;造成 3 人以上 10 人以下重伤;造成 300 万元以上 1000 万元以下直接

经济损失;单条运营线路正线双向中断运营 30 min 以上 2 h 以下,或者单向中断运营 1 h 以上 4 h 以下;两条及以上运营线路正线单向同时中断运营 30 min 以上 2 h 以下;有轨电车正线单向中断运营 6 h 以上等。

5.险性事故

造成 3 人以下重伤或 8 人以上轻伤;直接经济损失 200 万元以上 300 万元以下;单条运营线路正线单向中断运营 30 min 以上 60 min 以下;有轨电车正线单向中断运营 2 h 以上 6 h 以下;载客列车挤岔;非载客列车脱轨、冲突、分离;列车溜逸,或者机车车辆溜走并进入正线;擅自改变列车运行方向;载客列车错开车门、开门行车;信号升级显示;未办或错办闭塞区域发出列车;运营时段正线冒进信号;运营线路、站点及列车发生火情但未造成人身伤害;因巡检、维保不到位,造成运营车站进水、设施浸泡,导致临时关闭两个及以上出入口;因设备设施故障、现场组织不善、消防、防汛等问题造成人流密集场所 5 人以上 10 人以下踩踏。

（二）事故报告

在处置城市轨道交通突发事件过程中,必须牢固树立"安全第一、服务乘客、保畅保通"的思想,坚持"高度集中、统一指挥"的原则,迅速、准确地查明情况,采取有效措施控制事态,减少损失,防止次生灾害的发生,并及时向有关部门报告。在处置突发事件的同时,最大限度地维护运营秩序,并通告相关车站,加强对乘客的宣传、疏导工作,减少突发事件造成的影响。

事故报告应包括以下内容:发生单位概况;发生的时间、地点及现场情况;事故(事件)的简要经过;已经或可能造成的伤亡人数(包括下落不明的人数)和初步估计的直接经济损失;已造成的运营晚点、清客、关站等影响,以及对舆情、外部环境等其他需要补充说明的影响;已经采取的措施;其他应报告的情况。

（三）事故调查分析

1.调查分析依据

①根据相关法律法规,分析火灾事故和因工伤亡事故的主要原因,并以《火灾事故认定书》《企业职工伤亡事故报告和处理规定》和市、区安全生产监督局制定的文件和法律文书为准。

②分析城市轨道交通事故、设施设备事故、客伤事故发生的原因,应以城市轨道交通企业制定的各类规章制度为准。

2.调查分析要求

（1）调查事故原因

调查事故原因应从主观原因和客观原因、直接原因和间接原因、管理原因和技术原因等角度多层次、全方位地分析查找,对一时难以查清的,要采用挂牌制度,定时间、排节点,落实负责人,落实有效的安全防范措施,以确保安全。

（2）组织安全再教育

各单位必须针对所暴露的安全隐患,通过召开事故分析会、班组学习等形式,有针对性地开展员工安全教育,要从安全法规、安全意识、安全技能、事故教训、预防措施等方面入手,让每个员工都能吸取教训,举一反三,增强防范意识。安全教育必须做到有内容、有记录,实行备案制。

（3）制定预防措施

在调查事故原因的基础上,应及时制定及落实安全预防整改措施。预防措施的落实,必须建立安全责任制,落实到责任部门和责任人,做到明确期限,并从人力、物力、财力上给予必要的保证,确保措施真正落到实处。

（4）调查分析时间要求

调查工作中注意做好原始操作资料的收集、分析工作,并要求在规定的时间内完成事故（件）的调查取证工作,并提出相应的处理意见报告。

四、城市轨道交通应急预案

突发事件严重威胁城市轨道交通系统的安全运营,为了更好地认识与防范突发事件,降低突发事件的危害程度,各城市轨道交通运营企业均编制了各自的应急预案,以切实提高应对突发事件的能力。

（一）应急预案定义

应急预案是指为有效预防和控制可能发生的突发事件,最大限度减少突发事件及其造成的损害而预先编制的工作方案。

应急预案是在辨识和评估潜在重大危险源、确认事故类型、评估事故发生的可能性及发生过程、评估事故后果及影响严重程度的基础上,对突发事件的岗位职责、人员保障、技术保障、装备保障、设施保障、物资保障、救援行动及其指挥协调等方面预先做出的具体安排。

（二）应急预案的分类

①按照预案的编制与执行主体不同,应急预案可划分为国家、省、市和企业4个层级,即国家预案、省级预案、市级预案、企业级预案。

②按照预案层级和适用范围不同,应急预案可分为综合应急预案、专项应急预案、现场应急预案3类。

③城市轨道交通运营企业内部应急预案分类如图8-18所示。

（三）应急预案处置流程

1.启动预案

城市轨道交通事故发生后,指挥中心应迅速了解事故发生的时间、地点、人数、起因等情况,进一步判明事故性质,在报告轨道交通公安部门的同时,迅速启动相关预案,公安部门应及时调动交巡警、特巡警、消防、宣传、通信及事发地公安派出所等警种和部门快速赶往现场,开展先期处置。必要时,通知110联动单位到场开展应急救援。各部门迅速启动各自预案,开展工作。

2.封锁现场

在现场情况进一步判明的基础上,指挥中心通过指挥调度系统,继续调集相应处置力量赴指定位置集结待命。现场工作人员立即封锁事故区域,设置警戒线,引导乘客远离危险源。

3.疏散人群

事故发生后,现场工作人员应安抚乘客情绪,指导乘客保持冷静,听从指挥。组织乘客进行初步自救（如使用灭火器扑救初起火灾）。广播告知乘客紧急疏散的方向和注意事项。组织乘客通过安全通道或紧急开门装置等疏散到安全区域。

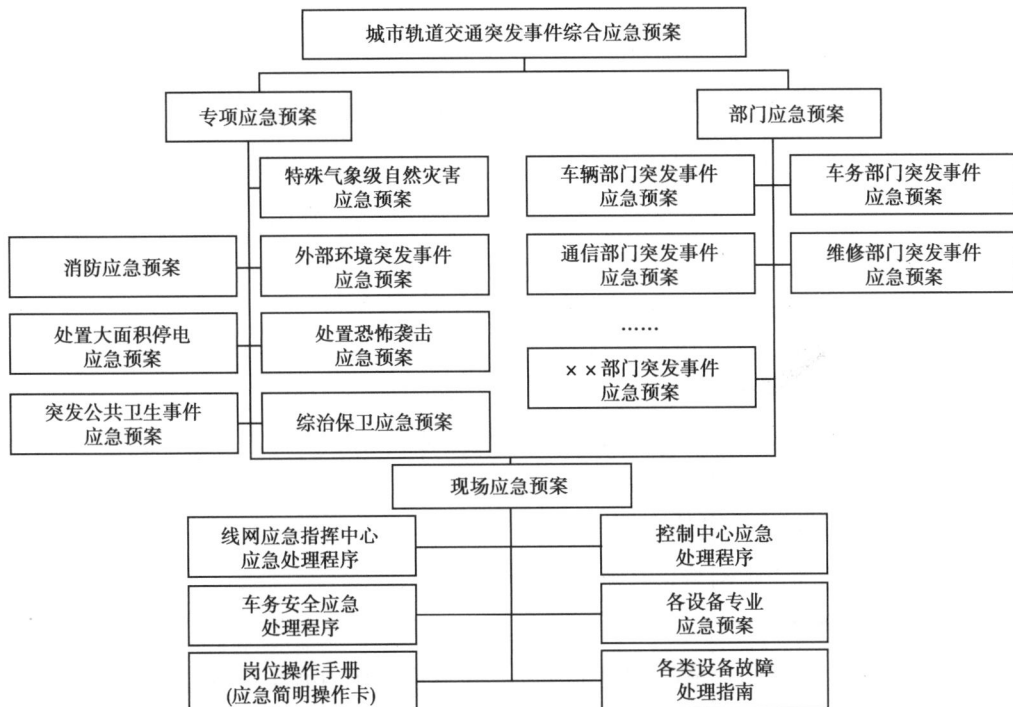

图 8-18　城市轨道交通运营企业内部应急预案分类

4. 抢救伤员

根据现场情况,组织到达现场的警力和110联动单位,紧张有序地营救被困、遇险的伤亡人员。同时协调卫生、急救部门在现场附近设立紧急救护站和救护车集结处,迅速确立若干家医院为抢救点,确保抢救通道畅通。交巡警部门负责全面保障抢救车辆、人员进出现场的交通顺畅,开设紧急救助通道。卫生部门迅速与医院协调,开辟专用抢救通道和救治病房,并及时统计伤亡人数,上报总指挥部。交巡警大队与医院方面配合,尽快查明伤亡者身份。

5. 勘查现场

交巡警部门组织力量对现场进行全面、细致的勘查,对现场进行拍照和录像,提取和固定痕迹物证,寻找目击证人,查明事故原因。

6. 恢复秩序

在抢救伤员、排除险情、勘查现场等各项工作结束后,应安排施救单位迅速撤出现场,待施救单位撤出现场后,再撤除警戒区域。撤除时,必须从事故车辆处由远到近、由内到外依次撤除安全设施。尽最大努力,尽快恢复交通。各项处置工作结束后,各单位及时总结处置工作情况,由轨道公安分局办公室负责汇总,上报当地政府和上级公安机关。

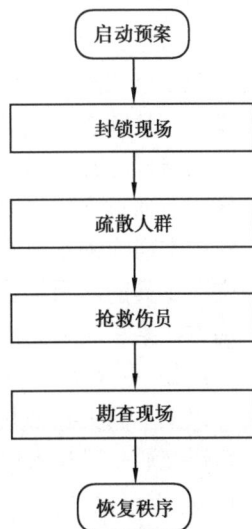

图 8-19　应急预案启动流程

任务五　城市轨道交通网络化运营认知

随着城市区域的不断扩大和城市经济的持续发展,单一的、独立的、未成体系的城市轨道交通线路已不能满足市民出行的需要,只有形成能在各线路间互通互换、基本覆盖城市主要区域的轨道交通运营网络,才能缓解居民出行难的状况。

各自独立运行的线路与城市轨道交通运营网络在诸多方面存在很大的区别,如缓解城市交通拥挤、市民出行首选代步工具、车站客流组织、提供优质客运服务以及安全运营应急措施制定等。因此,必须根据城市轨道交通网络化运营的特点进行早期规划设计,才能使城市轨道交通运营网络真正发挥作用。

一、城市轨道交通网络化条件

城市轨道交通运营形成网络化必须满足两个条件:

(一)线路数量条件

城市轨道交通运营网络形成的前提条件之一是城市区域内有3条及以上已开通且各自独立运行的轨道交通线路。

每一条独立运营的城市轨道交通线路至少有两个运营起始车站。常见的城市轨道交通线路规划设计是将两个起始车站设在市区边缘或城乡接合部,中间车站一般会穿越或途经城市中心区域。由于两条运营线路只有4个起始车站,即便有较多中间车站,也因线路覆盖区域太小,而难以形成有效的运营网络。当3条及以上独立运营的线路连成运营网络时,至少有6个不同的起始车站,只要规划合理,一般可以形成有一定覆盖面的运营网络。当然,运营线路越多,网络覆盖的区域越大,居民选择其出行的概率也就越大。

(二)换乘条件

城市轨道交通运营网络形成的另一前提条件是城市区域内各独立运行线路都至少有一个与其他线路相连通的换乘车站。

换乘车站和多条独立运行的轨道交通线路是构成城市轨道交通运营网络的基础。换乘车站是两条以上独立运行的轨道交通线路共有的车站,设有通往各独立运行线路候车站台的连接区域。通过连接区域,乘客可以换乘其他不同线路的列车。

轨道交通换乘车站专指轨道交通网络内不同运行线路间的乘客换乘,不包括轨道交通与其他交通工具的转乘。

为方便乘客转乘其他公共交通工具,轨道交通往往在其他公共交通工具车站附近也设有车站。例如,在火车站、轮船码头,机场、公交汽车站等站点附近设有轨道交通车站,但这类涉及两种以上不同类别公共交通工具间的换乘不属于轨道交通换乘车站的定义范围。

轨道交通一旦投入使用,就很难停用或改造,因此涉及多条运营线路的换乘车站更需要精心规划,重点设计。换乘区域面积、乘客换乘方式、换乘客流大小、换乘路径设计等要素将直接决定乘客换乘的方便程度和运营服务的质量,在规划时应当予以高度重视。

二、城市轨道交通运营网络的作用

城市轨道交通网络的形成是根据城市线网规划及各线路实际建成投运而定的。然而,运营网络投运后的实际效率,即衡量运营网络实际效果的客观指标是轨道交通线网的客流总量。一般而言,城市轨道交通运营网络承担至少 1/3 的城市出行客流总量,即认为城市轨道交通线网在缓解市民出行难方面,已起到了网络化运营的作用。

城市交通工具有自行车、私家车、公交车、出租汽车、轮渡、轨道交通等。这些交通工具运输客流的总和称为城市出行总量。城市出行总量反映出市民出行的需求,往往与城市布局、城市发展速度、城市原有人口、城市外来人口、城市路网、市民富裕程度、出行习惯等因素都有关联。

供大众使用、非私人拥有的城市交通工具称为城市公共交通工具,如公交车、出租汽车、轮渡、轨道交通等,其运输的客流总量称为公共交通出行总量。公共交通客流总量与城市出行总量之比,体现了城市的公交化程度。国家大力提倡"公交优先",旨在提高这一比例。

城市轨道交通运输的总客流量与公交客运总量之比,直接反映了城市轨道交通在城市公共交通中的作用。城市轨道交通虽然有快捷、准点、大运量等特点,但其覆盖面、便捷程度、候车时间等因素都将直接决定人们的乘坐意愿,因此城市轨道交通运营网络的运量占城市客流总量的比例就成为衡量城市轨道交通运营网络所发挥作用的一个重要参数。在城市公交车、出租汽车和轨道交通三大系统中,后来居上的城市轨道交通的客运总量能否逐步替代另外两类公共交通工具,其运输总量是否已突破 1/3,成为判断城市轨道交通运营网络的骨干作用是否已经形成的关键指标之一。

综上所述,3 条及以上的运营线路、互通的换乘是城市轨道交通形成运营网络的基本物理条件,而线网能承担 1/3 以上的公共交通总客流则是衡量城市轨道交通运营网络效率的重要指标之一。

三、城市轨道交通网络化运营要求

(一)对换乘客流组织的要求

城市轨道交通网络化运营后出现的最大变化之一是客运量的迅速增加。运营网络化后客运量的增加并不仅是各线路客运量的简单叠加,而是因为轨道交通网络运营覆盖面扩大、网络线路间换乘便利性的提升,使得原来不选择轨道交通出行的乘客转而选择轨道交通方式出行,增加了新的换乘客流。而且,随着轨道交通网络的发展与完善,换乘客运量不断增加,其增长速率也会越来越快。因此,换乘客流的组织、管理与服务已成为城市轨道交通网络化运营后的新课题。

与非换乘客流相比,换乘客流具有"双向流动"与"潮汐式"的动态特征。针对换乘客流的特征,在单线运营管理的基础上,换乘客流的组织应围绕"换乘方便、路径合理、信息明确"的服务目标展开。

1. 合理设置换乘区域

在两条轨道交通线路间的换乘客流中,一部分乘客"由此至彼",而另一部分乘客"由彼至此",因此换乘客流的流动必然是双向的,为实现客流在换乘区域有序、快捷、方便地移动,在客流组织上必须使各方向换乘客流各行其道,避免不同方向移动的客流发生正面或侧面冲突。应根据换乘车站地理环境、乘客行走习惯和心理等因素,对换乘客流进行综合规划,科学设计乘客移动路径。

2.加强换乘客流组织

由于城市功能区域分布的不均衡性,双向换乘客流存在客流量大小的不均等分布,并随着早晚高峰时段的到来形成潮汐式客流的特征。在进行客流组织时,应根据实际需求有针对性地规划与管理。

(二)对客运服务的要求

对于换乘客流来说,客运服务人员应围绕"换乘便捷、路径合理、信息明确"的原则开展相关组织管理工作,提升客运服务水平。

1.换乘便捷优化

换乘便捷一般包括换乘的方便性与快捷性。在换乘方便性方面,应尽量减少乘客在换乘过程中必须执行的动作,如在错层换乘模式下,换乘客流在不同层次间的移动越少,乘客换乘越方便。在换乘快捷性方面,应充分考虑实际换乘客流需求,合理调整换乘方式、换乘场地、换乘区域面积等,保证客流在换乘过程中耗时少、行动方便,为换乘客流创造科学、高效的换乘环境。

2.合理规划路径

换乘路径的规划一般受到各轨道交通线路站台位置的限制,换乘方式一般包括同站台换乘、站厅换乘、通道换乘与站外换乘等,最合理、最理想的换乘方式应当是尽量减少乘客的行走距离。因此,在运营管理过程中,应根据车站实际结构与换乘客流特征,合理规划换乘路径,缩短换乘距离,避免交叉冲突,从而提高客运服务质量。

3.明确换乘信息

城市轨道交通换乘车站具有内部结构复杂、客流量巨大等特点,易导致车站换乘秩序混乱。因此,换乘车站应设置明确的换乘导向标志牌,张贴醒目的换乘信息标志,并利用广播引导乘客进行换乘,使乘客在换乘过程中能够快速、准确地获得有效的换乘信息,从而方便快捷地完成各线路间的换乘活动。

(三)对清算业务的要求

票款是城市轨道交通运营企业的重要收入之一。因此,城市轨道交通网络化运营对客流统计与票款清算工作都提出了新的任务。

1.网络化运营票制

交通运输行业的票制多种多样,每种票制都有其适用性。目前,城市轨道交通系统通常采用累进票价制,即按照乘客的出行距离或区间数计费,车资递增,因此也可称为阶梯票价制。城市轨道交通网络化运营对票务管理也提出了一系列新的工作任务。例如,设计复杂的轨道交通网络票价表,以使乘客方便准确地获得所需的票务信息,科学合理地制订票价、统计各运营线路的客运量以及进行票款清算等。

2.客运量分线统计

城市轨道交通客流既是各线路的服务对象,也是各线路衡量绩效指标与安排生产计划的基础依据。因此,客流数据的采集与准确性直接影响网络运营的质量。在轨道交通网络中,所有车站都会被赋予唯一的、代表所属线路的车站代码。自动检票系统对乘客的车票进行写读"标注",从而精确计算出乘客在轨道交通网络中的乘车路径,并归入各线路的客流总量中,得出各运营线路的客流分布情况。此外,自动售检票系统还具有时间记录功能,能够对不同时段的进出站客流、换乘客流等数据进行统计,从而使行车运营管理人员可有针对性地采取有关措施,合理安排运能,提高运营效率。

3.换乘计费原则

越是成熟的城市轨道交通网络,可供乘客选择的换乘路径就越多。城市轨道交通自动售检票系统能够记录乘客进、出的车站与时间,但无法跟踪乘客的换乘车站,难以判断乘客的换乘路径。因此,自动售检票系统采用最短距离算法,即无论乘客出行经过几次换乘,以何种路径到达目的地车站,一律按照出发站与终到站间的最短距离进行计价。

(四)对应急处置的要求

城市轨道交通网络化运营覆盖面广、客运量大。一旦发生突发事件,将给群众出行带来不便,甚至可能导致城市公共交通混乱。为尽可能降低网络化运营中突发事件的影响程度,城市轨道交通系统必须制定网络化运营应急处置预案,以保障轨道交通运营秩序。

1.避免突发事件影响扩大化

当轨道交通网络中发生突发事件时,应准确迅速处置,与邻线沟通协调,及时采取行车调整、限制换乘等措施,避免突发事件影响扩大化。

2.客流应急组织管理

当换乘车站发生突发事件时,应及时对站内客流进行限流和疏散。当其他车站发生突发事件,影响换乘车站正常运营秩序时,应根据影响范围采取相应措施。其中,通往故障车站方向的客流应适当限流甚至禁流;本站到达的客流应及时疏散;不途经故障车站的客流,在满足网络运营要求的前提下,按正常客流进行组织管理。

3.及时发布应急信息

当发生突发事件时,为使乘客配合工作,车站应根据应急处置预案,利用车站广播、乘客信息系统、临时导向标志、临时公告等手段,及时准确地向乘客发布应急信息。

📖 拓展视野

2020 年 9 月 18 日,重庆轨道交通环线和 4 号线直快列车上线载客试运营,在全国率先实现"互联互通"。重庆轨道交通互联互通 CBTC 系统研发及产业化项目,经过技术攻关和工程建设,已取得重大突破,研制出了满足互联互通标准接口的列车控制系统设备,实现了装载不同厂家车载设备的列车在不同线路的共线和跨线运行。专家给予高度评价,认为项目"攻克了 CBTC 互联互通的世界性难题""整体技术处于国际领先水平""具有广泛的使用和推广价值"。国际铁路信号工程师协会(IRSE)也高度认可,认为这是"真正意义上的 CBTC 互联互通的首次应用""这一切最终将对世界市场产生影响"。

什么是互联互通?顾名思义,就是城市轨道交通列车能在相互联通的线路上直接运行,"联"的是线路,"通"的是列车。实现互联互通以后,同一列车在不停车且不改变驾驶模式的情况下,就可以从本线路跨行到另一条线路。想去往其他线路的乘客,无须下车换乘即可到达目的地,这不仅减少了乘客的换乘等待时间,也满足了乘客的多元化出行需求。

城市轨道交通行业内不同线路之间的信号系统采用的技术标准常常是不一样的,线路都是单线运营,相互独立,因此互联互通一直是一项世界性的难题。

重庆轨道交通互联互通,是建立在重庆轨道交通第二轮建设 4 号线、5 号线、10 号线和环线的单线信号系统基础上,为实现网络化的互联互通,通过对全网车辆制式、信号等基础条件的统一,规划并实施可实现列车跨线运行和越行的车站及线路,同时配以全局调度的运营管理方式,构建网络化运营的基本网络,并最终在重庆整个轨道交通线网中得以延伸,实现规划线网的网络化运营。

直快列车由于停靠车站少,跨线运行,无须换乘,一站到达,可大大节省乘客出行时间。重庆市民从位于中心城区西南角的 5 号线跳磴站到东北方向的 4 号线唐家沱站,乘坐轨道交通直快列车,全程只需 59 min。直快列车较之前的单线运营普通列车 78 min 相比,运行时间可节省约 19 min。如果单程算上两次换乘所需的候车和步行时间,乘客至少可节约 33 min。

📖 复习与思考

一、选择题

1. 列车运行图中,上斜线代表(　　)。
   A. 车站　　　　　　　　　　　　B. 上行列车运行轨迹
   C. 下行列车运行轨迹　　　　　　D. 时间

2. 列车交路分为(　　)。
   A. 长交路　　　　　　　　　　　B. 短交路
   C. 长短交路　　　　　　　　　　D. 平行交路

3. 大客流的组织应在保证疏散客流安全的前提下,下列不属于大客流组织措施的是(　　)。
   A. 增加列车运能　　　　　　　　B. 关闭部分检票机
   C. 采取临时疏导措施　　　　　　D. 关闭出入口

4. 大客流组织的主要措施有(　　)。
   A. 增加列车运能　　　　　　　　B. 增加售检票能力
   C. 采取临时疏导措施　　　　　　D. 关闭出入口或进行进出分流

5. 采用单一票价制的特点有(　　)。
   A. 车票种类单一　　　　　　　　B. 售票简单、效率高
   C. 进站不检票,出站检票　　　　D. 需要的检票人员多。

6. 根据车票载体不同,城市轨道交通车票可分为(　　)3 类。
   A. 纸票　　　　　　　　　　　　B. 磁卡车票
   C. IC 卡车票　　　　　　　　　　D. 单程票

7. 自动售检票系统的基本构架可分解为(　　)。
   A. 中央结算控制系统　　　　　　B. 车站监控系统
   C. 售检票终端设备　　　　　　　D. 车票

8. 以下应急预案不属于按照预案层级和适用范围划分的是(　　)。
   A. 综合应急预案　　　　　　　　B. 专项应急预案
   C. 现场应急预案　　　　　　　　D. 新闻稿件

9. 城市出行总量反映出市民出行的需求度,往往与城市布局、市民出行习惯、(　　)等因素都有关。

A. 城市发展速度　　　　　　　　　B. 城市原有人口

C. 城市外来人口　　　　　　　　　D. 城市路网

10. 车站行车组织工作包括(　　　　)。

A. 车站列车运行控制　　　　　　　B. 车站施工组织

C. 接发列车组织工作　　　　　　　D. 调车作业

二、判断题

1. 安全生产管理必须坚持"安全第一,预防为主,综合治理"的方针。　　　　　　(　　)

2. 按列车之间运行速度差异分,列车运行图可分为平行运行图和非平行运行图。(　　)

3. 与乘客交谈或使用人工广播时,必须使用十字文明服务用语"你好、请、谢谢、对不起、再见"。　　　　　　　　　　　　　　　　　　　　　　　　　　　　　　　　　　(　　)

4. 全面客流调查是对全线客流的综合调查,通常包括乘客情况抽样调查。　　　(　　)

5. 断面客流目测调查需要对全线所有客流断面分批进行调查。　　　　　　　(　　)

6. 一般在运营里程较短或乘客平均运距较长的线路上采用计程票价制,而在运营里程较长而乘客平均运距偏短的线路上采用单一票价制。　　　　　　　　　　　　　　　(　　)

7. 一般而言,城市轨道交通运营网络承担至少 1/3 以上的城市出行客流总量,即认为已起到了网络化运营的作用。　　　　　　　　　　　　　　　　　　　　　　　　　　　(　　)

8. 城市轨道交通运输的总客流量与公交客运总量之比,能直接显示出城市轨道交通在城市公共交通中的作用。　　　　　　　　　　　　　　　　　　　　　　　　　　　　　(　　)

9. 事故按照程度和性质分为特别重大事故、重大事故、大事故、一般事故和险性事故。

(　　)

10. 如果遇到节假日,应适当延长轨道交通服务时间,但不需要调整行车间隔。　(　　)

三、填空题

1. 影响运营安全的主要因素是_____、_____、_____和_____4 个方面。

2. 列车运行图是运用_____原理来表示列车运行的一种图解形式。

3. 目前城市轨道交通系统采用的列车运行图为_____的列车运行图。

4. 城市轨道交通的运行方式有_____和_____两种。

5. _____是指在生产活动中,能将人或物的损失控制在可接受水平的状态。

6. _____是指车站在某一时段集中达到、客流量超过正常客运设施或客运组织措施所能承担的流量时的客流。

7. 导乘服务主要是指通过轨道交通车站的导向标志、各种导乘_____、各种信息的发布等为乘客提供的导向服务。

8. 城市轨道交通运营形成网络化必须满足_____和_____两个条件。

9. _____以上的运营线路、互通的换乘是城市轨道交通形成运营网络的基本物理条件。

10. 城市轨道交通网络化运营后出现的最大变化之一是_____迅速增加。

参考文献

[1] 何宗华. 城市轨道交通运营组织[M]. 北京:中国建筑工业出版社,2003.

[2] 毛保华. 城市轨道交通系统运营管理[M]. 2版. 北京:人民交通出版社股份有限公司,2016.

[3] 张振淼. 城市轨道交通车辆[M]. 北京:中国铁道出版社,1998.

[4] 李飞燕,冀秉魁. 城市轨道交通线路与站场[M]. 2版. 北京:人民交通出版社,2024.

[5] 王晓芳. 城市轨道交通线路与站场设计[M]. 上海:上海交通大学出版社,2017.

[6] 江伟,梁兴建,王琛. 城市轨道交通车辆牵引传动系统及网络控制[M]. 成都:电子科技大学出版社,2020.

[7] 童巧新,温志强. 城市轨道交通车辆电气设备[M]. 北京:机械工业出版社,2020.

[8] 杜彩霞,谢鹏程. 城市轨道交通车辆构造与检修[M]. 北京:机械工业出版社,2023.

[9] 杨启川,张冠男. 城市轨道交通电客车驾驶[M]. 北京:机械工业出版社,2022.

[10] 肖燕芳. 城市轨道交通车辆构造与维修[M]. 北京:中国铁道出版社,2019.

[11] 王建府,陶健,申宝站. 城市轨道交通接触网[M]. 北京:北京交通大学出版社,2017.

[12] 张桂林. 城市轨道交通接触网[M]. 2版. 成都:西南交通大学出版社,2021.

[13] 杨大丽,邓小桃. 城市轨道交通变电所运行与维护[M]. 北京:机械工业出版社,2024.

[14] 万明. 交通运输概论[M]. 2版. 北京:人民交通出版社,2021.

[15] 刘畅,李兵. 轨道交通信号基础[M]. 北京:机械工业出版社,2014.

[16] 常仁杰,李春莹. 信号基础设备维护[M]. 成都:西南交通大学出版社,2019.

[17] 黄玉萍,曾光,殷玲. 城市轨道交通专用通信系统维护[M]. 成都:电子科技大学出版社,2020.

[18] 张勇,唐鹏,梁舒,等. 光传输技术与应用[M]. 北京:人民邮电出版社,2024.

[19] 宁波市轨道交通集团有限公司运营分公司. 通信维护员[M]. 成都:西南交通大学出版社,2017.

[20] 白继平,仇海兵. 城市轨道交通车站设备[M]. 4版. 北京:人民交通出版社,2024.

[21] 魏龙. 制冷与空调设备[M]. 北京:机械工业出版社,2012.

[22] 耿幸福,崔联云. 城市轨道交通运营安全[M]. 3版. 北京:人民交通出版社,2021.

[23] 李俊辉,黎新华. 城市轨道交通行车组织[M]. 3版. 北京:人民交通出版社,2021.